UNITED NATIONS

联合国贸易和发展组织

UNITED NATIONS CONFERENCE ON TRADE AND DEVELOPMENT

WORLD INVESTMENT REPORT

世界投资报告2018

投资及新产业政策

WORLD INVESTMENT REPORT 2018
INVESTMENT AND NEW INDUSTRIAL POLICIES

冼国明 葛顺奇 总校译

南开大学出版社

图书在版编目(CIP)数据

世界投资报告 2018 ：投资及新产业政策 / 联合国贸易和发展组织编. —天津：南开大学出版社，2018.8
ISBN 978-7-310-05654-5

Ⅰ. ①世… Ⅱ. ①联… Ⅲ. ①对外投资－调查报告－世界－2018 Ⅳ. ①F831.6

中国版本图书馆 CIP 数据核字(2018)第 186389 号

南开大学出版社出版发行
出版人：刘运峰
地址：天津市南开区卫津路 94 号　　邮政编码：300071
营销部电话：(022)23508339　23500755
营销部传真：(022)23508542　　邮购部电话：(022)23502200
*
天津市豪迈印务有限公司印刷
全国各地新华书店经销
*
2018 年 8 月第 1 版　　2018 年 8 月第 1 次印刷
285×210 毫米　16 开本　15 印张　2 插页　365 千字
定价：158.00 元

如遇图书印装质量问题，请与本社营销部联系调换，电话：(022)23507125

目 录

说　明

联合国贸易和发展会议投资与企业司是集中处理联合国体系中外商直接投资和跨国公司相关事务的部门。作为全球卓越中心，该司在全球范围内展开前沿研究和政策分析，为160个成员国和区域集团提供技术援助，并在196个成员国间建立政府间协调机制，旨在促进投资以及企业的可持续和包容性发展。

除此之外，该司还具有两个旗舰产品(《世界投资报告》、世界投资论坛)，六个关键政策框架（可持续发展投资政策框架、投资可持续发展目标的行动计划、创业政策框架、国际投资体制改革方案、投资便利化全球行动清单、会计发展工具)，七项核心服务（建立投资数据库与研究中心、制定国家和国际投资政策、促进投资、推动负责任投资、推动商业便利化、推动创业发展、编制会计与财务报告)。

该司提供的这些产品、框架和服务以及出版的资料，均可在贸发会议网站（www.unctad.org/diae）或投资政策中心（www. investmentpolicyhub.unctad.org）免费获取。

UNITED NATIONS PUBLICATION
Sales No. E.18.II.D.4
ISBN 978-92-1-112926-7
eISBN 978-92-1-045178-9
ISSN 1020-2218

Printed at United Nations, Geneva

序 言

2017年，外国直接投资全球流量下降约23%。发达经济体和转型经济体跨境投资大幅下降，而发展中经济体增长接近于零。鉴于2018年预期仅将温和复苏，这一下降趋势成为全球政策制定者长期关注的问题，尤其对发展中国家而言，国际投资对可持续产业发展必不可少。

这一令人不安的全球投资前景凸显了建立一个良好全球投资环境的重要性，其特点是建立开放、透明和非歧视性的投资政策。报告的主题章节显示，近年来有一百多个国家采取了产业发展战略。伴随着新工业革命带来的机遇和挑战，新产业政策应运而生。报告介绍了在这种新环境下投资政策工具的选项。

借此机会，我赞赏作为国际投资和发展共同体重要工具的这本报告。

安东尼奥·古特雷斯

联合国秘书长

前　言

我们正处于第四次工业革命的开端，受前沿技术和自动化技术的推动，生产比以往任何时候都更好、更廉价、更快捷。这一新的工业革命为经济增长和可持续发展提供了巨大机遇，并带来了难以想象的潜在效益。新技术有望实现产业升级和跨越式发展。更廉价的交通和通信，以及更高效的物流，也可以帮助发展中国家更好地与全球价值链联系起来。一些最先进的新兴经济体即将成为许多行业的全球技术领导者。

然而，新经济时代的来临和技术创新步伐的加速也可能导致严重的经济混乱和更多的不平等。例如，现有投资模式可能会在流量和内容方面经历深刻而深远的变化。《世界投资报告 2017》强调了数字经济对 FDI 的结构性影响。

在这一背景下，发展中国家，特别是最不发达国家面临相当大的挑战。这些挑战包括战略问题和结构性限制，如缺乏足够的基础设施和难以获得融资。在日益自动化的制造业世界中，向廉价劳动力市场离岸外包和搬迁变得不那么重要。与此同时，改善生活条件需要创造就业机会，而就业仍严重依赖于制造业。随着公司越来越多地寻找提供最佳条件的投资地点，以便快速贴近客户并通过灵活生产流程提供新的高质量产品，市场较小的发展中国家在投资政策上面临着额外压力。

非洲面临的挑战尤其突出。尽管经济增长强劲，但其经济转型水平仍然较低。制造业在非洲国家国内生产总值（GDP）中的份额很小，并且在过去十年中进一步下降或停滞不前。然而，制造业有可能在正规部门创造大量就业机会，从而提高生活条件。

面对全球经济格局的变化和深层次的结构性调整，近年来，全球各国政府都在大力发展产业政策。人们越来越多地认为，结构转型不是单独发生的，而是需要一种积极的政策，在保证可持续和包容性发展的同时，促进其向更高生产率和更多附加值的新部门和活动过渡。

由于各国追求多元化目标，新的产业政策变得更加错综复杂，采取了包括贸易、教育在内的多种政策工具。这些产业政策的核心是外国投资。投资能够建立及推动产业升级。它连接了国际市场，还推动着创新、提升了竞争力。总而言之，目前争论的焦点不是政府应否干预，而是如何干预。

产业政策和相应的投资政策需要围绕明确的愿景展开，但与此同时，它们必须包含实际和详细的建议、明确的行动时间表以及公共和私营部门之间的责任分工。

在上述背景下，《世界投资报告 2018》旨在更好地理解新产业政策和投资政策之间的相互作用。报告概述了产业政策模型——基于一百多个国家在过去十年中采取的产业政策清单——以及每个模型中投资政策的作用。该报告阐明了投资政策工具在不同模型下的使用方式，并提出了通过更有效的投资政策来改善产业政策影响的方法。最后，该报告提出了更新现有投资政策工具的建议，这些政策工具包括投资激励、经济特区、投资便利化和外国投资审查机制。

根据本报告，UNCTAD 将在 2018 年 10 月 22 日至 26 日在日内瓦举行第六届世界投资论坛，论坛将讨论产业与投资政策之间的关系。

让我们共同努力寻找解决办法，确保经济变革不会带来新的困难，而是带来广泛分享的利益，并为所有人带来更好的生活。

穆希萨·基图伊

联合国贸发会议秘书长

致 谢

《世界投资报告 2018》由 James X. Zhan（詹晓宁）领导的工作组编写。工作组成员包括 Richard Bolwijn, Bruno Casella, Hamed El Kady, Kumi Endo, Thomas van Giffen, Kálmán Kalotay, Joachim Karl, Hee Jae Kim, Isya Kresnadi, Guoyong Liang, Anthony Miller, Shin Ohinata, Diana Rosert, William Speller, Astrit Sulstarova, Claudia Trentini, Elisabeth Tuerk, Joerg Weber 和 Kee Hwee Wee。

研究支持和投入由 Jorun Baumgartner，Juan Carlos Castillo，Tiffany Grabski，Josse Jakobsen，Kim Kampel，Melinda Kuritzky，Sergey Ripinsky，Stella Sakellaridou，Stefanie Schacherer，Sylvie Somerville，Ilan Strauss，Paul Wessendorp 和 Linli Yu 提供。同时得到了 Marta Kolasinska，Ventzislav Kotetzov，Oktawian Kuc，Mathabo Le Roux，Eduardo Lins，Abraham Negash 和 Michelle Ngo 的支持。

数据统计支持由 Bradley Boicourt、Mohamed Chiraz Baly 和 Lizanne Martinez 提供。

Caroline Lambert 和 Lise Lingo 担任编辑，Pablo Cortizo 负责报告图片、表格、信息图的设计，他和 Laurence Duchemin 共同负责报告的内容排版。《世界投资报告 2018》的出版和发行得到了 Elisabeth Anodeau-Mareschal，Nathalie Eulaerts，Rosalina Goyena，Jovan Licina，Sivanla Sikounnavong 以及 Katia Vieu 的支持。

《世界投资报告 2018》得益于 Harsha Singh 关于第四章的广泛建议。在报告准备过程中的不同阶段，尤其是在本报告起草初期的专家研讨会阶段，工作组得益于外部专家们的评论和建议，这些外部专家是 Willy Alfaro，Azar Aliyev，Antonio Andreoni，Nathalie Bernasconi，Sjoerd Beugelsdijk，Jonathan Bonnitcha，Damien Charlotin，Manjiao Chi，Xiaolan Fu，Angel Gonzalez-Sanz，Nicolas Jansen Calamita，John Kline，Markus Krajewski，Sarianna Lundan，Gian Maria Milesi-Ferretti，Ted Moran，Rajneesh Narula，Anthea Roberts，Mavluda Sattorova，Esme Shirlow，Jagjit Singh Srai，HeinzTüselmann，Gus Van Harten，Markus Wagner 和 Philip Wooldridge。

同时，感谢来自 UNCTAD 其他部门同事的意见，以及来自秘书长办公室的意见。联合国制图部门在地区地图方面提供了建议。

众多中央银行、政府机构、国际组织和非政府组织的工作人员也对《世界投资报告 2018》做出了积极贡献。

缩 略 词

ACP	非洲、加勒比和太平洋国家集团
AfCFTA	非洲大陆自由贸易区
ASEAN	东南亚国家联盟
BIT	双边投资协定
BRICS	金砖国家（巴西、俄罗斯、印度、中国、南非）
CCIA	东南部非洲共同市场共同投资协定
CEPA	全面经济伙伴关系协定
CETA	全面经济和贸易协定
CIS	独立国家联合体
CLMV	柬埔寨、老挝、缅甸、越南
COMESA	东南部非洲共同市场
CPTPP	跨太平洋伙伴关系全面进步协定
CSR	企业社会责任
DAC	发展援助委员会
DVA	国内增加值
EAC	东非共同体
ECJ	欧洲法庭
EPA	经济伙伴关系协定
ESG	环境、社会和治理
FA	外国分支机构
FET	公平和公正待遇
FTA	自由贸易协定
FVA	国外增加值
GATS	服务贸易总协定
GVC	全球价值链
ICJ	国际法庭
ICT	信息和通信技术
ICSID	国际投资争端解决中心

IIA	国际投资协议
ILO	国际劳工局
IPA	投资促进机构
IPFSD	可持续发展的投资政策框架
ISDS	投资者—东道国争端解决机制
LDC	最不发达国家
LLDC	内陆型发展中国家
M&A	企业并购
MFN	最惠国待遇
MNE	跨国公司
MSME	中小微型企业
MW	兆瓦
NAFTA	北美自由贸易协定
NIR	新工业革命
NT	国民待遇
ODA	政府开发援助
OECD	经济合作与发展组织
OFC	离岸金融中心
OIA	对外投资机构
OIC	伊斯兰合作组织
OT	运营技术
PACER	太平洋更紧密经济关系协定
PPP	公私合作伙伴关系
R&D	研究与开发
RCEP	区域全面经济伙伴关系
RTA	区域贸易协议
SADC	南部非洲发展共同体
SDGs	可持续发展目标
SIDS	小岛屿发展中国家
SME	中小企业
SSE	可持续证券交易倡议
TIFA	贸易和投资框架协议
TIP	投资协定条款
UNCITRAL	联合国国际贸易法委员会
WEO	世界经济展望
WTO	世界贸易组织

内容提要

投资趋势及预测

全球外国直接投资（FDI）流量下降 23%，降至 1.43 万亿美元。这与 GDP 和贸易的加速增长形成鲜明对比。跨境并购（M&As）价值降低 22%是 FDI 流量下降的原因之一。即使扣除 2016 年大规模一次性交易和公司重组带来的 FDI 数量增加，2017 年下降态势仍然非常明显。作为未来趋势指标的已披露绿地投资价值也下降了 14%。

流入发展中经济体的 FDI 保持稳定，约为 6 710 亿美元，继 2016 年下降 10%之后并未有复苏迹象。

- 流入非洲的 FDI 继续下滑至 420 亿美元，较 2016 年下降 21%。下跌主要集中在大宗商品出口国。
- 流入亚洲发展中国家的 FDI 仍然维持在 4 760 亿美元左右。这一地区重新成为全球最大的 FDI 流入地。
- 流入拉丁美洲和加勒比地区的 FDI 增长 8%，达 1 510 亿美元，主要受该地区经济复苏的推动。这是该地区六年来第一次增长，但流入量仍然低于 2011 年大宗商品繁荣时期的峰值。
- 流入结构脆弱和易受冲击经济体的 FDI 仍然表现疲弱。流入最不发达国家的 FDI 下降 17%，降至 260 亿美元。流入内陆发展中国家的 FDI 温和增长 3%，达 230 亿美元。流入小岛屿发展中国家的 FDI 增长 4%，达 41 亿美元。

流入发达经济体的 FDI 骤降 37%，降至 7 120 亿美元。随着 2016 年全球投资格局构成中大规模交易和公司重组的减少，跨境并购交易下降 29%。发达经济体 FDI 流入大幅下降在很大程度上受英国和美国 FDI 流入自 2016 年达到峰值后又恢复至先前水平的影响。

流入转型经济体的 FDI 下降 27%，降至 470 亿美元，成为自 2005 年以来的第二低值。这种下降反映出地缘政治的不确定性和对自然资源的投资疲软。

全球价值链增长陷入停滞

预计 2018 年全球 FDI 增长疲软。全球 FDI 流量预期将小幅增长，增幅最高为 10%，但仍然远低于过去十年的平均水平。经济增长预期、贸易量和大宗商品价格越高，通常显示出 2018 年全球 FDI 增长潜力越大。然而，风险及政策不确定性也会增加。贸易紧张局势的升级和扩大可能会对全球价值链（GVCs）投资带来负面影响。除此之外，美国的税制改革和税收竞争加剧可能对全球投资模式产生显著影响。

全球投资回报率下降是投资下滑的一个重要原因。全球外国投资平均回报率从 2012 年的 8.1%降至当前的 6.7%。所有地区投资回报率都在下降，其中非洲、拉丁美洲和加勒比地区的降幅最大。外国资产的投资回报率下降可能会影响长期 FDI 前景。

所有行业的 FDI 活跃度都在降低。初级产品、制造业和服务业的并购价值下降。2017 年已披露的绿地投资下降主要集中于服务业。但是，过去五年所有发展中地区制造业绿地投资水平一直低于前一个五年的水平。这对产业发展具有重要影响。

全球 FDI 的急剧下降与其他跨境资本流动形成鲜明对比。由于银行贷款和证券投资（主要是债务）弥补了 FDI 下降，资本总流量占 GDP 的比重从 5.6%增至 6.9%。流向发展中国家的资本增长较为温和，其占 GDP 比重从 4%增至 4.8%。

FDI 仍然是发展中经济体最大的外部融资来源。它占发展中经济体整体外部资金流入的 39%，但最不发达国家的占比不足 1/4，并且自 2012 年以来呈下降趋势。

国际生产扩张速度正在放缓。国际生产方式和跨境要素交换方式逐渐从有形转变为无形。外国分支机构的销售额继续增长（2017 年增幅为 6%），但资产和雇员的增长速度较慢。这可能对发展中国家吸引生产性资本投资的前景产生不利影响。

全球价值链增长停滞不前。全球贸易中的外国增加值（例如，在国家出口中包含的进口商品和服务）在经历了二十年的持续增长后于 2010—2012 年达到顶峰。UNCTAD 的 GVC 数据显示，2017 年外国增加值下降了 1%，占贸易的比重降为 30%。在所有地区，包括发达国家和发展中国家，与上一个十年相比，参与 GVC 获得的增长在近十年期间下降明显。GVC 放缓与 FDI 趋势表现出明显的相关性，这也明确了 FDI 趋势对全球贸易格局的影响。

尽管全球 100 强公司和发展中经济体 100 强公司中的 MNEs 推动着董事会性别比例更趋平衡，但其还有很长的路要走。在前 100 强 MNEs 中平均约有 22%的董事会成员是女性，高于标准普尔（S&P）

和国别的平均水平。

投资政策发展

许多国家继续致力于完善吸引 FDI 的政策。2017 年，65 个国家和经济体采取了至少 126 项投资政策措施，其中 84%对投资者有利。这些国家放宽了包括运输、能源和制造业在内的多个行业准入条件。此外，这些国家还通过简化行政程序、提供激励措施和建立新的经济特区（SEZs）来促进和便利于投资。

最近，越来越多的国家对外国投资采取了更审慎的立场。2017 年新投资限制或法规主要反映了有关国家安全和外国对土地和自然资源所有权方面的担忧。一些国家加强了对外国收购的审查，特别是对战略资产和技术公司。一些国家正考虑收紧投资审查程序。

投资协定制定已到转折点。2017 年达成的新国际投资协定（IIAs）（18 项）数量是 1983 年以来的最低水平。此外，有效的条约终止数量首次超过了新缔结的 IIAs 数量。相比之下，大型区域协定的谈判仍然保持发展势头，特别是在非洲和亚洲。

新的投资者—国家争端解决（ISDS）申诉数量仍然居高不下。2017 年，至少 65 起新 ISDS 案件基于协定发起，使公开的 ISDS 案件数达到 855 项。截至 2017 年底，基于案情裁决的案件中，约 60% 为投资者赢胜。

65项新增
ISDS案例

IIA 改革在各地区推进良好。自 2012 年以来，超过 150 个国家采取措施制定新一代、以可持续发展为导向的 IIAs。例如，一些国家根据 UNCTAD 国际投资体制改革方案，审查其协定网络并修改协定范本。

各国也开始对现有的老一代协定进行现代化改革。例如，越来越多的国家发布协定解释或是对老一代协定进行替换。各国也参与了多边改革讨论，包括关于 ISDS 改革的内容。

在改进新协定的制定方法并促进现有协定现代化之后，改革进程的最后一步（第三阶段）是确保国家投资政策和其他国际法机构之间的协调性。争取协调性并非意味着法律层面的统一——不一致和分歧可能是有意为之的，但不同的政策领域和法律文件应当协同运作。

投资与新产业政策

产业政策已经无处不在。UNCTAD 对产业政策的全球调查表明，在过去十年中，全球至少有 101 个经济体（占全球 GDP 的 90%以上）采用了正式的产业发展战略。过去五年来，制定新战略的步伐加快。

正式的
产业发展战略

涉及101个经济体
占全球GDP 90%以上

上述调查显示，现代产业政策日益多样化和复杂化，旨在解决新主题，包括传统产业发展和结构转型之外的诸多目标，如 GVC 整合与升级、发展知识经济、建立与可持续发展相关的部门以及在新工业革命（NIR）中的竞争定位。

UNCTAD 的调查将产业政策分为三类：创建（build-up）、赶超（catch-up）和基于 NIR 的战略。约 40%的产业发展战略包含针对特定行业创建的专属性政策。约 1/3 的产业发展战略侧重于旨在赶超先进生产力前沿的统筹性竞争力提升政策。另外，1/4 的产业发展战略将重点定位于新产业革命。

大约90%的现代产业政策规定了详细的投资政策工具，主要包括激励和绩效要求，新的经济特区（SEZs）、投资促进和便利化措施，以及越来越多的投资审查机制。上述三种模式的产业政策使用类似的投资政策工具，但其重点和强度各不相同。

因此，现代产业政策是投资政策发展的主要推动力。事实上，自2010年以来，超过80%的投资政策措施直接针对工业体系（制造业、与制造业相关的服务业和工业基础设施），其中约一半明确致力于工业政策目的。大多数政策措施跨行业，约10%针对特定制造业。

激励措施仍然是产业政策最常用的工具。激励措施是产业发展更有效的工具。大约2/3适用于制造业的激励措施针对多个或特定行业，甚至统筹性激励措施也侧重于特定活动，例如推动研发（R&D）或产业发展的其他活动。绩效要求（主要作为激励措施的条件）也被广泛用于扩大MNE对产业发展的贡献，但大部分可以通过设计更好的基于成本激励的机制来实现。

经济特区不断增加并呈现多样化。在大多数国家，纯出口加工区向增值区过渡的趋势仍在继续，新型经济特区仍在出现。尽管飞地风险依然存在，但在采取产业创建和产业赶超政策的国家，吸引特定行业并联结多个经济特区的针对性战略为产业发展提供了支持并促进了GVC整合。高新区或工业园区也逐渐成为NIR驱动型产业政策的重要工具。

现代产业政策促进了投资便利化。不久前，投资便利化尚在投资政策框架中居于次要地位，而现在许多发展中国家已将投资便利化作为产业发展战略的重要统筹措施之一。有针对性的投资促进（除了投资激励和经济特区）仍然很重要：2/3 的投资促进机构（IPAs）根据产业政策来确定优先推行投资促进的部门，3/4 的机构制定旨在升级产业技术的促进计划。

投资审查程序变得越来越普遍。除高度敏感的行业以外，制造业很少受到外资所有权限制的影响。但是，在一些与产业发展相关的基础设施部门，限制仍然很普遍。过去十年中采取的大多数措施已经被取消或已放宽了外资所有权限制，但准入规则——或者说程序，通过新的审查程序或要求在某些情形中反而被进一步收紧。

总体而言，投资政策（特别是 FDI 政策）是产业政策的重要工具。不同的产业政策模式意味着不同的投资政策组合。为推动投资对产业能力促进的最大化，创建、赶超和基于 NIR 的产业政策强调不同的投资政策工具，并且侧重于不同的部门、经济活动和机制。因此，投资政策工具随着产业政策模式的发展和发展阶段的不同而不断发展。

现代产业政策，无论是创建、赶超还是 NIR 驱动，都倾向于遵循一些与前几代产业政策相区别的制定原则，其中包括开放性、可持续性、包容性以及对 NIR 的应对方式。投资政策选择应该以这些原则为指导，并且保持政策一致性、灵活性和有效性。

根据上述发展情况，通过重新定位投资激励措施、推动 SEZs 现代化、重新调整投资促进和便利化措施，以及创建外国投资智能审查机制等方式，各国需要确保其投资政策工具与时俱进。新产业革命尤其需要对工业发展的投资政策进行战略评估。

为推动现代产业政策更好地服务于可持续发展战略，政策制定者需要促进产业政策与国别和国际投资政策以及社会和环境政策等其他政策领域相辅相成，需要在市场和政府角色之间取得平衡，并避免过度管制。另外，还需要采取合作方式，扩大国际产能合作，避免以邻为壑。

第一章

全球投资趋势及预测

第一节　目前趋势

一、全球趋势

全球 FDI 流量从 2016 年的 1.87 万亿美元降至 2017 年的 1.43 万亿美元，下降 23%（见图 1.1）。[1]这一下降趋势与其他宏观经济指标形成鲜明对比，如 GDP 和贸易在 2017 年取得了实质增长。跨境并购（M&As）净价值从 2016 年的 8 870 亿美元减少至 2017 年的 6 940 亿美元，成为 FDI 下降的主要因素。[2] 2017 年已披露的绿地投资价值（未来趋势指标之一）也下降了 14%，降至 7 200 亿美元。发达经济体和转型经济体 FDI 流量急剧下降，而发展中经济体 FDI 则保持稳定。因此，2017 年发展中经济体 FDI 流入量占全球 FDI 流入量的比重上升，与 2016 年 36%相比，2017 年流入量占比达到 47%。

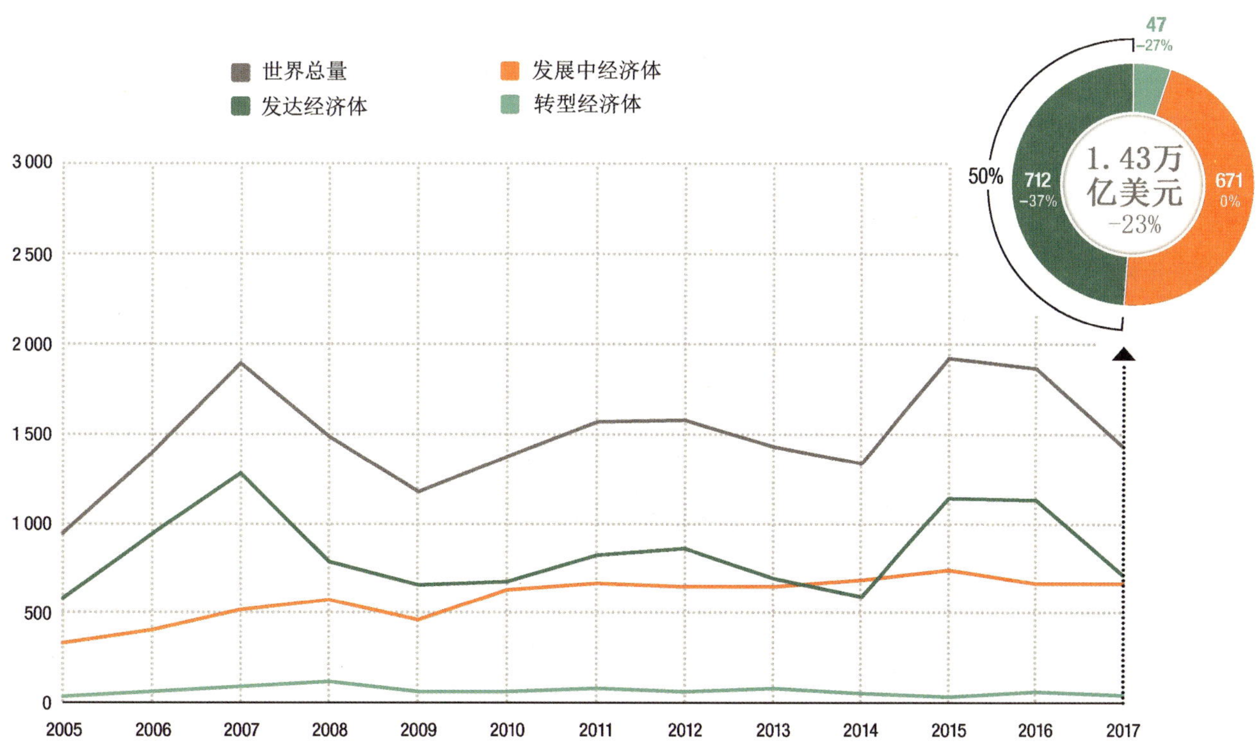

图 1.1　2005—2017 年 FDI 流入：全球及各经济体组别（十亿美元，%）

资料来源：UNCTAD，FDI / MNE 数据库（www.unctad.org/fdistatistics）。

即使扣除不稳定金融流动、大规模一次性交易和企业重组对 2015 年和 2016 年 FDI 增量的影响，2017 年 FDI 降幅仍相当显著，并且这一降幅构成了 FDI 长期下降周期的一部分。

这类下降周期是由多个因素造成的。其中一个因素是海外业务的轻资产形式，正在导致 FDI 模式的结构性转变（见 WIR17[3]）。另一个主要因素是投资回报率在过去五年显著下降。2017 年，全球 FDI 流入的回报率降至 6.7%（见表 1.1），延续了前五年稳定下降趋势。在此期间，发达经济体回报率呈下降趋势，但趋于稳定。虽然发展中和转型经济体平均回报率仍然较高，但大多数区域并未能摆脱这一困境。例如，在非洲，投资回报率从 2012 年的 12.3%降至 2017 年的 6.3%。这在一定程度上可以用同期大宗商品价格下跌来解释。然而，当价格趋于稳定时，2016 年下降趋势仍在继续，并且石油资源丰富的西亚 FDI 回报率也没有像非洲那样下降。这表明起作用的因素还可能包括国际业务中财政和劳动成本套利机会的减少。

表 1.1　2012—2017 年 FDI 流入的投资回报率（%）

地区＼年份	2012	2013	2014	2015	2016	2017
世界	**8.1**	**7.8**	**7.9**	**6.8**	**7.0**	**6.7**
发达经济体	**6.7**	**6.3**	**6.6**	**5.7**	**6.2**	**5.7**
发展中经济体	**10.0**	**9.8**	**9.5**	**8.5**	**8.1**	**8.0**
非洲	12.3	12.4	10.6	7.1	5.4	6.3
亚洲	10.5	10.8	10.6	9.9	9.5	9.1
东亚和东南亚	11.5	11.8	11.7	11.0	10.3	10.1
南亚	7.2	6.7	6.1	5.5	6.4	5.7
西亚	5.5	5.4	4.9	4.6	4.6	3.4
拉丁美洲和加勒比地区	7.9	6.7	6.6	5.2	5.3	5.6
转型经济体	**14.4**	**13.9**	**14.6**	**10.2**	**11.1**	**11.8**

资料来源：UNCTAD，FDI/MNE 数据库（www.unctad.org/fdistatistics）。

注：年回报率是用 t 年的 FDI 收入除以 t 年和 t-1 年 FDI 头寸账面价值的平均值计算而得。

二、按地理区位划分的 FDI

（一）FDI 流入

流入发达经济体的 FDI 下降了三分之一，降至 7 120 亿美元（见图 1.2）。下降一方面是由于前一年相对较高的资金流入有所减少。流入发达经济体的 FDI 在 2015—2016 年超过了 1 万亿美元，主要由于跨境并购和企业重组的激增（例如，跨国公司法律和所有权的变更，包括税负倒置）（见 WIR16，WIR17）。这类交易的价值显著下降，导致流入美国的 FDI 减少 40%（从 2015 年的 4 660 亿美元和 2016 的 4 570 亿美元降至 2017 年的 2 750 亿美元）。另一方面，缺少推动 2016 年英国 FDI 流入达到异常高峰的大型交易，造成该国 FDI 急剧下降，仅为 150 亿美元。在发达经济体，尽管股权投资和企业内部贷款下降，但再投资收益却增长了 26%，占 FDI 流入的一半。美国 MNEs 回流资本的税收减免预期，提振了再投资收益。流入其他发达经济体的 FDI 流量增加了 7%。

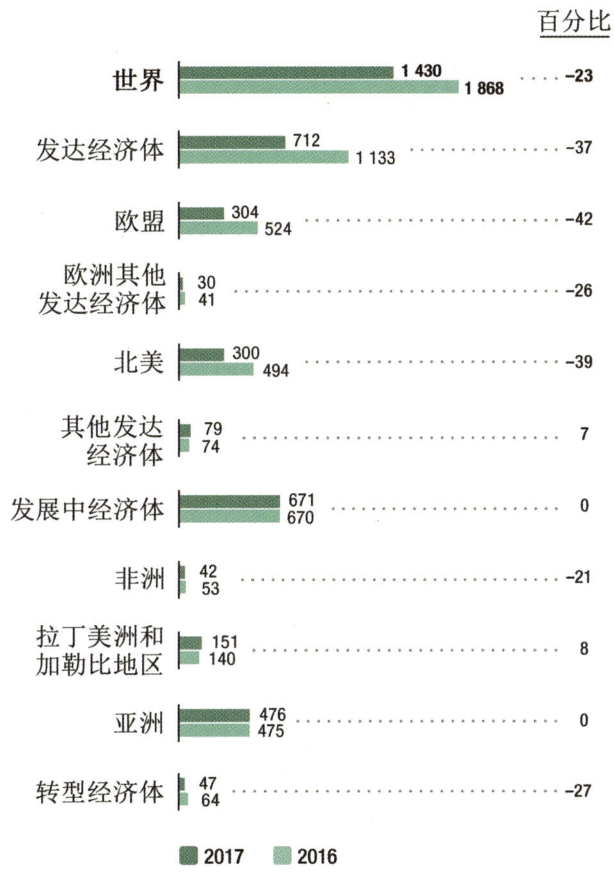

图 1.2　2016—2017 年按地区划分的 FDI 流入（十亿美元，%）

资料来源：UNCTAD，FDI / MNE 数据库（www.unctad.org/ fdistatistics）。

流入发展中经济体的 FDI 接近于 2016 年水平，为 6 710 亿美元。流入亚洲发展中国家的 FDI 则稳定在 4 760 亿美元。拉丁美洲和加勒比地区 FDI 流入的温和增长（增加 8%，至 1 510 亿美元）弥补了非洲的下降（下降 21%，至 420 亿美元）。

由于油价疲软以及大宗商品泡沫破裂带来的持续影响，埃及、莫桑比克、刚果、尼日利亚和安哥拉等大宗商品出口国的 FDI 流量收缩，导致流入非洲的 FDI 大幅减少。南非 FDI 也收缩了 41%。流入以埃塞俄比亚和摩洛哥为首的多样化出口国的 FDI 相对更具弹性。

亚洲发展中经济体重新成为最大的 FDI 接受地。在全球 FDI 下降的背景下，其在全球 FDI 流入中的比重从 2016 年的 25%升至 2017 年的 33%。最大的三个流入地是中国（内地）、中国香港和新加坡。中国 FDI 流量达到历史最高水平，中国继续蝉联发展中国家最大 FDI 接受地，同时也是世界第二大 FDI 接受地，仅次于美国。

流入拉丁美洲和加勒比地区（不包括金融中心）的 FDI 出现了六年来的首次增长，但流入量仍远低于 2011 年大宗商品繁荣时期的峰值。尽管大宗商品继续为该地区的投资提供支撑，但目前已转向基础设施（尤其是公用事业和能源）、金融服务、商业服务、信息通信技术和一些制造业。

与全球趋势类似，2017 年流向东南欧和独联体（CIS）等转型经济体的 FDI 下降 27%，仅 470 亿美元。这是自 2005 年以来的第二低值。大部分下降是由于流入四个主要 CIS 经济体俄罗斯联邦、哈萨克斯坦、阿塞拜疆和乌克兰的 FDI 不景气。

由于这些区域差异，发达经济体在世界 FDI 总流量中所占的份额已减少至 50%。前十大东道国经济体中仍有一半是发展中经济体（见图 1.3）。美国仍然是最大的 FDI 接受国，吸引了 2 750 亿美元的资金流入，其次是中国，尽管 2017 年上半年明显放缓，但仍有创纪录的 1 360 亿美元资金流入。

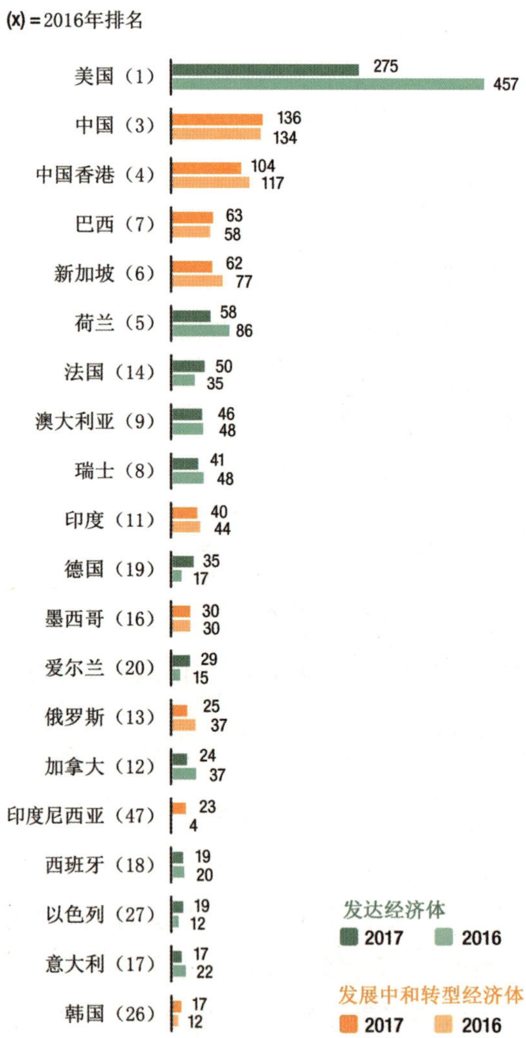

图 1.3 2016 及 2017 年 FDI 流入前 20 的东道经济体（十亿美元）

资料来源：UNCTAD，FDI / MNE 数据库（www.unctad.org/ fdistatistics）。

一些区域和区域间组织（见图 1.4）的 FDI 环境可能会受到持续性政策发展的重大影响（见第三章）。

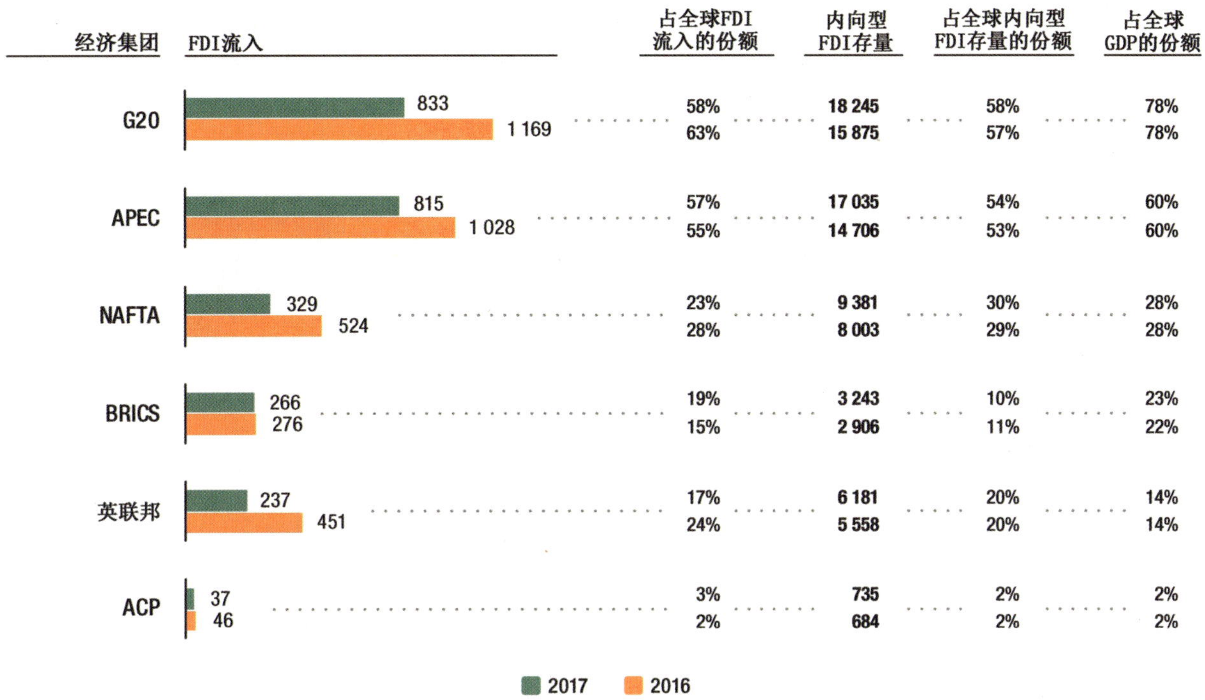

图 1.4　2016 及 2017 年有关经济集团的 FDI（十亿美元，%）

资料来源：UNCTAD，FDI / MNE 数据库（www.unctad.org/fdistatistics）。

注：APEC 为亚太经济合作组织；G20 为二十国集团，其他经济集团缩略词中已有说明。

（二）FDI 流出

发达经济体跨国公司海外投资活动略有减少。发达经济体 FDI 流出量在 2017 年减少了 3%，至 1 万亿美元。其占全球 FDI 流出量的比重维持在 71%（见图 1.5）。发展中经济体的 FDI 流出量减少了 6%，至 3 810 亿美元，而转型经济体的 FDI 流出量则增加了 59%，至 3 400 亿美元。

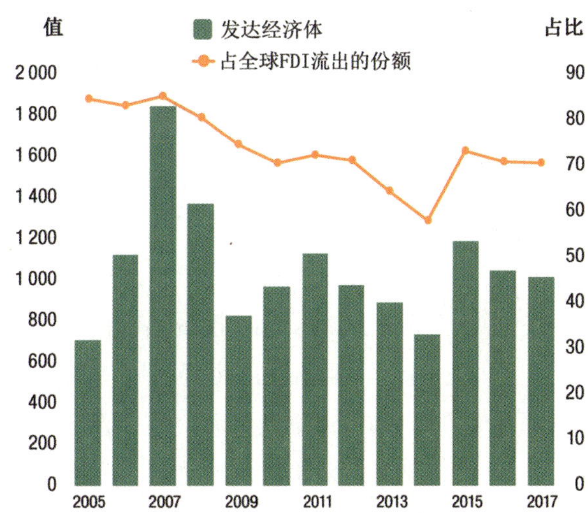

图 1.5　2005—2017 年发达经济体的 FDI 流出量与占全球流出量的比重（十亿美元，%）

资料来源：UNCTAD，FDI / MNE 数据库（www.unctad.org/fdistatistics）。

2017年，由于荷兰和瑞士FDI流出量大幅减少，欧洲MNEs的对外投资下降21%，降至4 180亿美元。荷兰是2016年欧洲最大投资来源国，但由于缺少像2016年那样规模庞大的FDI，2017年荷兰FDI流出量减少1 490亿美元，仅为230亿美元。结果，该国股权资本外流从1 320亿美元下降到-52亿美元净撤资。在瑞士，资金外流下降870亿美元，至-150亿美元。股权资本流动减少470亿美元，而公司内部的贷款减少420亿美元。

相比之下，由于英国跨国公司进行了大量收购，英国FDI流出量从2016年的-230亿美元上升至2017年的1 000亿美元。例如，英美烟草公司（British American Tobacco）以490亿美元收购了雷诺兹美国公司（Reynolds American）的剩余股份，利洁时公司（Reckitt Benckiser）以170亿美元收购了美赞臣营养品公司（Mead Johnson Nutrition, United States）。2014—2016年，再投资收益一直很低，但现在已恢复到290亿美元。由于再投资收益和公司内部贷款增加，德国FDI流出增长60%，增至820亿美元。

2017年，跨国公司在北美的投资增长18%，至4 190亿美元。美国是最大的对外投资国（见图1.6），其对外直接投资大多以留存收益的形式进行。由于税收改革预期，2017年第四季度的再投资收益较2016年同期增长78%。（见第二节，展望）

发展中经济体MNEs对外投资活动降低6%，降至3 810亿美元。亚洲发展中经济体FDI流出量下降9%，降至3 500亿美元，主要源于中国FDI流出自2003年以来首次出现逆转（下降36%，至1 250亿美元）。为应对2015年至2016年期间集中于房地产、酒店、影视、娱乐和体育俱乐部等行业出现的大量资本外逃现象，中国政府出台了限制对外直接投资的政策，导致中国MNEs（跨国公司）投资减少。中国大陆和中国台湾FDI流出的下降（下降36%，至110亿美元）抵消了印度和中国香港FDI流出的增长（印度增长123%，至110亿美元；中国香港增长39%，至830亿美元）。

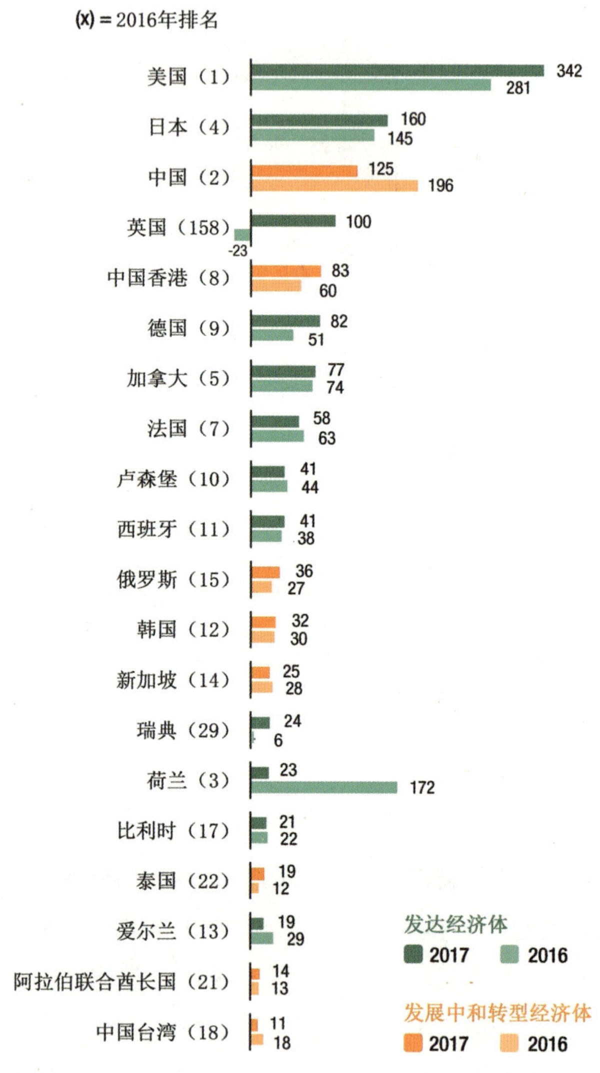

图1.6　2016年及2017年FDI流出前20的母国（地区）（十亿美元）

资料来源：UNCTAD，FDI / MNE 数据库（www.unctad.org/fdistatistics）。

由于拉丁美洲MNEs恢复了其国际投资活动，拉丁美洲和加勒比地区（不包括金融中心）

的 FDI 流出增加了 86%，增至 173 亿美元。然而，2017 年 FDI 流出量仍远低于大宗商品价格暴跌之前的水平。随着股权投资收缩，2016 年该地区最大的对外投资者——智利和哥伦比亚 FDI 流出量在 2017 年下降 18%，分别降至 51 亿美元和 37 亿美元。巴西对外投资仍为负值，约为-14 亿美元。

非洲 FDI 流出增长了 8%，增至 121 亿美元。这在很大程度上反映了南非公司（增长 64%，至 74 亿美元）和摩洛哥公司（增长 66%，至 9.6 亿美元）对外直接投资的增加。南非零售商继续向纳米比亚扩张，标准银行在那里开设了几家新分行。

在经历了 2014 年至 2016 年的经济衰退后，2017 年转型经济体 FDI 流出量增长了 59%，至 400 亿美元。然而，这一水平仍比 2013 年最高纪录（760 亿美元）低 47%。与往年一样，转型经济体的投资大部分来自俄罗斯 MNEs。其在 2017 年的投资活动增长了 34%，主要是由于两大交易——罗纳福公司（Rosneft）以大约 130 亿美元的价格收购了埃塞尔石油印度公司（Essar Oil）49%的股份，以及从意大利公司埃尼集团（Eni）以 11 亿美元获得了埃及卓尔（Zohr）海上气田 30%的股份。

三、按部门和进入模式划分的 FDI

2017 年，已披露的绿地 FDI 项目价值和跨境并购净值均显著下降（见图 1.7）。前者下跌 14%，至 7 200 亿美元。后者减少 22%，至 6 940 亿美元。尽管全球并购活动（包括国内交易）在过去几年一直保持强劲势头，但自 2013 年以来，一直呈上升趋势的跨境并购净值总量在 2017 年出现萎缩。然而，并购交易数量持续上升，接近 7 000 笔。

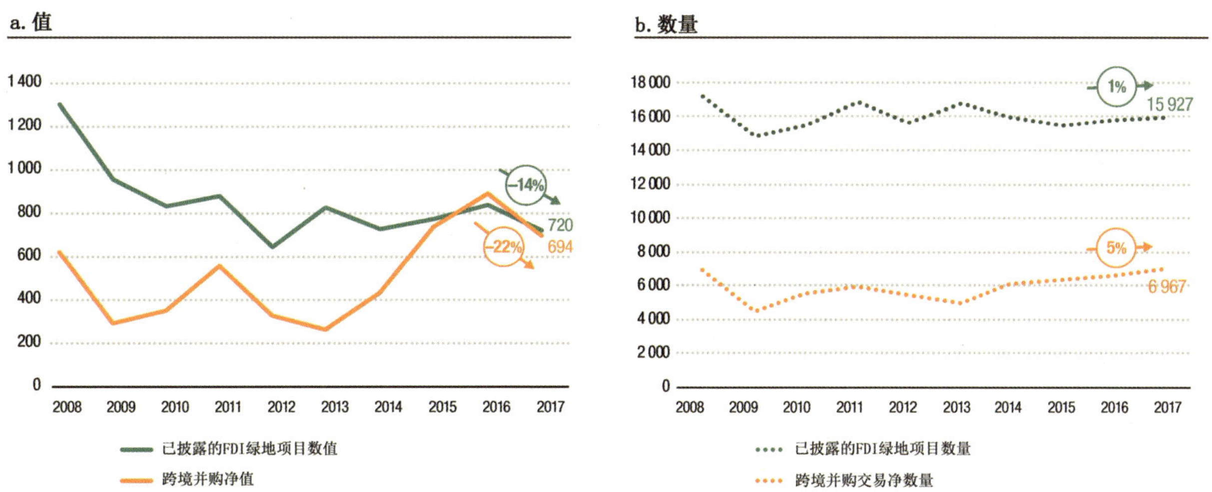

图 1.7　2008—2017 年跨境并购与已披露的绿地项目总额及总量（十亿美元，项目数）

资料来源：UNCTAD，跨境 M&A 数据库（www.unctad.org/fdistatistics）；已披露的绿地项目信息来自金融时报有限公司的 fDi Markets 数据库（www.fDimarkets.com）。

三大行业部门的跨境并购净值均有所下降（见表 1.2）。初级品部门的降幅很大，降幅达 70%，到 2017 年仅为 240 亿美元。采掘行业交易数量增加了三倍，但缺乏像前几年那样的大规模交易。在行业层面，采掘业、食品、饮料和电子产品的降幅最大。相比之下，机械设备、商业服务以及信息通信等方面的交易净值则大幅增加。

表 1.2 2016—2017 年跨境并购净值和数量：按部门和特点行业划分

	净值（十亿美元）			数量		
	2016 年	2017 年	%	2016 年	2017 年	%
总行业	887	694	−22	6 607	6 967	5
初级品部门	83	24	−70	206	550	167
制造业	406	327	−19	1 745	1 690	−3
服务业	398	343	−14	4 656	4 727	2
价值排名前十的行业部门：						
化学品及化学产品	130	137	5	345	322	−7
商业服务	75	107	43	1 716	1 817	6
食品、饮料和烟草	138	88	−36	200	227	14
金融	97	59	−39	585	617	5
电力、天然气和水	66	54	−18	209	171	−18
机械设备	32	52	63	195	183	−6
信息和通信	24	39	66	618	611	−1
电气和电子设备	75	26	−66	349	307	−12
运输及仓储	46	23	−51	293	306	4
采矿、采石和石油	79	23	−71	138	466	238

资料来源：UNCTAD，跨境 M&A 数据库（www.unctad.org/fdistatistics）。

已披露的绿地 FDI 项目价值，作为未来 FDI 流量的指标之一，在服务业和初级品部门分别下降 25%和 61%。相比之下，制造业则增长 14%。因而，制造业和服务业的绿地 FDI 项目价值几乎相同，2017 年约为 3 500 亿美元。绿地 FDI 项目的价值在几个关键的服务行业——建筑、公用事业（电力、天然气和水）、商业服务、运输、仓储和通信中有所下降（见表 1.3）。商业服务中的小型项目占服务业中绿地 FDI 项目数的一半，占总数的四分之一以上。

表 1.3　2016–2017 年已披露的 FDI 绿地投资价值和数量：按部门和特点行业划分

	净值（十亿美元）			数量		
	2016 年	2017 年	%	2016 年	2017 年	%
总行业	833	720	-14	15 766	15 927	1
初级品部门	54	21	-61	52	63	21
制造业	295	338	14	7 703	7 678	0
服务业	484	362	-25	8 011	8 186	2
价值排名前十的行业部门：						
电力、天然气和水	129	95	-26	404	296	-27
商业服务	96	80	-16	4 125	4 278	4
机动车和其他运输设备	56	62	12	1 077	1 103	2
建筑	126	62	-51	322	276	-14
化学及化学产品	43	61	42	804	856	6
电气和电子设备	44	52	20	1 005	958	-5
运输、仓储及通信	56	41	-26	935	903	-3
贸易	27	32	21	902	1 001	11
食品、饮料和烟草	24	29	17	596	664	11
纺织品、服装和皮革	28	28	1	1 558	1 476	-5

资料来源：UNCTAD，来自金融时报有限公司的 fDi Markets 数据库（www.fDimarkets.com）。

尽管化学产品和电子产品等一些制造业部门在 2017 年有所回升，但从较长期的角度来看，行业内整个已披露的发展中地区绿地 FDI 项目总体上仍相对低迷。在非洲、亚洲、拉丁美洲和加勒比地区，2013—2017 年制造业绿地 FDI 项目的年平均值明显低于前五年（见图 1.8）。

制造业绿地投资（对工业发展很重要，见第四章）显示了发展中地区的不同模式。与其他地区相比，亚洲对制造业的吸引力相对较高。在非洲，与自然资源有关的制造业在绿地 FDI 项目（对提升商品价值链很重要）中所占的比例仍然相对较高，而在拉丁美洲和加勒比地区，这一比例一直在下降。过去，这些行业占非洲制造业绿地投资总额的近四分之三。近年来，由于矿产价格下跌，这些制造业部门的外国投资已经相对较低——在非洲，2017 年总额是 60 亿美元。然而，其他制造业几乎没有增长，特别是在拉丁美洲和加勒比地区。

制造业绿地 FDI 项目的长期负面发展趋势可能对亚洲和拉丁美洲的工业发展产生更大影响，在这些地区，由于行业价值增值较高，高技能制造业绿地 FDI 项目正在减少。在非洲，与自然资源有关的制造业投资在逐渐减少，至少在一定程度上由其他制造业部门的增长所弥补。

低技能制造业是工业发展的重要起点。在非洲，过去几年，纺织品、服装和皮革领域的绿地 FDI 相对强劲，2017 年达到 40 亿美元，是 2014 年的两倍，2008 年的二十倍。这一行业的南南投资，尤其是亚洲投资者在非洲进行的投资，具有重要意义。然而，那些大型项目高度集中在埃塞俄比亚等少数国家。

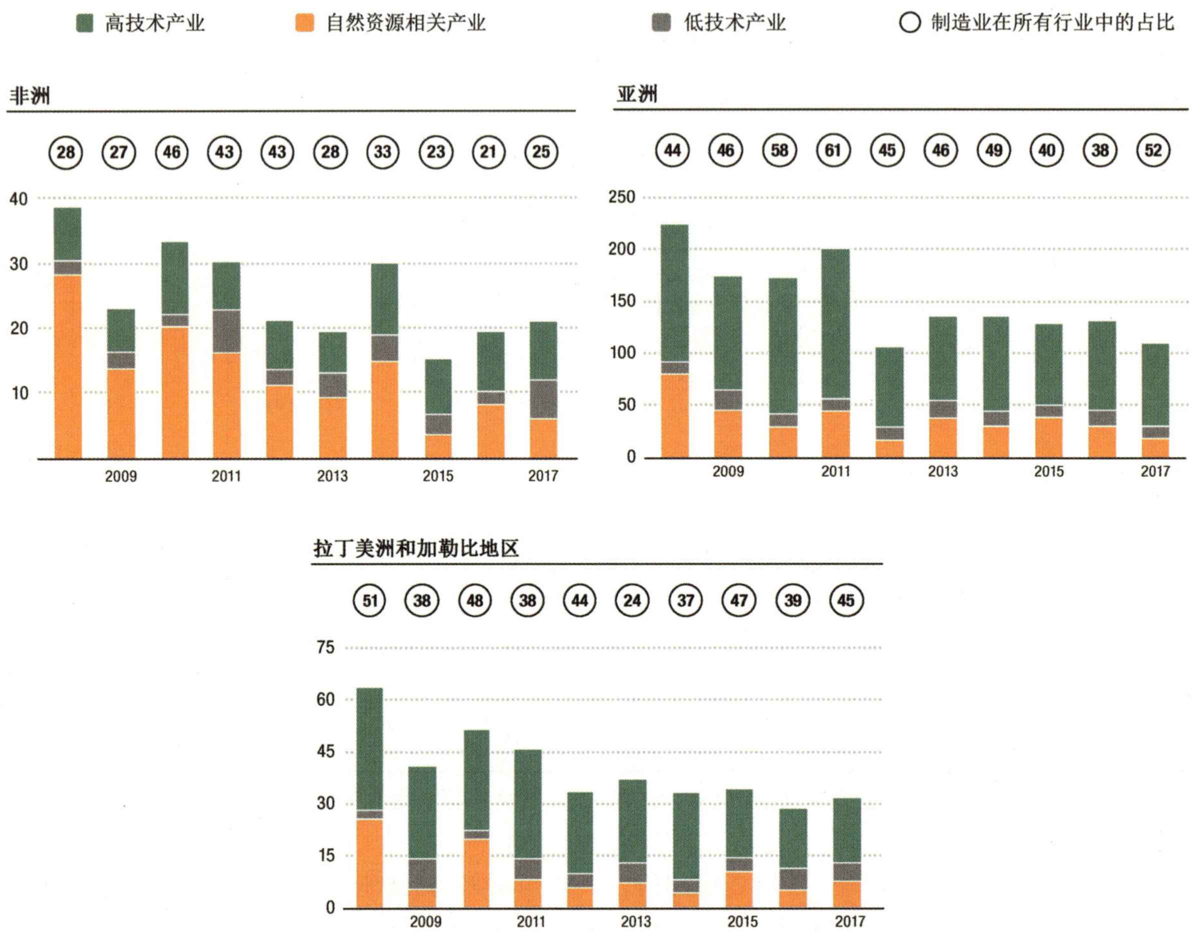

图 1.8　2008—2017 年已披露的绿地项目总额及制造业在总行业中的占比（十亿美元，%）

资料来源：UNCTAD，已披露的绿地项目信息来自金融时报有限公司的 fDi Markets 数据库（www.fDimarkets.com）。

注：与自然资源有关的行业包括：1）焦炭、石油产品和核燃料；2）金属和金属产品；3）非金属矿物产品；4）木材和木材产品。低技能行业包括：1）食品、饮料和烟草；2）纺织品、服装和皮革。高技能产业包括所有其他制造业。

四、FDI 和其他跨境资本流动

全球 FDI 减少与其他跨境资本流动形成鲜明对比。全球总资本流动——包括 FDI、投资组合（股票和债券）流动以及其他私营部门资本流动（主要是银行贷款）——在 2017 年继续复苏。2017

年，资本流动占全球 GDP 的比重达到 6.9%，高于危机后 2015 年的 4.7%（见图 1.9）。全球金融和流动性状况的整体改善得益于短期经济增长预期以及美国货币平稳过渡的预期。国际银行贷款的复苏、证券投资者的风险偏好上升、全球贸易的回升以及主要资产的金融波动性降低，都有助于改善跨境资本流动的条件。然而，全球资本流动仍远低于危机前的水平（见专栏 1.1）。

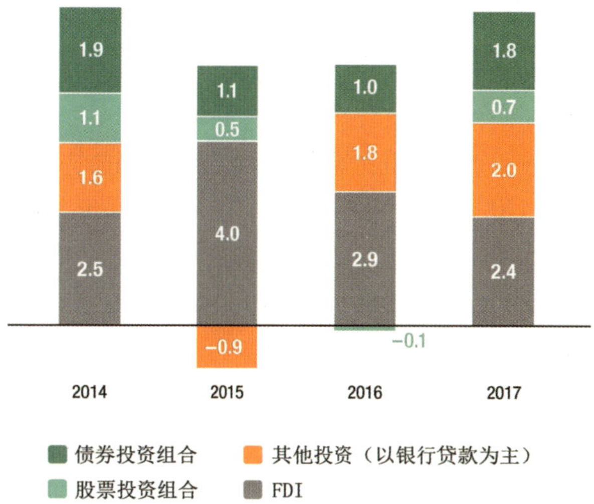

图 1.9　2014—2017 年全球跨境资本流动占比（%）

资料来源：UNCTAD，基于国际货币基金组织（IMF）《世界经济展望》（WEO）数据库。

注：为了确保与其他变量的可比性，FDI 数据与 IMF《世界经济展望》数据保持一致，与本报告其他部分所载 UNCTAD 的 FDI 数据没有直接可比性。更多信息请参阅 WIR 的方法说明。这里提供的数据只涵盖了 115 个国家，在这些国家中，股票和债券投资组合流动的细目可以查到。

专栏 1.1　跨境资本流动背景下的 FDI

在国际收支平衡表金融账户其他组成部分（债券投资和股票投资、其他银行和衍生品流动）以及其他具有发展意义的跨境资金流（如官方发展援助（ODA）和移民汇款）的背景下考量 FDI 非常重要。《亚的斯亚贝巴（Addis Ababa）发展筹资行动纲领》确认 FDI 可以对可持续发展做出重要贡献，并指出其他资金流动也至关重要。

考虑其他类型资本流动的另一个动机是，FDI 和其他类型资本流动之间的分界线变得越来越模糊，原因有三：

- 在国际收支平衡表中计算 FDI 包含了类似于投资组合流动的成分。它们可能相对短期和不稳定。
- 股票投资组合流动可以用于类似于 FDI 的目的。跨国公司可以通过一定的控制措施（即使低于 10%的门槛——参见 WIR2016），获得外国企业的长期战略股权。
- 用于相同目的的资金流动可以根据资金跨境转移方式进行不同分类。例如，当发展中经济体跨国公司在发达经济体拥有更大金融市场时，它们可以使用银行服务，并通过跨境存款将收益返还给母公司，这将记入国际收支中“其他流动”项目；或通过公司间贷款，通过当地分支机构转移资金，这将记入 FDI。

在过去 15 年里，FDI 一直是国际收支平衡表中最稳定的组成部分，也是最能抵御经济和金融危机的组成部分。与债券有关的资金流动，特别是银行贷款，是全球和发展中国家最不稳定的外部资金来源。股票投资组合在外部融资总额中所占比例相对较小，而且由于投资于流动金融资产而非固定资本，其波动性往往更大。

由与债券相关资本流动驱动的全球资本流动，在金融危机爆发前迅速增长，从 2007 年占全球 GDP 的 22%大幅下滑至 2008 年的 3.2%，随后温和复苏且短暂增长。2015 年，全球跨境资本流动占全球 GDP 的比重下降至 4.7%——除 2008 年和 2009 年金融危机时期以外，全球跨境资本流动达到数十年来的最低水平。尽管一些地区在 2017 年开始复苏，但跨境资本流动仍远低于危机前的水平（见专栏图 1.1.1）。

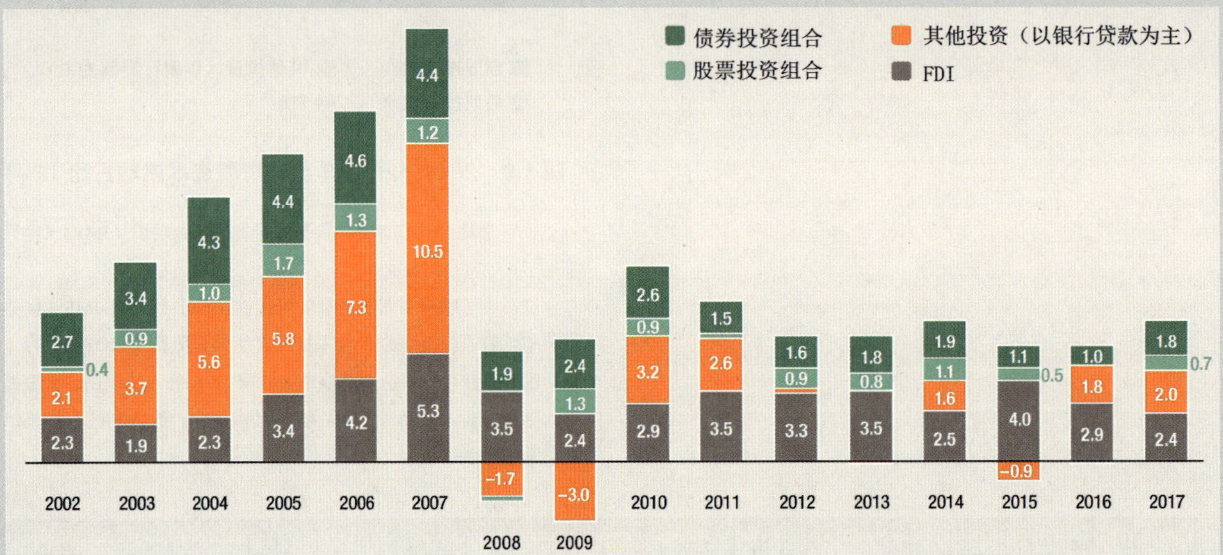

专栏图 1.1.1 2012—2017 年全球资本流动（占 GDP 的百分比）

资料来源：UNCTAD，基于 IMF《世界经济展望》（WEO）数据库。这里提供的数据只涵盖了 115 个国家，在这些国家中，股票和债券投资组合流动的细目可以查到。

发展中国家跨境资本流动疲软尤为明显。2015 年和 2016 年，流入这些经济体的资本净额（流入减去流出，不包括官方储备积累）为负值，2017 年转为正值。

资料来源：UNCTAD。

最近复苏主要得益于 FDI 以外的资本流动。2016 年出现的外国股票投资组合抛售行为在 2017 年发生逆转，期间跨境股票投资组合流量为正值。全球债券投资组合流量占 GDP 的比重从 2016 年的 1.0%上升至 2017 年的 1.8%。与 2015 年紧缩相比，国际银行贷款流动仍保持强劲势头。

与全球水平趋势一致，流向发展中经济体的跨境资本在 2015 年降至几十年来的最低点，2017 年有所增长。流入发展中经济体的资金总额（在 2015 年，占 GDP 的 2.4%），在 2017 年升至 GDP 的 4.8%。这种增长并非由 FDI 推动，而是由与债券相关的资金流推动（包括跨境银行和债券投资组合）。由于欧洲银行去杠杆，跨境银行贷款大幅减少，导致后危机时期流向发展中经济体的资金大幅减少。随着发达经济体银行财务状况改善，发展中经济体银行的南南贷款继续扩大，发展中经济体跨境银行资本流动正逐步恢复。全球金融市场流动性的改善导致流向发展中经济体的债券和股票投资组合有所增加。

在区域层面，资本流动的增长在亚洲发展中国家最为明显。在这些国家，由于国际银行贷款流入增加，资本流动占 GDP 的比重已从 2015 年的 1.2%升至 2016 年的 3.7%和 2017 年的 4.7%。在非洲，资本流入占 GDP 的比重从 6.1%小幅升至 6.6%。流入拉丁美洲和加勒比的资本占 GDP 比重从 4.7%降至 4.3%。在转型经济体中，2017 年银行贷款流入仍为负值，低于 2016 年。加上 FDI 流入减少，总资本流入占 GDP 的比重从 2.2%降至 1.3%。

五、FDI 作为发展融资的组成部分

发展中经济体可以利用的外部资金来源很多，包括 FDI、证券组合投资、长期和短期贷款（私人和公共）、官方发展援助、汇款和其他官方资金（见图 1.10）。在过去十年中，FDI 一直是发展中经济体最大的外部资金来源，并且也最能抵御经济和金融冲击。

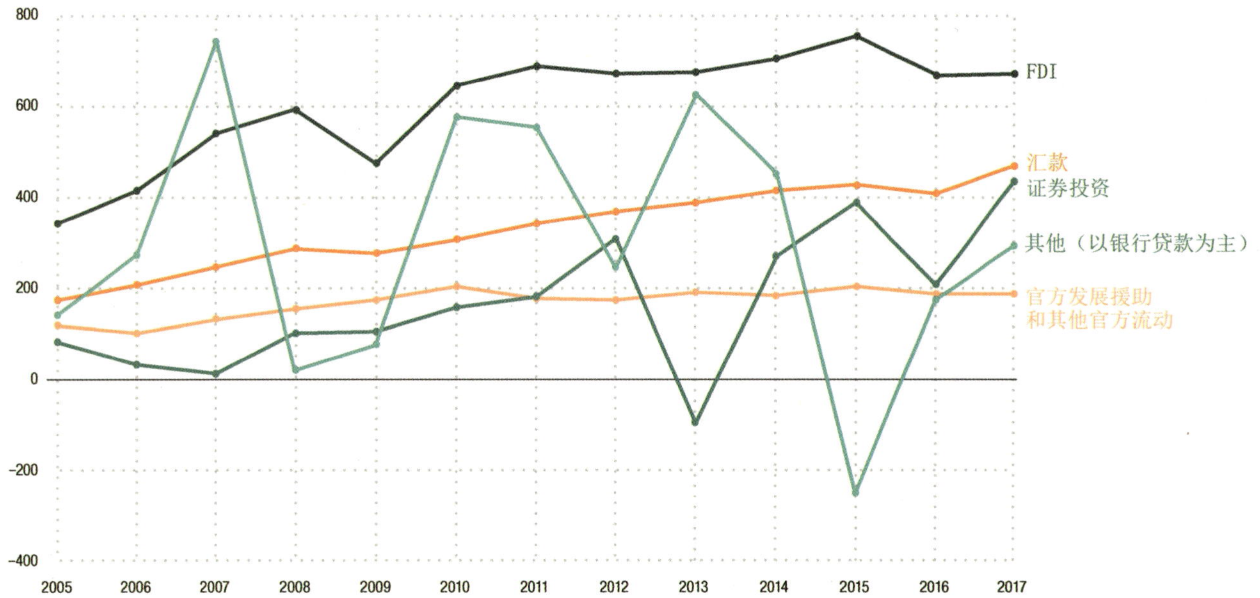

图 1.10 2005—2017 年发展中经济体外部资金来源（十亿美元）

资料来源：UNCTAD，基于 IMF 的投资组合与其他投资数据、UNCTAD FDI / MNE 数据库中的 FDI 流入数据、OECD 的官方发展援助数据以及世界银行的汇款数据。

注：官方发展援助和其他官方资金流来自发展援助委员会（DAC）国家、非发展援助委员会国家和多边捐助者（见 OECD 发展援助委员会表 2a），其他官方流动来自其他捐助者（见 OECD 发展援助委员会表 2b）。2017 年的汇款数据来自世界银行的估计，2017 年官方发展援助和其他官方流动数据是根据 OECD 发展援助委员会基础数据估算的支出年度增长率。

平均而言，2013 年至 2017 年，FDI 占发展中经济体外部融资的 39%（见图 1.11）。然而，对最不发达国家来说，官方发展援助是最重要的外部资金来源，在同一时期内占外部融资的 36%，而 FDI 仅占 21%。

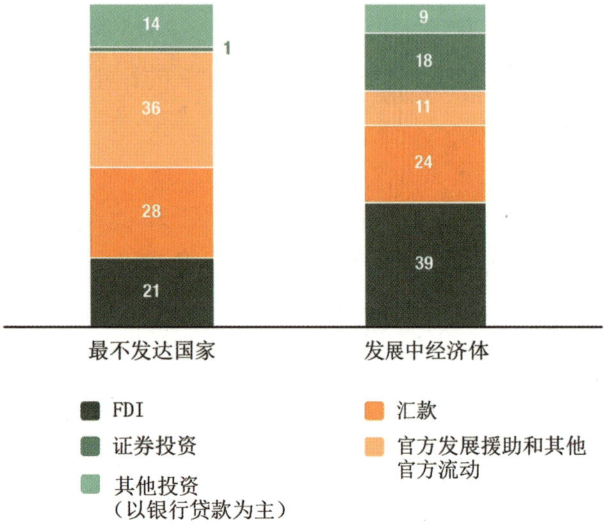

	增长率（%）		
	2017年	2013—2017年平均	波动率指数
发展中经济体			
FDI	0	0	20
汇款	9	5	27
ODA及其他官方流动	-1	2	19
证券投资	110	-80	88
其他投资（以银行贷款为主）	70	-25	90
最不发达国家			
FDI	-17	6	23
汇款	4	3	35
ODA及其他官方流动	-1	2	17
证券投资	21	-13	237
其他投资（以银行贷款为主）	-58	6	113

图 1.11　2013—2017 年发展中经济体和最不发达经济体的外部融资（%）

资料来源：UNCTAD，基于 IMF 的投资组合与其他投资数据、UNCTAD FDI / MNE 数据库中的 FDI 流入数据、OECD 的官方发展援助数据以及世界银行的汇款数据。

注：百分比计算的是 2013—2017 年期间，最不发达国家和发展中经济体各种不同来源资金占流入总量的比重。波动率指数是标准差除以 2005—2016 年绝对价值的平均值，再乘以 100 之后得来的。

FDI 波动性也低于大多数其他外部融资来源的波动性。与债券相关的资本流动容易受到政策突然叫停和逆转的影响。例如，2015 年欧洲各银行普遍缩减对外放贷，导致发展中经济体长期贷款减少。同时，由于中国企业偿还了美元债务，外国投资者减少对人民币计价资产的敞口，短期贷款大幅减少。在发展中经济体，特别是在资本市场不发达的地区，股票投资组合流动占外部融资比例较低。它们所占比重提升的速度不同导致其相对不稳定。

官方发展援助在过去十年中一直处于停滞不前的状态。它相当于发展中经济体 FDI 流入量的四分之一左右。初步数据显示，OECD 发展援助委员会成员的官方发展援助净额在 2017 年下降了 0.6%。

汇款日益成为发展中经济体、特别是最不发达经济体外部融资的重要组成部分。由于美国和欧盟的经济增长加快，据估计，2017 年向发展中经济体的汇款额增长了 8.5%，向撒哈拉以南的非洲、拉丁美洲和加勒比地区以及转型经济体的汇款额都出现了大幅增长。由于低油价和海湾合作委员会国家劳工市场政策的收紧，预计向南亚汇款的增长将会减弱。

除了波动性之外，流动类型之间存在重要差异。FDI 不仅是资金来源，而且是一类有形和无形资产，可以帮助发展中国家建立生产能力。从东道国或受援国的宏观经济发展角度来看，FDI 和投资组合资产是相对昂贵的外部融资类型（即它们通常需要更高的回报率)，但回报取决于盈利(即商业成功或项目的成功实施)。尽管短期和长期债务融资成本较低，但必须定期支付利息，且利息和本金的偿还与盈利能力无关。官方发展援助和汇款一般不会造成受援国负债。官方发展援助主要用于直接预算支持，而非投资，但可用于与可持续发展目标有关但可能对私营部门投资者没有吸引力的投资项目。尽管越来越多证据表明汇款被用于小型企业融资，但汇款仍主要用于家庭消费，对生产性资产的投资有限。

第二节　FDI 展望

2018 年，全球 FDI 流量预期将增长约 5%，总量将接近 1.5 万亿美元。上述展望是基于对若干宏观经济指标和企业层面因素的当期预测、UNCTAD 针对投资促进机构（IPAs）开展的投资前景调查、UNCTAD 的 FDI 流入量计量预测模型以及 2018 年已披露的绿地投资项目的初步数据。

一、总体前景评估

2018 年 FDI 流量温和复苏预期反映了全球经济的上升、强劲的总需求、全球贸易的加速以及强劲的跨国公司利润（可能无法反映海外业务盈利能力的总利润）。宏观经济前景的改善对跨国公司的投资能力有直接的正向影响。企业调查数据显示，人们对短期 FDI 前景感到乐观。此外，预计 2018 年 FDI 流入增加与第一季度项目数据（并购和公布的绿地项目）一致。

然而，一系列风险因素削弱了全球 FDI 增长预期。地缘政治风险、日益紧张的贸易关系以及保护主义政策等，都可能对 2018 年 FDI 产生负面影响。不仅如此，美国税收改革可能会对美国跨国公司 2018 年投资决策产生重大影响，进而对全球投资模式产生影响。此外，对宏观经济变量的长期预测也可能产生严重负面影响，比如，发达经济体的加息预期可能会对新兴市场货币和经济稳定产生严重影响（IMF，2018）。

预测显示，发达和转型经济体的 FDI 流量可能增加，而发展中国家则保持不变（见表 1.4）。

表 1.4　2015—2017 年按经济体集团和地区划分的 FDI 流入与 2018 年预测（十亿美元，%）

经济体集团/地区	2015 年	2016 年	2017 年	预测 2018 年
世界	**1 921**	**1 868**	**1 430**	**1 450～1 570**
发达经济体	**1 141**	**1 133**	**712**	**740～800**
欧洲	595	565	334	380
北美	511	494	300	320

续表

经济体集团/地区	2015年	2016年	2017年	预测 2018年
发展中经济体	**744**	**670**	**671**	**640～690**
非洲	57	53	42	50
亚洲	516	475	476	470
拉丁美洲和加勒比地区	169	140	151	140
转型经济体	**36**	**64**	**47**	**50～60**
注：年增长率（%）				
世界	**44**	**-3**	**-23**	**（1～10）**
发达经济体	**91**	**-1**	**-37**	**（5～10）**
欧洲	117	-5	-41	15
北美	96	-3	-39	5
发展中经济体	**9**	**-10**	**0**	**（-5～5）**
非洲	8	-6	-21	20
亚洲	12	-8	0	0
拉丁美洲和加勒比地区	-1	-17	8	-5
转型经济体	**-36**	**78**	**-27**	**（～20）**

资料来源：UNCTAD，FDI/MNE 数据库（www.unctad.org/fdistatistics）。

注：百分比四舍五入。

- 预计 2018 年流入非洲的 FDI 将增加约 20%，达到 500 亿美元。大宗商品价格持续温和复苏的预期以及宏观经济基本因素，都支撑了上述预测。此外，通过签署非洲大陆自由贸易区（AfCFTA）协定，促进区域间合作，可以鼓励 2018 年更多 FDI 流入。然而，非洲对大宗商品依赖将导致 FDI 保持周期性。
- 预计流入亚洲发展中国家的 FDI 仍将停滞不前，约为 4 700 亿美元。由于最近宣布的自由化计划，流入中国的资金可能会继续增长。其他增长来源可以增加东盟区域内的 FDI，包括该集团中收入相对较低的经济体，特别是柬埔寨、老挝、缅甸、越南四国。东亚对这些国家的投资也将继续保持坚挺。在西亚，油价变化、石油资源丰富国家促进经济多样化的努力以及政治和地缘政治的不确定性将影响 FDI 流入。如果贸易紧张局势升级并导致全球价值链中断，那么亚洲将更加强烈地感受到 FDI 的后续影响。
- 由于宏观经济和政策的不确定性依然存在，2018 年拉丁美洲和加勒比地区 FDI 前景依然暗淡。预计资金流动将略降至 1 400 亿美元左右。经济前景仍然充满挑战。该地区一些最大经济体即将举行选举的不确定性、发达国家加息可能带来的负面溢出效应和国际金融市场的动荡，都可能会对该地区 2018 年 FDI 流动产生影响。
- 在油价坚挺和俄罗斯宏观经济稳定的支持下，预计 2018 年流向转型经济体的 FDI 将增加约 20%，达到 550 亿美元。然而，其可能会受地缘政治风险的阻碍。
- 流向发达国家的 FDI 预计将增加到约 7.7 亿美元。根据宏观经济基本面判断，流向欧洲的 FDI 将增加 15%，流向北美的 FDI 将增加 5%。然而，由于税制改革，美国跨国公司将留存收益汇回欧洲，这将对欧洲 FDI 流入产生抑制作用，与此同时，紧张的贸易关系也将带来不确定性。

二、影响未来 FDI 流量的主要因素

（一）经济基础

虽然增长十分缓慢，但短期全球宏观经济前景乐观，为 2018 年 FDI 预期复苏提供了支撑。预计所有发达经济体和主要新兴经济体的 GDP 都将增长（见表 1.5）。随着出口价格走强，大宗商品出口国 FDI 流量也将经历小幅增长。预计新兴和发展中经济体以及发达经济体的固定资本投资总额将显著增加（见表 1.5）。更活跃的经济活动将有助于提振全球贸易。据统计，全球贸易在 2017 年已增长 3.8%，而 2016 年增幅仅为 2.3%。

表 1.5 2016—2019 年 GDP 实际增长率和固定资本形成总额（%）

变量	地区	2015 年	2016 年	2017 年	2018 年	2019 年
GDP 增长率	世界	3.5	3.2	3.8	3.9	3.9
	发达经济体 [a]	2.3	1.7	2.3	2.5	2.2
	新兴和发展中经济体 [a]	4.3	4.4	4.8	4.9	5.1
GFCF 增长率	世界	2.8	2.7	3.7	5.5	5.2
	发达经济体 [a]	2.7	1.9	3.5	4.5	4.3
	新兴和发展中经济体 [a]	2.9	3.3	3.9	6.3	5.9

资料来源：UNCTAD，基于 IMF（2018）。

注：GFCF 为固定资本形成总额。

a: IMF 对发达经济体、新兴与发展中经济体的分类不同于联合国对发达经济体和发展中经济体的分类。

然而，由于地缘政治风险和政策不确定性上升，FDI 流量中期前景则较为暗淡。随着主要发达经济体中央银行货币政策的正常化，预计金融状况将趋紧。

（二）政策因素

最近几个月，全球贸易中出现了严重的紧张局势。由此产生的不确定性可能导致跨国公司取消或推迟投资决策，直至贸易和投资环境趋于稳定。如果关税生效，贸易和全球价值链将受到影响，因此，效率寻求型 FDI 也将受到影响。在一些行业，跨国公司盈利能力将受到影响，进一步削弱其投资倾向。跨国公司也可能会重新安排生产活动以避免多缴纳关税。

紧张局势和审查不仅限于贸易。美国外国投资委员会（CFIUS）在阻止和劝退收购美国公司方面更加积极主动。其他国家也在考虑更严格的投资审查程序。欧盟委员会、德国、意大利和英国都在 2017 年宣布对其投资限制体制进行改革（另见第三章）。

美国在 2017 年 12 月通过的税制改革法案也将对全球 FDI 存量和流量产生重大影响（见专栏 1.2）。一次性利润汇回措施将直接释放美国跨国公司超过 3.2 万亿美元的海外留存收益。这种汇回措施将导致 FDI 对外投资存量减少，美国出现负流出，对其他国家的流入和流出也将产生影响。

专栏 1.2　美国税制改革的潜在影响

2017 年 12 月通过的美国税收改革法案，可能会对全球投资格局产生重大影响，因为全球近一半的 FDI 存量要么位于美国，要么为美国跨国公司所有。

该法案包括直接影响美国投资环境的公司税制改革，以及鼓励美国跨国公司将海外资金带回国内的措施。针对 MNEs 通过复杂的跨国公司结构实施避税这一问题，税制改革方案也提出了一揽子解决措施。

直接影响美国投资环境的措施包括：（1）将法定企业所得税（CIT）税率从 2018 年的 35%降至 21%，（2）立即全额支付投资费用，（3）将可扣除利息限制在应税所得的 30%。

针对跨国公司国际税收制度的变革措施包括：（1）通过百分之百扣除外国分支机构股息，从全球系统（对全球收入征税）转变为地域税收制度（仅对在国内赚取的收入征税）；（2）将现有海外留存收益强制汇回的过渡性措施，但必须一次性缴纳税款（现金税率为 15.5%，非流动资产税率为 8%）；（3）一套反避税措施，包括对全球无形资产低税收入征税以及对侵蚀美国税基的海外附属公司的付款征税。

自 2005 年美国本土投资法案（HIA）颁布以来，跨国公司就一直在等待收益汇回减税。HIA 带回了当时可用于回流资本总额的三分之二，约 3 000 亿美元留存收益。美国跨国公司海外留存收益现在要高得多，价值 3.2 万亿美元（其中现金约 2 万亿美元），约为 2005 年的 7 倍（见专栏图 1.2.1）。汇回可能导致 FDI 流出量显著下降，美国 FDI 存量也大幅下降，可能从目前的 6.4 万亿美元降至 4.5 万亿美元，并对其他国家的 FDI 存量产生逆转影响。

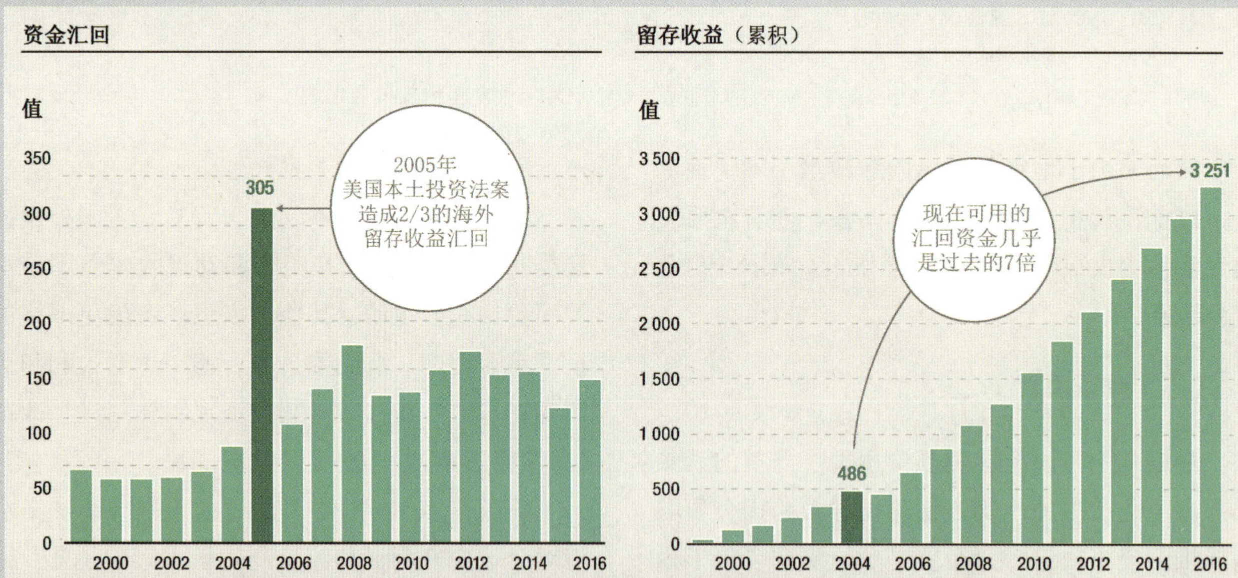

专栏图 1.2.1　1999—2016 年美国 MNEs 留存收益和资本回流（十亿美元）

资料来源：UNCTAD，基于美国经济分析局的统计分析。

除此之外，整个税制改革方案对全球 FDI 和跨国公司在美国的资本支出的影响可能因部门和行业而大不相同。可能的影响包括以下几个方面：

- 无需将收入留存海外可能导致美国跨国公司的外国分支机构留存收益结构性降低，并导致美国跨国公司国际公司组织结构中的 FDI 投资链条重构。
- 在海外使用资金方面的更大自由度可能会导致并购交易进一步增加（尽管国内并购交易可能比跨境并购交易多），但限制性利率的可抵扣性可能会抑制这种效应。
- 降低 CIT 税率和全额投资支出刺激了投资，这可能导致美国外来投资增加，并可能导致制造业活动进一步回流。

从长远来看，全球投资格局也可能受到更大程度的税收竞争影响。

资料来源：UNCTAD，“投资趋势监测”“美国的税收改革：对国际投资的影响”，特别版，2018 年 2 月 5 日。

（三）跨国公司和投资促进机构的预期

目前，全球经济增长和短期积极前景激发了跨国公司高管的投资热情。接受调查的高管中有近 80%表示计划未来一年增加投资。顶级跨国公司和科技行业公司，已宣布的计划支出将高于平均水平，表明将可能使用部分现金储备。发展中国家和转型经济体的公司往往会有更大胆的投资计划。这项调查是在 2018 年 1 月份进行的，当时贸易紧张局势还没有加剧。一旦紧张局势平息，这些支出计划可能会为全球 FDI 带来更积极的前景。[4]

从可能的投资地点来看，30%的高管认为未来三年极有可能优先考虑发达经济体，近 20%的高管则选择亚洲发展中国家、拉丁美洲和加勒比地区作为投资目的地（见图 1.12）。15%的投资者选择转型经济体和非洲作为目的地。科技公司有望成为最活跃的投资者，他们计划在所有地区扩张。金融公司主要关注发达经济体，而受到国内市场增长和劳动力成本下降的吸引，轻工业企业（如消费品企业）瞄准了发展中经济体。

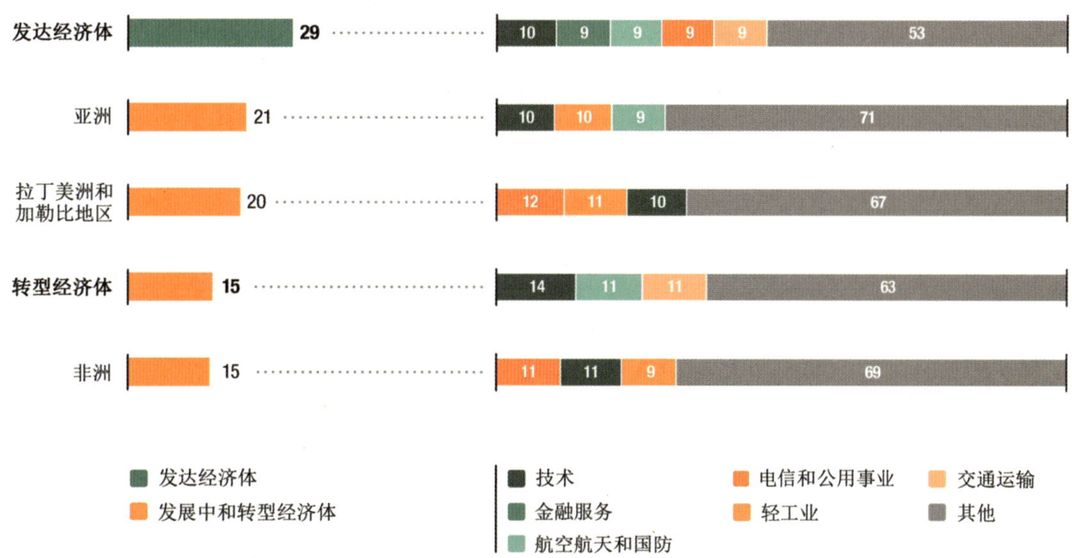

图 1.12　高管对区域和行业的选择（左侧为在调查中高管选择的很有可能或可能投资于某地的百分比；右侧为高管所在的行业）

资料来源：数据由 AT Kearney 提供。

航空航天和国防公司高管们更加重视技术和创新能力，这使得他们更喜欢投资于发达国家以及亚洲发展中经济体和转型经济体中的主要国家。这些行业的高管在印度投资概率与在法国或荷兰投资概率相似，因为法国和荷兰是主要航空生产商（空中客车公司）的总部所在地。电信和公共事业类公司主要受国内经济表现驱动，因此对于这些行业应投资于国内市场尚未饱和的大型经济体。

发展中国家投资促进机构（IPAs）预计，大部分投资来自农业综合企业，其次是信息和通信企业（见图 1.13）。IPAs 还希望吸引公用事业和建筑投资者来填补基础设施缺口。在发达经济体，IPAs 大部分投资来自信息和通信公司、专业化服务商，以及专业制造商（制药、汽车和机械领域）。与跨国公司预期有一些相似之处：来自发展中和转型经济体的投资促进机构都预测投资主要来自食品和饮料行业（轻工业），与发展中国家企业的投资计划相匹配。随着数字经济向前沿市场扩散，信息和通信（包括科技和电信公司）是发展中经济体的另一个有前途行业。

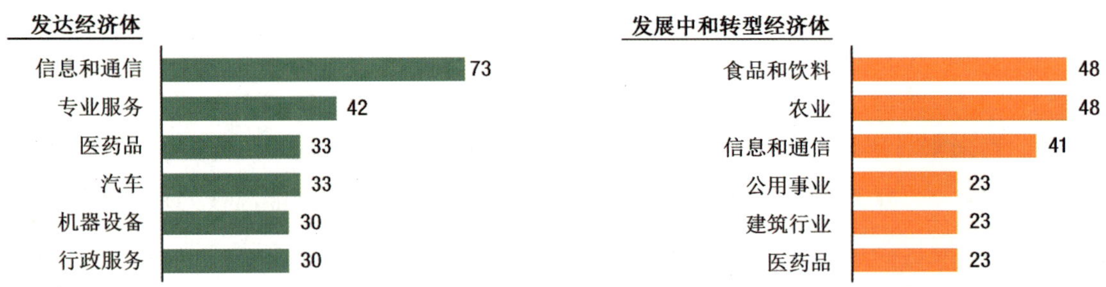

图 1.13 IPAs 选取的所在经济体最具吸引 FDI 前景的行业（按区域划分）（IPA 调查反馈的）

资料来源：UNCTAD，IPA 调查。

第三节 国际生产

一、国际生产的关键指标

国际生产继续扩大，但扩张速度正在放缓，跨境交易和货物、服务和生产要素交换方式正在改变。表 1.6 提供了国际生产的关键指标（见关于利用 FDI 统计数据衡量国际生产的专栏 1.3）。

表 1.6　2017 年及特定年份 FDI 和国际生产的若干指标

项目	现值（十亿美元）				
	1990 年	2005—2007 年（危机前均值）	2015 年	2016 年	2017 年
FDI 流入	205	1 415	1 921	1 868	1 430
FDI 流出	244	1 452	1 622	1 473	1 430
内向型 FDI 存量	2 196	14 487	25 665	27 663	31 524
外向型 FDI 存量	2 255	15 188	25 514	26 826	30 838
内向型 FDI 收入[a]	82	1 027	1 461	1 564	1 581
内向型 FDI 收益率[b]	5.4	9.2	6.8	7.0	6.7
外向型 FDI 收入[a]	128	1 101	1 394	1 387	1 553
外向型 FDI 收益率[b]	7.8	9.5	6.1	5.8	6.2
跨境 M&As	98	729	735	887	694
外国分支机构销售额	6 755	24 217	27 559	29 057[c]	30 823[c]
外国分支机构（产品）增值	1 264	5 264	6 457	6 950[c]	7 317[c]
外国分支机构总资产	5 871	54 791	94 781	98 758[c]	103 429[c]
外国分支机构雇员数（千人）	27 034	57 392	69 683	71 157[c]	73 209[c]
备忘					
GDP[d]	23 433	52 383	74 407	75 463	79 841
固定资本形成总额[d]	5 812	12 426	18 561	18 616	19 764
版税和执照费收入	31	174	299	312	333
商品与服务出口[d]	4 414	14 957	20 953	20 555	22 558

资料来源：UNCTAD。

注：本表不包括通过非股权方式与母公司关联的外国分支机构的全球销售额以及该母公司本身的销售额。外国分支机构的全球销售额、总产量、总资产、出口和雇员数据，基于以下国家或地区 MNEs 外国分支机构的全球数据推算得出：销售数据来自澳大利亚、奥地利、比利时、加拿大、捷克共和国、芬兰、法国、德国、希腊、以色列、意大利、日本、拉脱维亚、立陶宛、卢森堡、葡萄牙、斯洛文尼亚、瑞典和美国；（产品）增值数据来自捷克共和国、法国、以色列、日本、葡萄牙、斯洛文尼亚、瑞典和美国；资产数据来自奥地利、德国、日本和美国；出口数据来自捷克共和国、日本、葡萄牙、斯洛文尼亚、瑞典和美国；雇员数据来自澳大利亚、奥地利、比利时、加拿大、捷克共和国、芬兰、法国、德国、意大利、日本、拉脱维亚、立陶宛、卢森堡、中国澳门、葡萄牙、斯洛文尼亚、瑞典、瑞士和美国。

a：基于 2017 年 180 个国家的 FDI 流入所得数据和 156 个国家的 FDI 流出所得数据，均代表 90%以上的全球内向型和外向型存量。

b：只计算可以同时得到 FDI 收入与存量数据的国家。存量以账面价值计算。

c：2016 年和 2017 年的数据根据 1980—2015 年间每个变量对外向型存量和滞后因变量的固定效应面板回归估计得出。

d：数据来自 IMF（2018）。

专栏 1.3　FDI 统计数据和国际生产

国际收支平衡表的 FDI 数据历来是关于跨国企业国际活动的一个重要资料来源。尽管这种方法的局限性在过去十年中得到了公认（Lipsey, 2007；Beugelsdijk et al., 2010），但近年来，人们对 FDI 统计数据是否足以满足国际生产模式的关注日渐突出（Leino and Ali-Yrkko, 2014; Blanchard and Acalin, 2016; Sauvant, 2017）。

UNCTAD 发布的《世界投资报告》提供了全球外国分支机构所产生的总销售额、增加值、资产和雇员的年度估计数（见表 1.6）。其基本思想是利用 FDI 权重，从报告有关外国分支机构官方统计数字的国家子集中估计外国分支机构的相关指标的全球价值。具体方法见表 1.6 的说明。

由于 FDI 总额与外国分支机构统计数据之间具有良好的整体相关性（Casella, forthcoming; Fukui and Lakatos, 2012; Ramondo and Rodríguez-Clare, 2013），这种基于 FDI 数据的推断程序可以在全球范围内对外国分支机构的运营指标进行可接受的近似估算。但是，利用 FDI 数据对国家或行业层面的国际生产进行更细致的分析，需要解决 FDI 统计数据与外国分支机构业务数据之间所涉及的主要实证问题。专栏表 1.3.1 总结了这些问题，并指出了反驳论点和解决因素。

专栏表 1.3.1 利用国际收支平衡表中的 FDI 数据来描述 MNEs 的国际活动：评论和回应

评论	回应
FDI 是一种融资工具，不一定是对生产性资产的投资（资金来源 vs. 资金用途）	◆ 融资工具中 FDI 的相对稳定性表明其长期的生产性投资性质。 ◆ 有关外国分支机构和全球价值链的数据表明，FDI 与跨国公司的外国业务之间存在关联。 ◆ 国际收支平衡表中 FDI 数据的地理和时间覆盖范围优于其他数据来源，特别是对发展中国家而言；数据收集被强制编码进国际收支平衡报告标准，至少确保数据的可靠性和可比性。
通过离岸金融中心管理 FDI 削弱了 FDI 与国际生产之间的关系，并影响了国际生产网络的双边联系（直接投资者与最终投资者）	◆ 在某种程度上，直接（对于报告特殊目的实体的国家）或间接地使用估计技术，通过离岸金融中心进行的中转 FDI 可以被排除在 FDI 数据和分析之外。 ◆ 标准的外国直接投资报告正在扩大，以涵盖基于最终投资者的统计数据；正在开发的分析技术，可根据最终投资者的地点对双边 FDI 做出估计。
外国直接投资忽视了其他融资选择，没有充分利用国际生产（外国直接投资 vs. 本地融资）	◆ 除了外国直接投资以外，没有系统的外国分支机构融资措施，并且检索非外国直接投资融资的文献也很少。

资料来源：UNCTAD。

尽管有各种限制，FDI 统计数据仍然是国际生产资料的有用来源。特别是对于低收入 FDI 接受国来说，由于缺乏关于外国分支机构生产经营活动的其他资料来源，因此必须从国际收支平衡表中获得 FDI 统计数据。对于这些国家而言，利用 FDI 来描述国际生产的三个主要评论因素似乎不那么重要，因为发展中国家 FDI 更倾向于生产性资产（更多是绿地投资），而受中转投资流量的影响相对较小，且本地金融市场不太成熟。

因此，应采用务实的方法来分析国际生产。在发展中国家和低收入国家，FDI 是衡量跨国公司活动的主要指标。除此之外，其他数据，如基于项目的数据（见章节 1.1.3）、调查层面数据（见章节 1.3.1）、公司层面数据（见章节 1.3.3）和贸易增加值数据（见章节 1.3.2）可用来衡量跨国公司主要活动。

UNCTAD 年度统计报告显示，跨国公司外国分支机构销售额和增加值的逐渐增长是国际生产网络运作的内在因素。海外分支机构积累的现有投资存量，可创造国外市场再投资回报。平均而言，外国分支机构约 50%的收入用于再投资。

过去五年，外国分支机构销售额、增加值和就业的年均增长率（分别为 1.5%、1.5%、2.5%）都低于 2010 年以前的同期水平（分别为 9.7%、

10.7%和 7.6%)。这与长期 FDI 失去增长动力(由一次性交易和企业重组引起的峰值净值)的趋势一致。国际生产减速也是贸易和全球价值链增长放缓的一个重要因素(见章节 1.3.2)。

在金融危机之后,与全球 GDP 增长率相比,货物和服务贸易增长率的放缓成为广泛变化中最脆弱且最明显的表现。与货物贸易和 FDI(每年增长不到 1%)相比,过去五年特许权使用费和许可费收入的相对增长率(每年近 5%)表明,国际生产正从有形跨境生产网络转向无形全球价值链。随着外国分支机构资产和就业增长明显慢于销售增长,《世界投资报告 2017》中描述的轻资产国际生产趋势在 2018 年统计数据中再次显现。

二、全球价值链的趋势

全球价值链(GVCs)增长停滞不前。贸易中的国外增加值(FVA)——指一国出口中纳入的进口货物和服务——是衡量全球价值链重要性的关键指标,经过 20 年持续增长,似乎已在 2010—2012 年达到峰值。

图 1.14 显示了出口总额长期趋势,分为国内增加值(DVA)和国外增加值(FVA)。[5] 从 1990 年到 2010 年,FVA 在出口总额中所占比重不断上升,为全球贸易增长做出了积极贡献。这种渐进式增长(20 年里增长 7%)很稳定且没有中断过。过去 10 年,全球价值链增长出现 30 年来的首次停滞,FVA 在 2017 年的份额降至 30%。这种 FVA 份额趋势的逆转与最近经济全球化和 FDI 趋势放缓相一致。

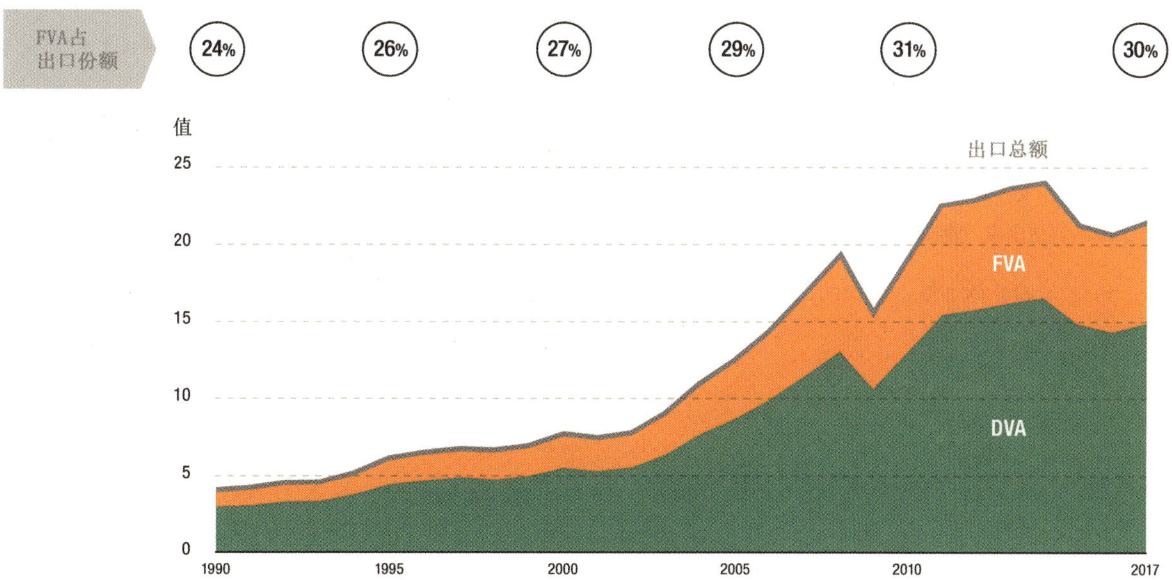

图 1.14 全球贸易:1990—2017 年按增加值计算的长期趋势(万亿美元,%)

资料来源:UNCTAD,基于 UNCTAD-EORA 全球价值链的数据库。

发达经济体在 FVA 领域处于领先地位。2017年，FVA 在发达国家出口总额中所占比重为32%，高于全球平均水平 30%（见图 1.15）。高于平均水平主要原因是欧盟的推动，在欧盟，高度一体化的市场和共同的制度环境有利于强大的区域价值链崛起。相反，在美国和日本，FVA 份额有限；作为全球服务和技术的领导者，它们在国内获取了很大一部分贸易创造的附加值。

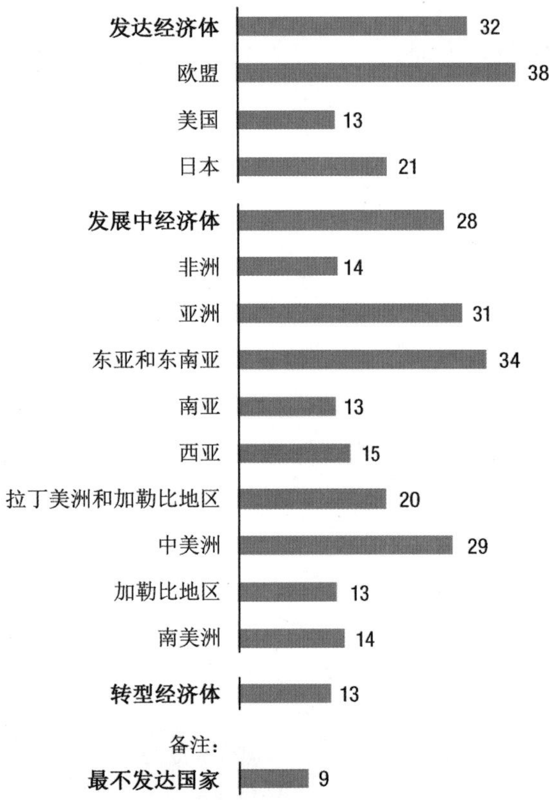

图 1.15　2017 年国外附加值占出口的比重：按地区划分（%）

资料来源：UNCTAD，基于 UNCTAD-EORA 全球价值链的数据库。

整体而言，发展中经济体在 FVA 中的份额略低于发达经济体，占出口总额的 28%。东亚和东南亚、中美洲次区域表现突出，分别占 34%和29%。一系列经济体作为全球和区域贸易的中心，如东亚和东南亚的新加坡和中国香港以及中美洲的墨西哥，推动了这些地区全球价值链整合。

FVA 在其他发展经济集团中所占比例要低得多，低于 15%。在最不发达国家中最低，为 9%。这些地区 FVA 水平较低是由于对全球价值链的总体参与不足或参与仅限于提供自然资源，各国为其他国家的出口提供投入（即它们集聚在下游）但从其他国家的出口中获得的投入却有限（它们没有集聚在上游）。

GVC 参与率提供了一幅更为微妙的图景。GVC 参与率包括上游和下游的集聚[6]，它降低了 FVA 区域模式的巨大差异（对比图 1.15 和图 1.16）。FVA 份额较低的地区往往包含较大的下游部分。在发达经济体中，美国和日本显然都是如此。由于下游部分是 DVA 的一部分，在某些条件下，可以作为一项显著指标反映一个国家参与全球价值链所能提取国内价值的能力。

对于发展中国家和转型国家来说，嵌入下游部分有助于缓和各区域之间的差异。以大宗商品出口国，特别是非洲、转型经济体和最不发达国家主导的地区和集团受到的影响最为明显。尤其是非洲和转型经济体从非常低水平的 FVA 过渡到符合全球平均水平的 GVC 参与率。以大宗商品出口国（下游）主导的 GVC 参与具有特定的发展意义。一方面，几乎所有的出口都转化为 DVA 的创造；然而，另一方面，在价值链上游获取的价值增值占最终产出的价值往往很小。

图 1.16 还显示了 2000—2010 年和 2010—2017 年这两个时期全球价值链参与的各区域平均年增长率。如图 1.14 所示，FVA 所占份额的变化趋势表明，自 2010 年以来，全球价值链在全球贸易中的相对重要性一直在下降；虽然与过去十年相比，所有地区 GVC 参与都出现大幅放缓，但按绝对价值计算的 GVC 参与率仍在持续增加。发展中国家嵌入全球价值链的速度比成熟经济体更快，尤其是在亚洲。最近几年，在非洲、拉丁美洲和加勒比地区，GVC 参与率增长非常疲弱

（2010—2017 年期间每年约为 1%）。由于全球价值链更深层次的嵌入对于贫穷国家来说是一个重要的发展杠杆，对于世界上一些最贫穷地区来说，进一步整合全球价值链仍是一个挑战（对于全球价值链与发展之间的关系的广泛分析和讨论，可参见《世界投资报告 2013》）。

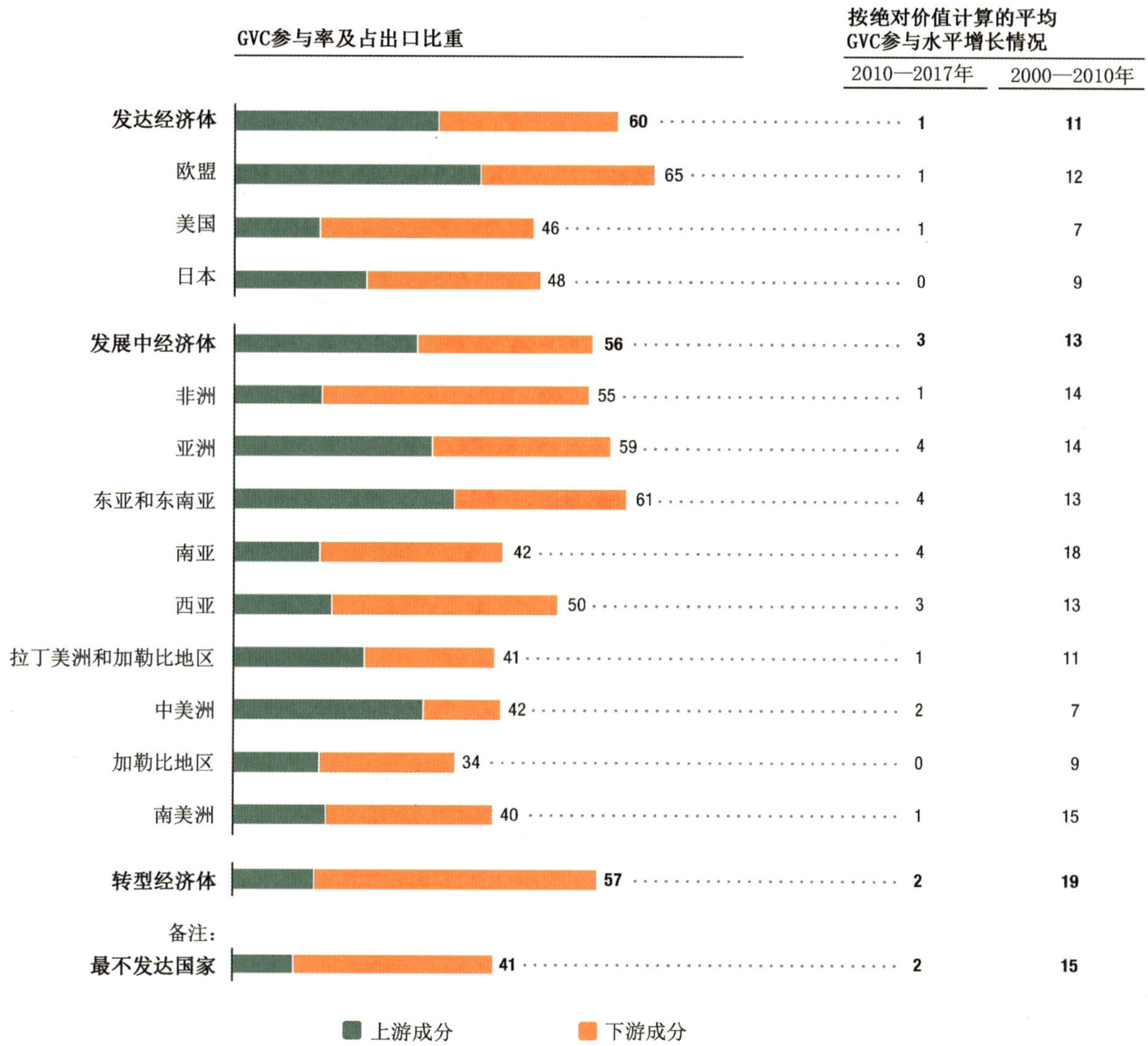

图 1.16　2017 年 GVC 参与率，2010—2017 年和 2000—2010 年增长率：按地区划分（%）

资料来源：UNCTAD，基于 UNCTAD-EORA 全球价值链的数据库。

在全球层面，全球价值链嵌入程度最高的国家（地区）都是跨国公司经营的区域总部、物流中心以及金融中心所在地（例如比利时、荷兰、新加坡、中国香港和爱尔兰）。尽管国内市场相对较小，但这些经济体作为全球服务、技术和金融中心已经发挥了重要作用（见图 1.17）。令人惊讶的是，GVC 参与率的上游部分（FVA）在这些经济体中非常突出。这表明即使为全球生产提供高附加值服务的经济体（通常被认为所需的外国进口很少），仍然在很大程度上依赖于外国投入。除外国投入之外，再出口显著推动了 FVA 增高，特别是在前四大地区（比利时、荷兰、新加坡和中国香港），其共同特点是存在大型商业港口。

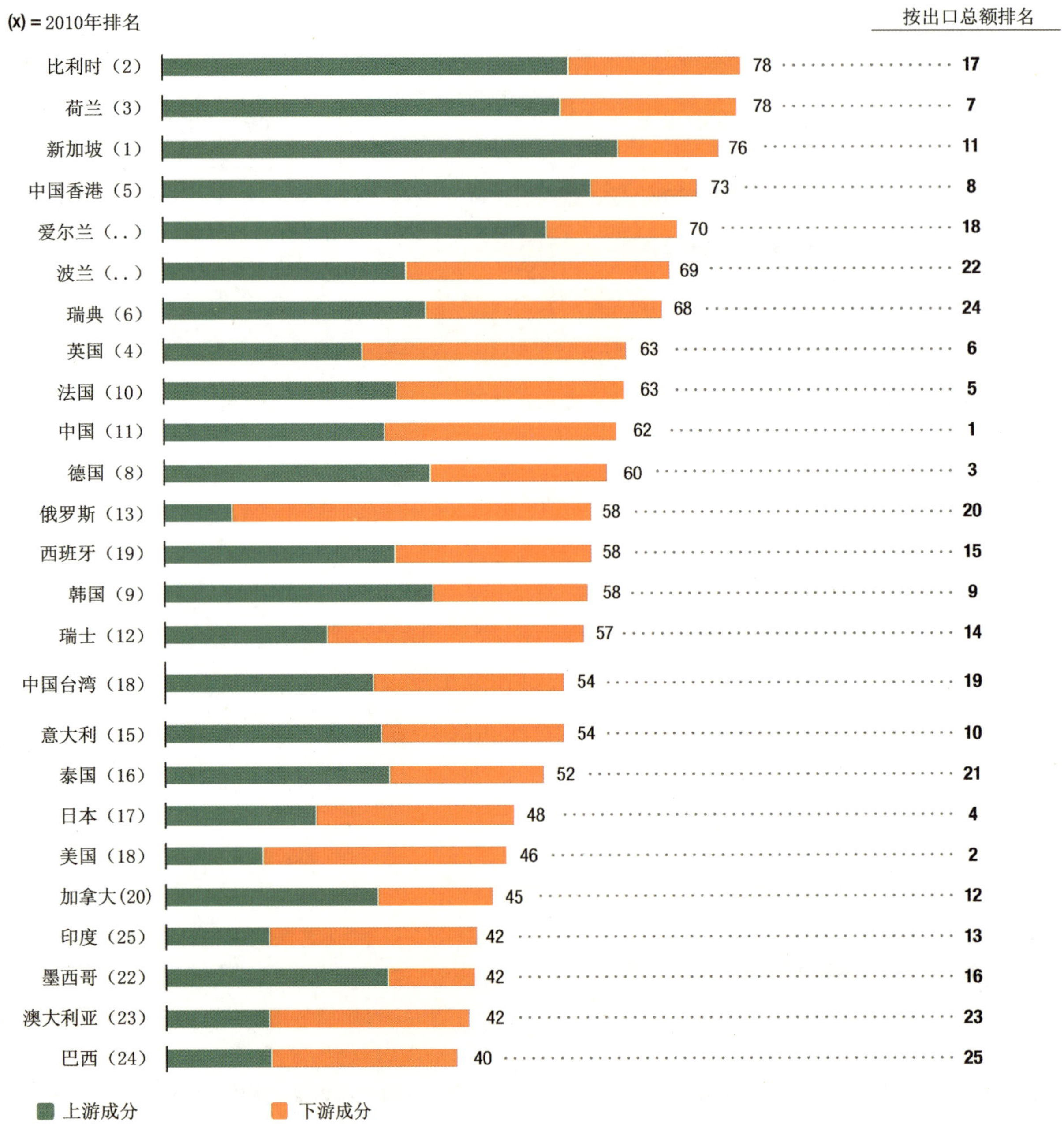

图 1.17　2017 年按 GVC 参与率排名的前 25 个出口经济体（%）

资料来源：UNCTAD，基于 UNCTAD-EORA 全球价值链的数据库。

注：排名不包括主要石油出口国。符号（..）表示 2010 年未列入 25 强出口名单的国家。

在发展中国家（地区），仅次于新加坡和中国香港，排名靠前的亚洲国家已经成为全球大型工厂所在地，如马来西亚、中国和韩国等（见图 1.18）。

全球价值链中国家的相对权重仍然相当稳定，在 2010—2017 年间，无论是在全球层面还是在发展中国家层面，排名都没有出现重大变化。

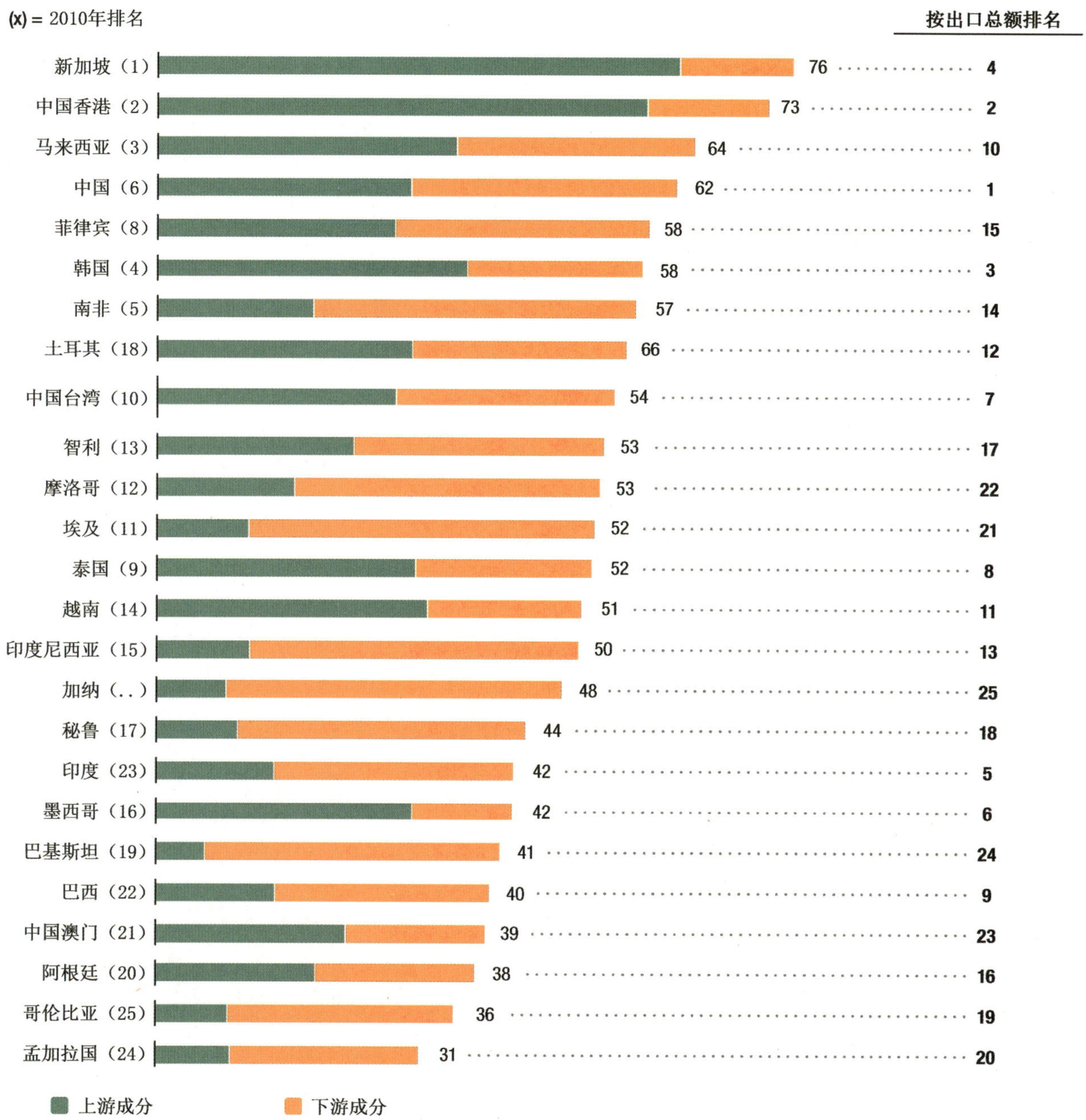

图 1.18　2017 年按 GVC 参与率排名的前 25 个出口发展中经济体（%）

资料来源：UNCTAD，基于 UNCTAD-EORA 全球价值链的数据库。

注：排名不包括主要石油出口国。符号（..）表示 2010 年未列入 25 强出口名单的国家。

专栏 1.4 UNCTAD–EORA 全球价值链的数据库

《世界投资报告 2013》（WIR13）中，UNCTAD 在实证和政策分析的背景下发布了 UNCTAD-EORA 全球价值链的数据库，该数据库的主题是"全球价值链：促进投资和贸易的发展"。该数据库帮助分析人员通过对全球价值链的分析来探索国际生产的趋势和模式。全球价值链是由跨国公司主导，在全球范围内投资生产性资产和在公司内部贸易的投入和产出，或通过它们的非股权模式伙伴网络进行协调。据 UNCTAD 估计，全球至多有 80%的贸易涉及跨国公司（见《世界投资报告 2013》）。因此，对全球价值链的分析与本章对 FDI 和国际生产的分析完全互补。

近年来，国家投入—产出表中的重大发展分析为全球价值链实证研究开辟了新途径。值得注意的是，根据其附加值来源不同，贸易数据库的可获得性受限，这也促使按国家和行业划分的 GVC 模式系统性分析成为可能。专栏表 1.4.1 列出了最重要的数据库和正在进行的主要项目。

专栏表 1.4.1 贸易增加值的绘制：特定选择

项目	机构	数据来源	国家	行业	年限	评论
UNCTAD-Eora GVC 数据库	UNCTAD/Eora	各国的购买—支出和投入—产出表，以及来自欧盟统计局、发展中经济体研究所和 OECD 的投入产出表	187	根据不同国家，数量在 25 至 500 之间	1990—2015（临近计算 2016，2017，2018）	元数据库，汇集了许多来源和插值缺失点，即使是数据缺乏的国家，也可以提供广泛、一致的覆盖范围
贸易增加值（TiVA）数据集	OECD	各国投入—产出表	62	34	1995—2011	所有 OECD 国家和 27 个非成员经济体（包括所有 G20 国家）的信息
世界投入产出数据库（WIOD），2016 年版	由欧盟资助的 11 个机构组成的联盟	各国购买—支出表	43	56	2000—2014	根据官方国民账户统计数据，基于最终用途分类在合作伙伴和国家之间分配流量
其他多区域投入—产出数据库						
EXIOBASE	欧洲联盟，exiobase.eu	各国购买—支出表	44+5	200	1995—2013	涵盖 44 个国家和 5 个世界其他地区
ADB 多区域投入—产出数据库（ADB MRIO）	亚洲开发银行	WIOD 的延伸，包括另外 5 个亚洲经济体（孟加拉国、马来西亚、菲律宾、泰国和越南）	45	35	2000，2005—2008，2011	其他 5 个亚洲国家的信息是有条不紊地进行估算，以协助研究和分析，而非官方统计
亚洲国际投入产出表	发展中经济体研究所（IDE-JETRO）	国民核算和公司层面调查数据	10	76	1975，1980，1985，1990，1995，2000，2005	美国—亚洲流量表，以及包括中日在内的双边流量表
全球贸易分析项目（GTAP）	普渡大学	单个研究人员和组织的贡献	120 个国家和 20 个地区	57	2004，2007，2011	非官方的数据集；包括能源总量、土地利用、二氧化碳排放和国际移民等领域的数据
南美投入—产出表	拉加经委会和巴西应用经济研究所（IPEA）	各国投入—产出表	10	40	2005	基于国民核算的官方信息

资料来源：UNCTAD。

UNCTAD-EORA 全球价值链数据库的特点是地理覆盖面广，包括几乎所有国家。这种包容性使 UNCTAD-EORA 数据库成为涉及发展中经济体全球价值链分析中增加值贸易数据的参考来源（AfDB、OECD 和 UNDP，2014；UNECA，2015；UNIDO，2016）。

考虑到 GVC 分析在全球化发展背景下的重要性，以及发展中经济体对增加值贸易数据的高需求，UNCTAD 已与 EORA 合作加强数据库。UNCTAD 更新了 2013 年数据，并改进了版本，使用了一种“实时预测”（nowcasting）分析法，对截至当前年度的增加值贸易数据进行预测。这就解决了增加值贸易数据库中存在的一个主要问题(包括 WIOD TiVA 和以前版本的 UNCTAD-EORA 数据库)，即 GVC 数据库发布第一年和数据发布最近一年之间至少三年的时间滞后问题。

UNCTAD-EORA 数据库的“实时预测”分析法

UNCTAD-EORA GVC 的结果是根据 1990—2015 年报告的数据，并用“实时预测”分析法估算 2016—2018 年的结果。实时预测分析法基于国际货币基金组织《世界经济展望》(WEO)，该报告对近年来每个国家 GDP、进口和出口的年度变化进行估计，并对未来五年情况进行短期预测。

在国家层面，“实时预测”分析法要分两个阶段进行。首先，根据 WEO 预测，每个国家的出口总量按比例放大或缩小。然后，根据 GDP 的相对变化调整每个国家的增加值对总出口的贡献。例如，如果所有国家都有 2%的 GDP 增长，那么供应商的构成就不会发生变化，但是如果 A 国 GDP 增长 2.2%，B 国 GDP 增长 1.8%，增加值的来源将会重新向 A 国倾斜（具体来说，A 国的贡献将会增加 10%，B 国将减少 10%）。作为未来工作的一个方向，这种依据自然发展的方法是将评估扩展到基于 WEO 预测的短期预估。

UNCTAD 计划系统地更新全球价值链分析数据，并使其成为世界投资报告的年度特征。世界投资报告中 GVC 分析所依据的国家和行业层面 GVC 诸多指标可在 EORA 网站(http://worldmrio.com)找到。

在 Moran（2018）等人的文章中全面介绍了 UNCTAD-EORA GVC 数据库的基本方法。

资料来源：UNCTAD。

三、大型跨国公司的国际化趋势

2017 年，全球跨国公司前 100 强海外业务占到全球外国资产的 9%，占全球海外销售额的 17%，占全部外国就业的 13%。[7] 全球顶级跨国公司仅占全球跨国公司总数估值的 0.1%，但 2017 年其销售总额约占全球 GDP 的 10%。前 100 强跨国公司是全球化进程的重要组成部分，也是跨国公司聚集效应的一部分。

2017 年，尽管国际化统计数据大致保持稳定，但顶级跨国公司全球业务规模逐渐扩大，外国资产和销售额增长 8%。以 100 强为代表，几乎所有行业都出现了一波大型并购交易，推动了资产和销售额的增长并促使 5 家新公司上榜——陶氏杜邦集团（陶氏化学与杜邦合并后成立的陶氏杜邦化学集团），加拿大跨国能源运输公司

（Enbridge Inc.），英国消费品公司（Reckitt Benckiser Group Plc），德国医疗保健服务集团（Fresenius SE＆Co KGaA），以及中国海航集团有限公司。排名第六的新公司为中国科技集团腾讯控股（Tencent Holding），它过去几年没有参与大型交易，而是作为投资控股公司在海外运作，积累外国资产。在 2018 年退出排名的公司中，一些公司被剥离或分拆（如来自美国的斯伦贝谢公司、康菲公司、通用汽车公司和惠普公司），而其他公司则随着外国资产门槛（2018 年将超过 400 亿美元）的提高而退出排名（例如德国的 E.ON Ag 公司和英国的 WPP Plc 公司），但它们仍然维持固定的外国资产。

国际化统计数据大致保持稳定（见表 1.7）。受一些国内交易的影响，外国资产下降 1.4%，这些交易包括道达—杜邦（Dowd–Dupont）的合并、法国奢侈品集团路威酩轩集团（LVHM）继续收购其在时尚品牌迪奥（Christian Dior）的股份，以及法国电力集团公司（EDF SA）收购阿海珐集团（Areva）的核电业务。相比之下，在“轻资产”趋势（见《世界投资报告 2017》）的带动下，外国雇员和外国销售占总雇员和总销售额的比重分别上升了 1.2%和 2.2%。这一趋势在由大型集团主导的 100 强发展中经济体跨国公司中并不明显。

表 1.7 100 强非金融 MNEs 的国际化统计：全球与发展中及转型经济体（十亿美元、千人、%）

变量	世界 100 强 MNEs					发展中及转型经济体 100 强 MNEs		
	2015 年[a]	2016 年[a]	2015—2016 年变化率（%）	2017 年[b]	2016—2017 年变化率（%）	2015 年[a]	2016 年	变化率（%）
资产（十亿美元）								
国外	8 015	8 337	4.0	9 004	8.0	1 716	1 886	9.9
国内	4 875	4 894	0.4	5 491	12.2	4 289	4 511	5.2
合计	12 891	13 231	2.6	14 495	9.6	6 004	6 397	6.5
国外占总额比重（%）	62	63	0.8	62	−1.4	29	29	0.9
销售额（十亿美元）								
国外	4 802	4 765	−0.8	5 170	8.5	1 734	1 559	−10.1
国内	2 851	2 737	−4.0	2 793	2.1	1 903	1 965	3.3
合计	7 653	7 502	−2.0	7 964	6.2	3 638	3 524	−3.1
国外占总额比重（%）	63	64	0.8	65	2.2	48	44	−3.4
雇员（千人）								
国外	9 130	9 535	4.4	9 757	2.3	4 003	4 603	15.0
国内	7 141	6 920	−3.1	6 889	−0.4	7 900	7 434	−5.9
合计	16 271	16 455	1.1	16 646	1.2	11 903	12 038	1.1
国外占总量比重（%）	56	58	1.8	59	1.2	34	38	4.6

资料来源：UNCTAD。

注：2009 年起，数据为基年 4 月 1 日至次年 3 月 31 日的财政年度数据。发展中经济体和转型经济体 100 强 MNEs 的 2017 年数据尚不完整。

a：修正结果。b：初步结果。

没有参与大型跨境交易的公司也扩大了自己的业务，尤其是在汽车和科技行业。即便是在消费品行业——在发达经济体中增长相对缓慢的行业，英荷合资企业联合利华（Unilever Plc）也通过投资数字工具和平台等快速增长的机遇和初创企业，实现收入增长。[8] 该公司正计划将其总部迁至荷兰，从而导致其外国资产份额可能略有增加。由于一直致力于新产品的开发，并积极与科技公司合作，汽车行业内跨国公司的资产平均增长了 10%～20%。但美国通用汽车公司是个例外，它采取了全球紧缩战略，在全球范围内（如南非、肯尼亚、印度、澳大利亚、印度尼西亚、欧洲）剥离资产，并首次退出了前 100 名。

在过去五年中，全球 100 强跨国公司的构成发生了显著变化，采掘业和贸易类公司纷纷退出榜单。大部分采掘业公司在资产剥离后，都在 2017 年退出了该排行榜（见表 1.8）。2015 年，英国天然气集团（BG 集团）被荷兰皇家壳牌公司收购。在贸易公司中，零售业跨国公司（如法国的家乐福、英国的特易购）长期以来一直都难以在新兴市场获得本土市场规模，于是决定离开那些无法成为市场领导者的国家。跨国公司的国内经济格局也发生了轻微变化，爱尔兰成为四家企业的总部所在地，来自日本和德国的跨国公司数量排名不断上升。前 100 强中，发展中经济体的代表性跨国公司仅增加了 1 个，这是因为，尽管发展中经济体跨国公司正在以更快的速度进行国际化，但跻身前 100 强所需的外国资产门槛不断上升，所以只有最具活力的才能留在名单上。

表 1.8 2012—2017 年前 100 强全球 MNEs 的行业和经济体构成（企业数）

行业	2012 年	2017 年	经济体	2012 年	2017 年
采矿、石油和提炼	19	13	美国	24	20
汽车和飞机	13	13	英国	17	14
制药	10	12	法国	13	12
公用事业	10	9	德国	9	11
批发和零售贸易	10	6	日本	9	11
食品、饮料和烟草	9	8	瑞士	6	5
技术	7	15	爱尔兰	—	4
电信	6	7	**其他发达经济体**	**22**	**23**
其他工业	12	13	**发展中经济体**	**7**	**8**
其他服务业	4	4	中国	3	4

资料来源：UNCTAD。

在全球最大的 100 强跨国公司中，数字公司继续增加（见图 1.19）。在 2017 年排名中，有 15 家科技公司和 7 家电信跨国公司进入前 100 强。自 2012 年以来，科技公司数量增加了一倍以上，与此同时，有 9 家公司进入了此项排名：三星电子有限公司(韩国)、德国软件公司思爱普(德国)、诺基亚有限公司（芬兰）、日立有限公司（日本）、亚马逊（美国）、博通公司（新加坡）、美国英特尔公司（美国）、美国甲骨文股份有限公司（美国）和腾讯控股有限公司（中国）。所有公司都在大力投资以维持其主导地位。最近加入进来的腾讯集团，已经转变为一个非常活跃的投资控股集团，其特别关注亚洲科技初创企业的融资。仅 2017 年一年，该公司国际资产就增加三倍多，首次进入全球 100 强跨国公司排行榜。在过去五年里，半导体公司博通公司（Broadcom）不断收购竞争对手。2017 年该公司对美国芯片制造商高通（Qualcomm）进行敌意收购。如果这笔交易获得批准，它将成为史上规模最大的科技交易（出价 1 420 亿美元）。电子商务平台亚马逊（Amazon.com）在资产和物流方面进行了投资，投资涉及多方面，主要包括建立自有车队、众包配送服务、机器人仓储和自有飞机。这些投资使该公司“无形资产”大大减少。

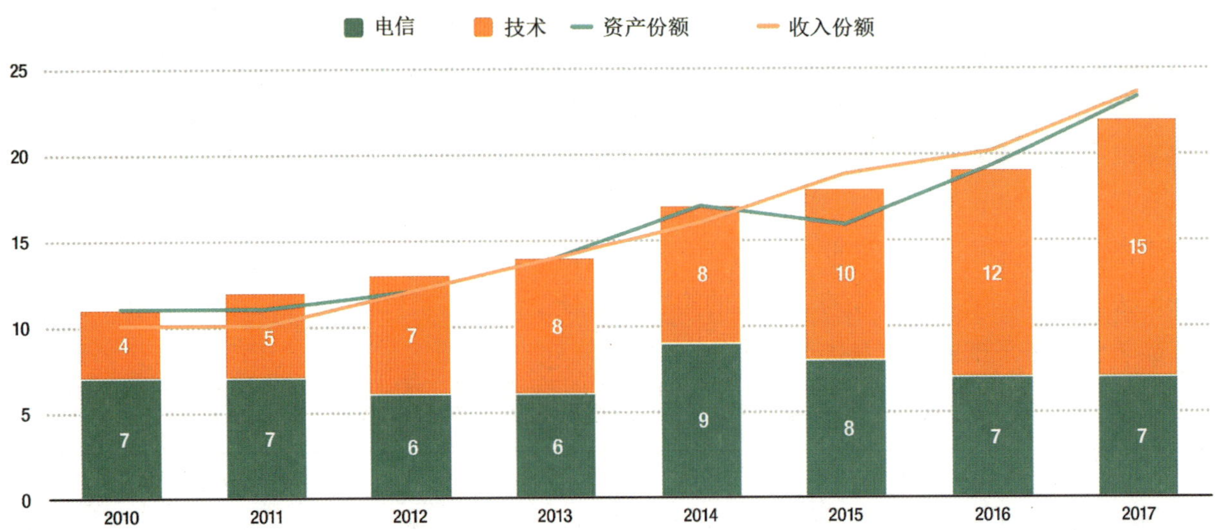

图 1.19 2010—2017 年信息和通信技术 MNEs 在前 100 强 MNEs 的排名（企业数、资产和收入占比）

资料来源：UNCTAD。

自 2013 年以来，100 强跨国公司资本支出逐渐下降（见图 1.20）。这种趋势在一定程度上是由于采掘业公司受到 2014 年大宗商品价格低迷打击造成的。此外，100 强中所占份额不断上升的科技跨国公司，也没有像其他跨国公司那样，将其高额的平均现金流配置在资本支出或收购方面。自 2012 年以来，15 家科技跨国公司平均运营收入现金流一直在 150 亿美元以上，远高于其他跨国公司，后者的现金流相对稳定在 100 亿美元至 150 亿美元之间。然而，除 2017 年以外，科技公司以资本支出和收购形式进行的投资与其他跨国公司的投资保持一致，金额从 60 亿美元到 100 亿美元不等。

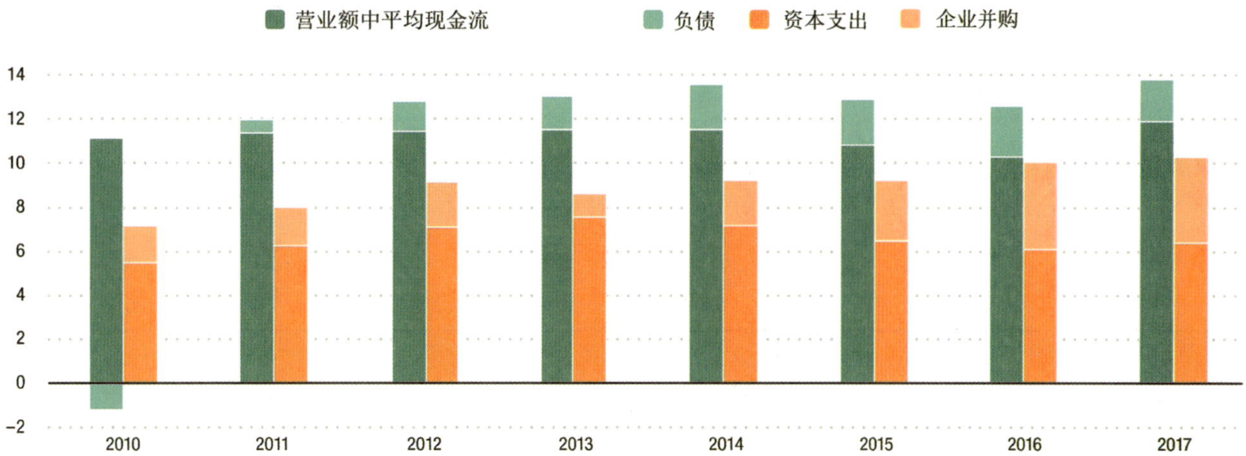

图 1.20　2010—2017 年前 100 强 MNEs 的现金流来源和支出（企业的平均价值，十亿美元）

资料来源：UNCTAD。

2016 年，来自发展中经济体的顶级跨国公司进一步扩大其海外业务，其中，亚洲公司在大型跨境并购交易中遥遥领先。例如，在短短两年内，中国企业海航集团在发展中经济体排名前 100 位跨国公司中处于领先地位，并步入全球顶级跨国公司行列。该公司 2016 年的一些收购目标包括科技分销商英迈（Ingram Micro，美国）、总部位于伦敦的国际货币交易所（International Currency Exchange）和卡尔森酒店（Carlson Hotels，美国）等。此外，东南亚科技公司为了整合半导体和电子元件产业，进行多次收购和合并。2016 年，海外资产增加一倍以上的科技公司包括博通（新加坡）、伟创力（新加坡）、腾讯控股（中国）和联合微电子（中国台湾）。

从 2011 年到 2016 年的 5 年里，发展中和转型经济体 100 强跨国公司的地理分布发生转向，中国企业集团的表现更加抢眼（见表 1.9）。2016 年，共有 24 家中国公司上榜，比 2011 年增加了一倍。新上榜企业并没有明显改变该榜单的行业构成，不仅如此，该名单的行业构成也几乎没有变化。

表 1.9　2011—2016 年发展中和转型经济体的 100 强 MNEs 行业和经济体构成（企业数）

行业	2011 年	2016 年	经济体	2011 年	2016 年
采矿、石油和提炼	16	15	**非洲**	**9**	**7**
技术	13	15	南非	8	6
电信	11	10	**亚洲**	**75**	**77**
食品、饮料和烟草	9	10	中国香港	20	13
批发和零售贸易	9	6	中国	12	24
建筑业	8	8	新加坡	9	9
金属和金属制品	7	8	中国台湾	9	6
公用事业	5	6	印度	8	6

续表

行业	2011 年	2016 年	经济体	2011 年	2016 年
其他工业	12	12	马来西亚	6	5
其他服务业	11	10	**拉丁美洲和加勒比地区**	**10**	**14**
			巴西	4	5
			墨西哥	4	7
			俄罗斯	6	2

资料来源：UNCTAD。

2017 年底，在 100 强跨国公司的董事会席位中，女性占比平均值约 22%，并且平均每 5 家公司就有一位女性 CEO（见图 1.21）。这一董事会比例略高于标准普尔 500 指数公司 19.9%的平均水平（Catalyst，2013），全球其他研究结果显示，董事会席位中女性占比在 12%～15%之间（Credit Suisse，2016；MSCI，2017；Deloitte，2017）。近年来，董事会多元化逐渐成为改善公司治理的一个重要因素。人们认为，多元化董事会将拥有更加开放的信息和观点，并且能更好地从人才和技能组合中受益，因此企业能进行更多细致入微的讨论，从而更好地捕捉消费者偏好。已有研究将多元化董事会与公司业绩的各种衡量指标联系起来，并指出董事会性别比例平衡的公司比不平衡的公司拥有更好的财务业绩（Credit Suisse，2016；McKinsey，2018；MSCI，2017）。虽然很难断言这其中有什么因果关系，但很明显，企业要想改善高层性别比例还有很长的路要走，毕竟世界上只有 3%～4%的 CEO 是女性。欧洲跨国公司拥有最多元化的董事会，在欧洲，一些国家引入配额目标，其次是北美，在那里女性的任命不受规则约束。[9] 在发展中国家，南非公司董事会管理层中女性的比例和欧洲、北美差不多。其他发展中国家的公司连同日本公司，都远远落后于西方和南非的公司。

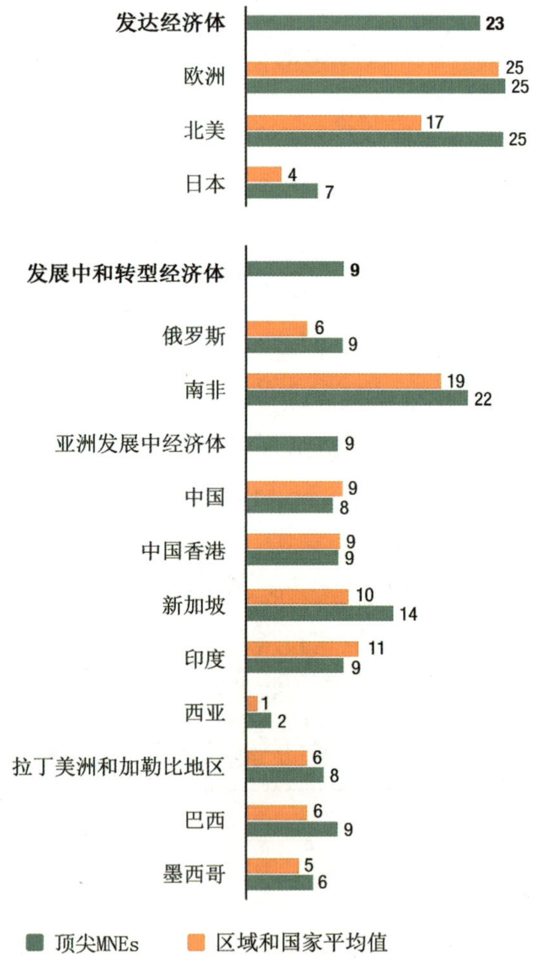

图 1.21 顶尖 MNEs 董事会席位中女性的比例：区域和国家的平均值（%）

资料来源：数据来自 UNCTAD（前 100 强）和瑞士信贷、德勤和摩根士丹利资本国际公司（全国平均水平）。

随着全球金融跨国公司持续重组和全球战略调整，金融 MNEs 的地理分布指数一直在下降。据 UNCTAD 的地理分布指数（GSI）——衡量跨国公司在全球存在程度的指标——显示，金融跨国公司在 2017 年的 GSI 得分低于 2012 年 GSI 最后一次计算时的水平（见表 1.10）。

表 1.10 UNCTAD 前 50 强金融 MNEs 排名中的地理分布趋势

指标 \ 年份	2012 年	2017 年	2012—2017 年变化率（%）
GSI 评分（平均值）	44.6	39.3	-11.9
资产（平均值，十亿美元）	1 020.1	966.1	-5.3
外国分支机构总数	19 768.0	16 778.0	-15.1
国外	12 352.0	9 731.0	-21.2
国内	7 416.0	7 047.0	-5.0
东道国数量（平均值）	33	28	-15.2

资料来源：UNCTAD 的前 50 强金融跨国公司，汤森路透，公司财务报告。

注：GSI 评分是通过比较外国分支机构的数量和国家内现存的国内分支机构的数量来计算的。

GSI 评分下降，以及资产规模萎缩 5%，表明金融跨国公司将继续重组资产和分支机构，以达到管理资产风险并增强资本的目的。总体而言，在 UNCTAD 排名中，2012—2017 年间金融跨国公司外国分支机构数量下跌 15%，剥离了约 5%的国内分支机构和 20%的外国分支机构（见专栏 1.5）。尽管对一些人来说，剥离外国资产旨在遵守政府规定，但相对于国内分支机构而言，外国分支机构撤资规模更大，可能表明跨国公司对海外业务风险厌恶程度更强。

专栏 1.5 UNCTAD 50 强金融跨国公司

UNCTAD 会定期根据地理分布指数（GSI）对大型金融跨国公司进行排名，以建立 50 强金融跨国公司的排名（见 WIR Web 附件）。由于其国际业务与其他行业截然不同，所以与前 100 强跨国公司排名分开统计。金融跨国公司是国际生产的重要组成部分，不仅因为其具有巨大的历史规模（2017 年平均资产规模是非金融跨国公司的 5 倍），还因为其在促进贸易和投资方面发挥着巨大的作用。

按资产规模计算，50 强金融跨国公司的名单包括大型银行、保险和其他金融服务公司。其中，商业银行一直占主导地位，约占集团总资产的 70%～80%。每一个金融跨国公司 GSI 评分都是通过比较外国分支机构的数量和除其总部以外的国内分支机构数量来计算。

资料来源：UNCTAD。

随着发达经济体的国际银行战略发展紧缩，亚洲发展中国家的银行在全球排名中异军突起。在 UNCTAD 列出的全球 50 强金融跨国公司排行榜中，由于外国分支机构持股减少，2017 年超过半数的银行 GSI 评分低于 2012 年。总部设在欧洲和北美的银行大量减持分支机构。自 2012 以来，花旗集团已经退出 20 多个国家并撤销亚太地区、中东和南美洲的所有分支机构，跌幅最大。

而亚洲银行正向相反趋势发展。[10]

除南非的标准银行集团（Standard Bank Group）以外，跻身50强的新银行大多总部位于亚洲。进入排行榜的新企业包括阿布扎比银行（阿联酋）、大华银行（新加坡）、星展银行（新加坡）、卡塔尔国家银行（卡塔尔）、马来银行（马来西亚）以及三家中国银行（中国工商银行、中国银行和中国建设银行）。这三家中国国有银行的海外扩张速度异常迅速。它们的GSI评分几乎翻了一倍，并且其开展业务的国家数量是2012年的两倍。总体而言，总部位于亚洲的银行占全球50强银行总资产的近三分之一，远高于2012年的9%。

资产增长趋势表明，总部位于亚洲的银行可能会继续在全球范围内扩张。在过去五年里，它们的增长速度大大超过了欧洲和北美的银行，而且也没有像欧洲和北美的银行那样大幅减少资产（见图1.22）。自2016年以来，欧洲和北美的银行都出现了明显反弹，贷款增速从2016年的3%升至2017年的8%。

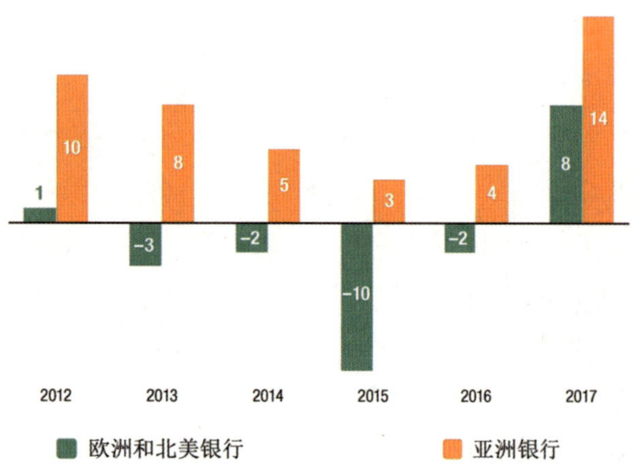

图1.22　2012—2017年全球银行的年均资产增长率（%）

资料来源：UNCTAD 50强金融跨国公司，汤森路透，公司财务报告。

注：UNCTAD 2017年排名前50的30家银行的时间序列数据。数据是指基年4月1日至次年3月31日期间报告的财政年度数据。

全球银行的地域分布将继续受利润相对停滞和政府审慎要求的限制。过去三年，在排名前50强的银行中，利息收入相对于总资产的比例（衡量盈利能力）一直保持不变，徘徊在3%左右。利润的停滞可能会进一步抑制海外扩张的欲望。与此相对应，UNCTAD公布的数据显示，2017年，金融部门跨国并购和绿地FDI项目数量有所下降（见表1.3和表1.4）。正如UNCTAD全球排名的发展趋势所示，亚洲跨国公司进一步推动其国际扩张。近期收购交易也显示，亚洲银行正积极收购全球金融公司。例如，中国平安保险集团（Ping An Insurance Group （China））在2017年最后一个季度成为汇丰控股（HSBC Holdings）第二大股东。

全球金融跨国公司将继续受到2015—2016年逐步实施的审慎要求的限制，这些审慎要求限制也是为应对全球金融危机而进行改革的一部分。全球层面的一个例子是金融稳定委员会（Financial Stability Board）对30家全球系统性重要银行制定了规则[11]。该规则从2016年开始逐步实施，适用于这些银行的补充安全措施包括进一步提高资本金和流动性要求。尽管各银行执行时间有所不同（计划在2016年至2019年之间），但是这些规则仍将影响全球最大的银行管理其账簿的方式，进而影响它们的海内外业务。

注 释

[1] 由于向UNCTAD提供FDI数据的中央银行和统计部门等主管当局不断修订、更新与纠正数据，各期WIR的FDI数据可能会有所不同。

[2] 报告中涉及跨国并购的所有价值和数量均以净值形式呈现。在计算净跨境并购时，考虑了东道国企业对外国跨国公司的销售，但它不包括其外国分支机构（已经属于海外跨国公司）对于其他外国公司的销售。同时，在计算过程中也

扣除了撤资（向国内公司出售外国分支机构）的价值（数量）。2016 年和 2017 年净跨境并购的计算基于汤森路透 Eikon（TRE）公布的信息。请参阅《世界投资报告 2017》及其 web 附录表。

[3] 另见 Casella 和 Formenti，2018 年。

[4] 调查数据由科尔尼管理咨询公司（AT Kearney）提供。调查于 2018 年 1 月进行。

[5] 广义而言，出口可以分解为国内增加值（DVA）和国外增加值（FVA）。前者是贸易中“真实”的增值交换，所有参与全球价值链的国家都通过自己的“国内”生产要素为其创造做出贡献；后者是在多阶段、多国生产过程中作为进口投入的一部分进行的增值交易。从增加值来看，这是重复计算，而不是创造新的价值。全球经济中的全球价值链越根深蒂固，全球生产过程越分散，外国附加值就越高（存在一种极端情况，在没有全球价值链的情况下，贸易只会为最终的消费者服务。在这种情况下，外国增加值将为零，国内增加值将等于出口）。

[6] 上下游组成部分之间的相互作用是全球价值链分析的一个重要方面。GVC 参与指数（Koopman et al.，2014）是最好的概括。对于一个给定的国家，该指数是嵌入其他国家出口的 FVA（上游部分）及 DVA（下游部分）计算之和，通常表示为该国出口所占份额（GVC 参与率）。这个指标虽然不像 FVA 那样直观，但它提供了更详细的国家和地区参与全球价值链的信息。

[7] 来自国际生产的国外销售额和前 100 强 MNEs 的国外销售额并不完全可比。因为有时前者会被定义为外国分支机构的销售，而顶级公司则根据公布的销售收入地理区域细分市场进行统计。大多数公司报告包括出口在内的对外销售(即销售是根据客户所在地而不是原产地报告的)。

[8] 例如，在联合利华风险投资公司（联合利华的风险投资部门）2017 年的投资报告中，包括餐饮配送机构太阳篮子（Sun Basket）、护肤品品牌真自然本草（True Botanicals）、客户服务平台无极限（Limitless）、数字广告平台塞尔特拉公司（Celtra）和家用清洁平台“按需清洁”公司（Helpling）。

[9] 在南非，要求国有企业在所有任命的董事会中确保性别平等，女性占比至少要达到30%。此外，2003 年通过并于 2013 年修订的基础广泛的《黑人经济授权法案》（*Black Economic Empowerment Act*），为企业推动黑人女性加入董事会和担任高管角色提供了金融激励。

[10] 参见 Lane and Milesi-Ferretti（2017），以及国际清算银行第 87 份年报（2017），该报告观察了区域间跨境活动的分化趋势。

[11] 参见金融稳定委员会（2017）关于后金融危机时代改革的措施。

FDI 地区趋势

第二章

发展中经济体

非洲

2017年前五位东道国经济体FDI流量（值和变化率）

前五位东道国经济体	2017 年流入量	2017 年增长率
埃及	74 亿美元	-8.8%
埃塞俄比亚	36 亿美元	-10.1%
尼日利亚	35 亿美元	-21.3%
加纳	33 亿美元	-6.6%
摩洛哥	27 亿美元	+22.9%

2017年流入

418亿美元

2017年降低

-21.5%

占世界比重

2.9%

前五位东道国经济体

经济体名称
流入量
2017年增长率

流出：前五位母国经济体
（十亿美元和2017年增长率）

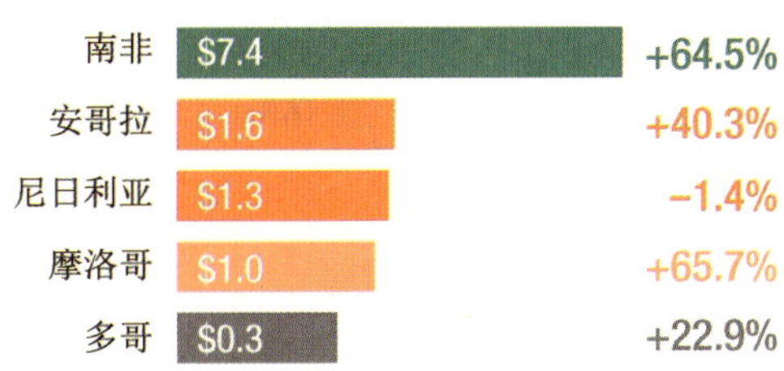

资料来源：UNCTAD。

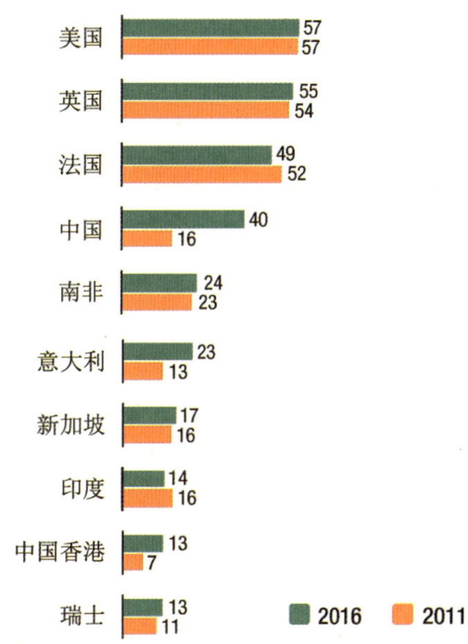

图A　2011年和2016年按FDI存量排名前十位投资来源国和地区（十亿美元）

重点内容

- FDI流量下降五分之一以上
- 大宗商品出口国FDI下降最为严重
- 商品价格上涨和AfCFTA能够支撑经济复苏

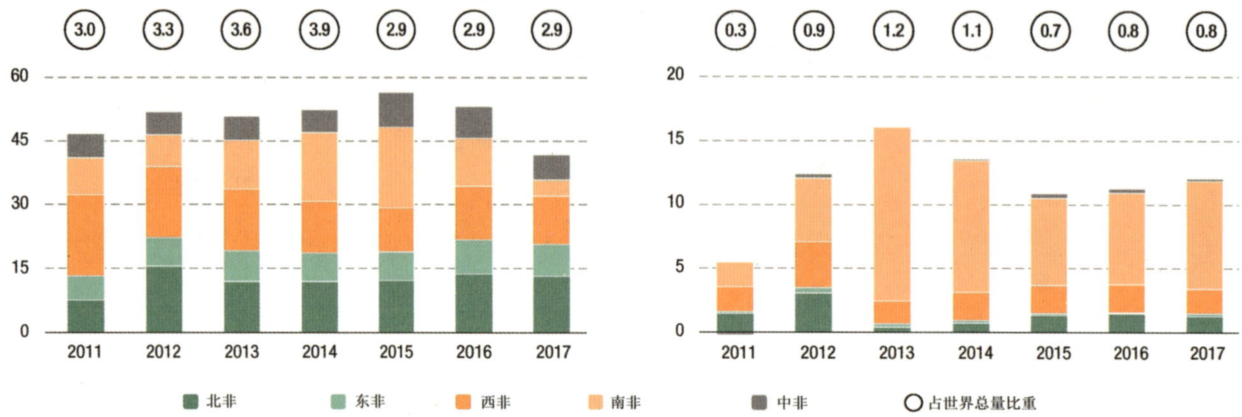

图 B 2011—2017 年 FDI 流入（十亿美元，%） 图 C 2011—2017 年 FDI 流出（十亿美元，%）

表 A 2016—2017 年跨境并购行业分布（百万美元）

部门/行业	销售额		购买额	
	2016 年	2017 年	2016 年	2017 年
总量	**9 684**	**3 452**	**7 161**	**1 967**
初级品部门	**52**	**30**	**329**	**2 136**
采矿、采石和石油	45	30	329	2 136
制造业	**-345**	**284**	**3 667**	**316**
食品、饮料和烟草	780	9	-35	55
药品、药用化学和植物产品	87	2	566	444
基础金属和金属制品	-1 102	244	—	—
服务业	**9 977**	**3 137**	**3 165**	**-485**
贸易	6	80	-174	383
信息和通信	-39	-373	342	-5 254
编程和广播活动	—	—	130	-4 527
金融和保险活动	512	506	1 927	3 542
商业活动	103	2 699	667	231

表 B 2016—2017 年跨境并购地区/经济体分布（百万美元）

地区/经济体	销售额		购买额	
	2016 年	2017 年	2016 年	2017 年
世界	**9 684**	**3 452**	**7 161**	**1 967**
发达经济体	**-2 115**	**1 780**	**6 883**	**556**
欧洲	1 016	-7 227	4 221	-928
比利时	—	-3 150	—	—
意大利	—	-4 300	—	-55
美国	-3 085	5 674	2 445	1 330
发展中经济体	**12 832**	**527**	**172**	**1 410**
非洲	400	796	400	796
摩洛哥	—	439	375	350
巴西	—	-798	16	—
中国	2 932	1 248	—	-10
印度	141	-715	335	494
转型经济体	**-1 135**	**1 125**	**106**	—

表 C 2016—2017 年已披露的绿地 FDI 项目行业分布（百万美元）

部门/行业	非洲作为投资目的地		非洲作为投资者	
	2016 年	2017 年	2016 年	2017 年
总量	**94 039**	**85 305**	**11 772**	**5 796**
初级品部门	**3 713**	**10 574**	—	—
采矿、采石和石油	3 713	10 574	—	—
制造业	**19 357**	**21 060**	**5 991**	**2 907**
纺织品、服装和皮革	1 077	3 998	46	91
化学品和化学制品	5 107	5 644	4 596	1 194
非金属矿物制品	1 144	3 036	576	314
机动车辆和其他运输设备	2 754	1 506	28	40
服务业	**70 969**	**53 671**	**5 782**	**2 889**
电力、燃气和水	15 601	37 485	156	156
建筑	16 372	6 488	2 542	204
运输、仓储和通信	12 872	3 215	698	452
商业服务业	22 734	3 063	1 030	829

表 D 2016—2017 年已披露的绿地 FDI 项目地区/经济体分布（百万美元）

伙伴地区/经济体	非洲作为投资目的地		非洲作为投资者	
	2016 年	2017 年	2016 年	2017 年
世界	**94 039**	**85 305**	**11 772**	**5 796**
发达经济体	**19 945**	**32 398**	**1 411**	**1 961**
欧洲	11 864	22 704	1 209	1 658
意大利	4 006	10 383	—	—
英国	2 395	2 287	444	83
美国	3 640	3 901	55	197
发展中经济体	**73 643**	**21 582**	**10 342**	**3 829**
非洲	8 604	1 949	8 604	1 949
南非	1 618	841	74	151
中国	36 144	8 920	110	224
沙特阿拉伯	4 057	3 972	743	6
阿联酋	10 997	2 023	117	163
转型经济体	**452**	**31 324**	**19**	**6**

2017 年，流入非洲的 FDI 跌至 42 亿美元，较 2016 年减少 21%。受石油价格疲软和商品泡沫破裂对宏观经济带来的持续不利影响，埃及、莫桑比克、刚果、尼日利亚和安哥拉的 FDI 流入量出现下降。此外，南非的外国投资流入继续表现不佳。埃塞俄比亚和摩洛哥这些多元化出口国的 FDI 流入更具韧性。非洲的 FDI 流出回升 8%，至 120 亿美元。只要全球政策环境依然支持，大宗商品价格的复苏，以及签署非洲大陆自由贸易区（AfCFTA）协定带来的区域间合作进展，将推动非洲FDI流入更为强劲——2018 年可达到约 500 亿美元。

流入量

北非是唯一一个 FDI 流入未超过 2007 年最高值的次区域。在北非，对摩洛哥的多元化投资异常强劲，其余国家则经历了 FDI 流入下降。北非的 FDI 流入下降 4%，至 130 亿美元。得益于对汽车新技术（电动、电池、摄像装置）的可观投资，摩洛哥的 FDI 流入增长 23%，至 27 亿美元。到 2017 年底，政府已确认 26 个汽车行业投资项目，价值 14.5 亿美元，其中包括与雷诺（法国）达成的将零部件当地采购比例增加至 55%的交易。随着与中国银行业合作关系的深化，流入摩洛哥金融业的 FDI 也随之增长。此外，优步（美国）扩大了在摩洛哥和埃及的业务。尽管 FDI 流入下降了 9%，埃及仍然以 74 亿美元成为非洲最大的 FDI 东道国。这得益于中国轻工业投资的大幅增长和大范围经济改革初见成效（例如金融自由化促进了更多国内利润再投资）。

流向突尼斯的 FDI 依然为大约 9 亿美元，仅比 2016 年下降 1%。尽管如此，新近投资法颁布带来的投资激励措施的改善和公私合营的新立法，促进了比利时风电公司（Windvision）对该国可再生能源产业的投资以及法国和本地区投资者对电子、软件和 IT 行业的投资。对于严重依赖石油和天然气投资的阿尔及利亚，尽管该国的新投资法提供了一系列激励措施，但 FDI 仍然下降了 26%，至 12 亿美元。该国的投资多元化得益于华为（中国）和三星（韩国）的贡献：华为（中国）援建了位于阿尔及尔的胡阿里 • 布迈丁机场，三星（韩国）在该国开设了第一家智能手机组装工厂。如果能源法修正案能够成功实施，未来将大幅增加外商对该国石油行业的投资。

苏丹 FDI 流入仍然稳定在 11 亿美元，很大程度上依赖于中国对其石油行业的投资以及与南苏丹达成的获准开采油田的协议。2017 年，美国取消对苏丹的制裁应有助于增加 FDI 流入。

大宗商品泡沫破灭对宏观经济造成的持续不利影响，降低了撒哈拉以南非洲的 FDI 流入——尽管债务水平、外汇短缺和通胀率似乎正在改善。由于尼日利亚经济的持续大萧条，西非的 FDI 流入下降 11%，至 113 亿美元。尼日利亚的 FDI 下降 21%，至 35 亿美元。2016 年，由于国内需求远低于投资者预期，一些来自南非的顾客导向型企业退出了尼日利亚。2017 年，石油生产和总体经济的缓慢复苏，以及设立的投资和出口外汇窗口，将有助于吸引企业在未来重返尼日利亚。与此同时，受到南非和其他地区风险投资的支持，在尼日利亚开办的新技术创业公司有助于 FDI 流入的多元化。尼日利亚已经强力吸引了来自美国企业的市场寻求型技术流入，这些公司包括优步、脸书（Facebook）、紧急支付平台（Emergent Payments）和融文集团（Meltwater）。中国在该国的投资由效率寻求型制造业 FDI 组成，投资行业包括纺织、汽车和航空航天工业。

由于财政整顿和政府投资支出的自行减少，加纳 FDI 流入仅为 33 亿美元（下降 7%）。从 2000 年以来直至 2016 年，加纳的多元化经济促进了 FDI 流入的不断增加。2018 年，坚挺的黄金价格以及意大利埃尼公司持续投资开发大型桑科法天然气田，可能会进一步鼓励 FDI 的流入。2017 年，桑科法开采了第一批石油，埃尼以持有该公司 44%的股份成为加纳历史上最大规模 FDI 的投资者。相比之下，流入科特迪瓦的 FDI 增长了 17%，达到 6.75 亿美元，体现了政府支持性公共投资和经济多元化的积极影响。作为非洲两个增长最快的经济体之一（另一个是埃塞俄比亚），科特迪瓦吸引 FDI 进入到消费品领域。2017 年，喜力（荷兰）投资 3 500 万美元，以实现啤酒产量翻倍并与法国卡斯特兄弟股份有限公司（Castel）展开竞争。好时（美国）打算帮助该国在当地加工更多可可，这对其未来的投资前景非常有利。流向塞内加尔的 FDI 增长 13%，至 5.32 亿美元。俄罗斯卡马斯（KAMAZ）将在该国建立卡车组装工厂，第一阶段投资约 6 050 万美元。

流入中非的 FDI 下降 22%，至 57 亿美元。刚果的流入量从 2016 年的 36 亿美元下降 67%，至 12 亿美元。该国日益加重的经济危机、石油 FDI 的波动和非石油行业 FDI 的疲软导致总流入量下降。相比之下，对于电动汽车电池原料钴的全球竞争促使流入刚果民主共和国的 FDI 增长 11%，达到 13 亿美元。瑞士嘉能可集团（Glencore）以近 10 亿美元收购了两项矿业资产，增加了在钴矿和铜矿上的股份。流入量上升的还有赤道几内亚（从 2016 年的 5 400 万美元上升至 3.04 亿美元）和主要石油生产国加蓬（增长 21%，至 15 亿美元）。

东非是非洲发展最快的地区，2017 年 FDI 流入总额为 76 亿美元，比 2016 年下降 3%。其中，埃塞俄比亚流入量占近一半，为 36 亿美元（下降 10%）。尽管埃塞俄比亚经济规模较小（非洲排名第八），目前却是仅次于埃及的非洲第二大 FDI 东道国。埃塞俄比亚在 2017 年下半年解除紧急状态之后，中国和土耳其的公司宣布投资轻工业制造和汽车产业。2017 年，美国时尚供应商 PVH 集团（旗下品牌卡尔文·克莱恩（Calvin Klein）和汤米·希尔费格（Tommy Hilfiger）），位于迪拜的纺织公司 Velocity Apparelz（李维斯（Levi's）、Zara 和安德玛（Under Armour）），中国的江苏阳光集团（乔治·阿玛尼（Giorgio Armani）和雨果波士（Hugo Boss））均在埃塞俄比亚建立了自己的工厂。其中几个工厂位于由中国建设的埃塞俄比亚首屈一指的哈瓦萨（Hawassa）工业园区。

由于上涨的国内需求以及对 ICT 行业的投资，肯尼亚 FDI 流入增加至 6.72 亿美元，增长 71%。肯尼亚政府向外国投资者提供额外的税收优惠。南非 ICT 投资者南非报业集团（Naspers）、南非电信公司（MTN）和 Intact Software 继续向肯尼亚扩展业务。美国公司也是著名的技术—导向型投资者，像波音、微软和甲骨文都在该国进行了投资。帝亚吉欧公司（Diageo，英国）在啤酒业、强生公司（美国）在制药行业这些顾客导向型的大量投资，也促进了该国的 FDI 流入。坚挺的黄金价格和多元化的生产结构促使价值 12 亿美元的 FDI 流入坦桑尼亚联合共和国。Facebook 和 Uber（同为美国企业）已将业务扩展到该国，而印度的巴蒂电信（Bharti Airtel）也在继续投资。尽管如此，与 2016 年相比，该国 FDI 流入下降了 14%。目前，外国电信公司必须在当地证券交易所向本土企业公开发售其 25%的股份，这是坦桑尼亚政府努力增加国内所有权的一项努力，此外，该国政府禁止出口未加工的原矿，可能对该国的外国矿业资产流入产生不利影响。

在南部非洲，FDI 流入下降 66%，至 38 亿美元。作为非洲第三大经济体，安哥拉的 FDI 流入再次降为负值（从 2016 年的 41 亿美元降至-23 亿美元），原因是该国的外国分支机构通过公司内部贷款向国外转移资金。此外，影响因素还有石油产量下降以及宏观经济基本状况的恶化。2017 年，陆上油块投标暂停，但将在 2018 年新政府被任命后重新启动。2018 年，安哥拉南部油块的招标也可能开始，以弥补老油田的衰落。

因受到大宗商品表现不佳和政治不确定性的影响，南非 FDI 流入下降 41%，至 13 亿美元。[1] 美国仍然是该国最大的 FDI 来源地，投资集中于服务业。其中著名的项目是杜邦公司（美国）对某区域干旱作物研究中心的投资。汽车 FDI 流入依然强劲。通用汽车将其南非工厂出售给日本的五十铃汽车，北京汽车集团公司宣布与南非工业发展公司合资设立一家汽车制造工厂，投资金额为 8 800 万美元。以德国和英国为首的欧洲投资者在南非的经营活动仍然非常活跃，比如宝马进行了工厂重组。南非汽车行业 FDI 流入正日益发展成为区域价值链：目前，莱索托为南非汽车制造商生产汽车座椅，博茨瓦纳则生产点火线圈。受紧缩和债务违约影响，流入莫桑比克的 FDI 也严重萎缩，下降 26%，至 23 亿美元。预计会长期依赖于该国液化天然气的开发潜力以及利润再投资，以推动国内发展。莫桑比克煤炭行业吸引了来自中国、英国和南非企业联合财团的投资兴趣，但该项目还处于初期阶段。

相比之下，得益于更多的铜业投资，赞比亚

FDI流入增长65%，达到11亿美元。政府致力于经济多元化以摆脱对铜业的依赖，宣布该国矿业投资部门与中国中科石油联合成立一家总投资5.48亿美元的水泥厂。已经在其他七个非洲国家布局的以色列Green 2000集团，也在该国投资于粮食生产，进一步促进了经济多元化。

非洲FDI来源地日趋多样化。来自美国、英国和法国的投资者仍然持有非洲最大的直接投资份额。意大利也已成为主要的投资来源地，尤其是在能源领域。与此同时，来自中国和南非的发展中经济体投资者以及紧随其后的新加坡、印度和中国香港均位列非洲前十大投资者。与2011年的160亿美元相比，2016年，中国在非洲大陆的FDI存量达到400亿美元。

流出量

非洲的FDI流出增长8%，至121亿美元。在很大程度上，这体现为南非企业（增长64%，至74亿美元）和摩洛哥企业（增长66%，至9.6亿美元）对外直接投资的显著增长。相比之下，尼日利亚的FDI流出仍然是13亿美元，而且几乎全部集中在非洲。在过去几年中，无论是在本区域还是其他地方布局，除南非以外的主要非洲跨国公司都已迈出了国际化的步伐。区域外FDI流向了发达经济体和发展中经济体。[2]

南非零售商继续把业务扩展到纳米比亚，标准银行在那里开设了几家新的分支机构。南非英国天达集团（Investec）的非洲股权基金与包括摩洛哥SJL集团（物流）和博茨瓦纳零售商Kamoso在内的其他合作伙伴，联合进行了几次重要的非洲内部并购。非洲内部并购主要集中在摩洛哥和埃及。2016年底，南非媒体巨头南非报业（Naspers）以32亿美元出售了线上拍卖网站Alegro，导致从波兰大规模撤资。

展望

2018年，流入非洲的FDI将增长约20%，至500亿美元。这一增长依据商品价格和宏观经济基本状况持续温和复苏的预期。此外，2018年，非洲大陆自由贸易区（AfCFTA）协议的签署（参见专栏2.1）加快了区域间的合作进展，能够促进更多的FDI流入。然而，除非政府积极采取政策促进关联和多元化FDI流入，否则，依赖大宗商品的非洲经济将继续引导FDI进入商品飞地，导致FDI流入量仍具周期性，且溢出效应较小。

外国资助的基础设施项目将有助于促进经济增长和该地区的FDI流入。在肯尼亚，蒙巴萨—内罗毕段标准轨距铁路已于2017年竣工。该项目由中国进出口银行提供90%的资金支持，由中国路桥工程有限责任公司建设和运营。这条铁路最终将连接数个东非国家。亚的斯亚贝巴—吉布提铁路于2018年1月1日开通，由埃塞俄比亚（75%的股份）与吉布提（25%的股份）合资经营。截至2023年底，新铁路的所有运营将由两家中国公司——国有企业中国铁路公司和私营企业中国土木工程建设公司——共同承担。埃塞俄比亚—吉布提合资企业将在2024年接管业务，在此之前，中国援助培训当地员工。道达尔E&P（法国）、塔洛石油（英国）和中国海洋石油总公司于2017年开始建设区域输油管道，将内陆国家乌干达生产的石油运输到坦桑尼亚联合共和国以供出口。

专栏 2.1 非洲大陆自由贸易区（AfCFTA）和 FDI

2018 年 3 月 21 日，55 个非洲联盟成员经济体中的 44 个经济体在基加利签署了“建立非洲大陆自由贸易区（AfCFTA）协定”。值得注意的是尼日利亚和南非的缺席。南非是非洲人口最多的国家，而只签署了基加利宣言（这是建立 AfCFTA 的文件）。如果该协定成功批准和实施，它将成为自 1995 年世界贸易组织成立以来最大的贸易协定。这一协定目的是为商品、服务和人员流动创造一个单一的市场。

该协定旨在建立一个关于商品的大陆贸易议定书，谈判处于后期阶段，仍有待完善。协定的目标是将 90%的商品关税从目前的平均 6.1%最终降至为零，并解决多种非关税壁垒，例如薄弱的基础设施和低效的边境口岸，这些是非洲大陆贸易的主要障碍。关于知识产权、投资和竞争的条款将纳入随后的保护伞协议中（见第三章）。

AfCFTA 对 FDI 的影响将主要体现为对非商品寻求型投资的影响。如果 AfCFTA 能够促进非洲大陆的经济增长和消费者收入增加，市场寻求型 FDI 将会增加。商品和服务价格的降低以及产品市场一体化，将促进市场寻求型 FDI 和价值链效率寻求型 FDI 的发展，但前提是非关税壁垒得以充分解决。

资料来源：UNCTAD，基于 G. Erasmus（2018），“如何建立 AfCFTA 并实施其法律文件”，TRALAC。

亚洲发展中国家

2017年前五位东道国经济体FDI流量（值和变化率）

前五位东道国（地区）	2017 年流入量	2017 年增长率
中国	1 363 亿美元	+2.0%
中国香港	1 043 亿美元	−11.1%
新加坡	620 亿美元	−19.9%
印度尼西亚	231 亿美元	+488.2%
印度	39.9 亿美元	−10.3%

2017年流入
4 758亿美元

2017年增长
+0. 1%

占世界比重
33. 3%

前五位东道国经济体

流出：前五位母国和地区
（十亿美元和2017年增长率）

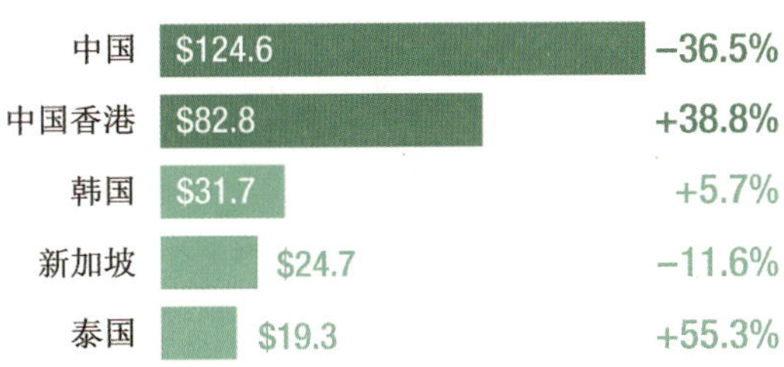

资料来源：UNCTAD。

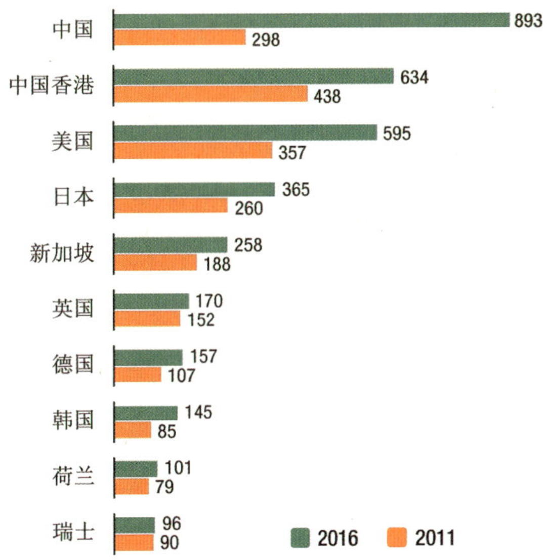

图A　2011年和2016年按FDI存量排名前十位投资来源国和地区（十亿美元）

重点内容

- FDI流动进入停滞，但该地区重获最大投资接受国地位
- 中国FDI流出显著下降造成对外FDI减少
- 预计未来FDI流入量维持在当前水平

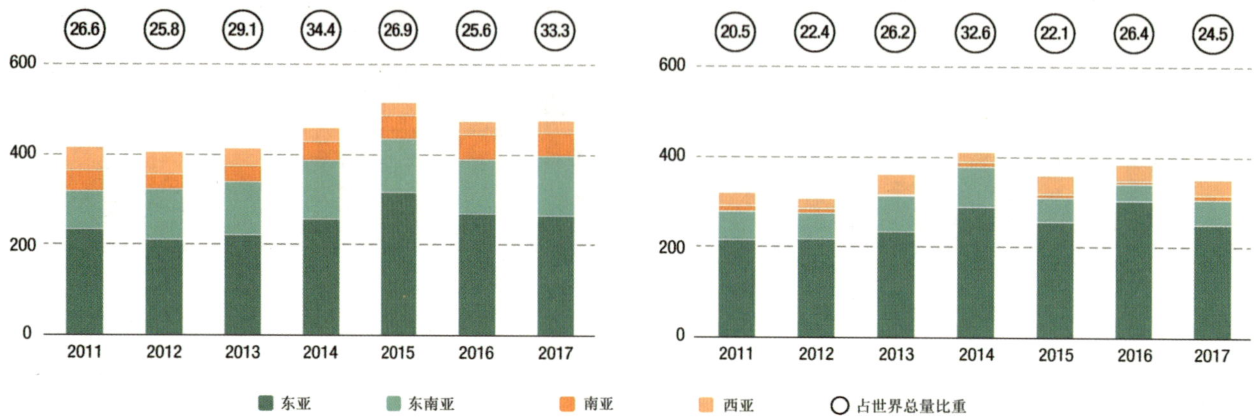

图 B　2011—2017 年 FDI 流入（十亿美元，%）

图 C　2011—2017 年 FDI 流出（十亿美元，%）

表 A　2016—2017 年跨境并购行业分布（百万美元）

部门/行业	销售额		购买额	
	2016 年	2017 年	2016 年	2017 年
总量	**47 699**	**79 363**	**163 822**	**193 789**
初级品部门	**-1 763**	**18 489**	**13 398**	**4 829**
采矿、采石和石油	-1 850	17 551	13 293	5 568
制造业	**17 307**	**17 146**	**24 781**	**61 052**
食品、饮料和烟草	4 781	6 780	3 170	1 794
化学品和化学制品	1 298	2 790	3 313	44 816
计算机、电子、光学产品和电子设备	4 265	1 851	7 010	8 686
机械设备	3 420	437	6 210	596
服务业	**32 155**	**43 727**	**125 643**	**127 907**
运输仓储	5 707	3 876	20 355	9 509
信息和通信	4 375	18 317	511	14 572
金融和保险活动	5 590	7 824	67 000	74 082
商业活动	7 200	6 597	11 457	21 374

表 B 2016—2017 年跨境并购地区/经济体分布（百万美元）

地区/经济体	销售额		购买额	
	2016 年	2017 年	2016 年	2017 年
世界	**47 699**	**79 363**	**163 822**	**193 789**
发达经济体	**−1 141**	**26 410**	**89 321**	**141 676**
欧洲	−5 961	8 100	19 962	40 061
美国	3 087	5 676	44 295	44 825
日本	2 657	9 562	5 337	1 832
发展中经济体	**47 857**	**38 510**	**68 652**	**50 936**
非洲	186	588	12 421	528
拉丁美洲和加勒比	543	190	9 111	12 792
亚洲	47 119	37 800	47 119	37 800
中国	17 828	23 001	16 994	9 872
中国香港	12 381	8 826	9 810	15 177
新加坡	3 090	1 687	3 798	4 450
转型经济体	**150**	**12 598**	**5 849**	**1 176**

表 C 2016—2017 年已披露的绿地 FDI 项目行业分布（百万美元）

部门/行业	亚洲发展中国家作为投资目的地		亚洲发展中国家作为投资者	
	2016 年	2017 年	2016 年	2017 年
总量	**345 532**	**210 540**	**301 857**	**186 027**
初级品部门	**5 541**	**1 063**	**5 549**	**2 252**
采矿、采石和石油	5 541	941	5 430	2131
制造业	**131 806**	**110 006**	**84 628**	**109 163**
化学品和化学制品	19 761	17 389	8 232	25 128
金属和金属制品	14 216	7 105	7 462	7 446
电子和电子设备	33 039	27 696	24 939	30 492
机动车辆和其他运输设备	19 728	16 723	9 869	13 570
服务业	**208 186**	**99 471**	**211 680**	**74 612**
电力、燃气和水	63 271	22 646	57 749	21 124
建筑	74 917	24 562	87 317	25 895
运输、仓储和通信	15 429	12 303	21 437	6 319
商业服务业	21 109	17 547	28 376	9 298

表 D 2016—2017 年已披露的绿地 FDI 项目地区/经济体分布（百万美元）

伙伴地区/经济体	亚洲发展中国家作为投资目的地		亚洲发展中国家作为投资者	
	2016 年	2017 年	2016 年	2017 年
世界	**345 532**	**210 540**	**301 857**	**186 027**
发达经济体	**164 093**	**113 939**	**46 250**	**57 452**
欧洲	71 901	50 277	17 045	14 455
美国	49 556	31 451	12 483	33 341
日本	27 997	22 972	4 512	2 185
发展中经济体	**174 098**	**89 072**	**246 830**	**114 299**
中国	43 544	17 529	31 279	23 888
印度	9 996	2 453	25 619	6 268
马来西亚	16 833	3 977	13 992	1 921
韩国	22 608	22 137	1 219	543
新加坡	19 659	10 553	1 693	4 536
阿联酋	9 564	5 904	4 009	2 788
转型经济体	**7 341**	**7 530**	**8 778**	**14 277**

2017 年，流向亚洲发展中国家的 FDI 稳定在 4 760 亿美元，这归功于中国高科技行业 FDI 流入、印尼 FDI 回升以及大多数东盟国家 FDI 流入增长。这些地方的增长足以弥补该地区包括中国香港、新加坡、印度和沙特阿拉伯在内的其他大东道国（地区）FDI 的下滑。在全球 FDI 大幅减少的背景下，该区域在全球 FDI 流入量中的占比从 2016 年的 25%升至 2017 年的 33%。该区域重新超过欧盟和北美成为全球最大 FDI 流入地，主要由于十多年持续扩张之后中国对外投资显著下降的影响。2017 年，亚洲发展中国家 FDI 流出下降 9%，至 3 500 亿美元，占全球总量的 24%。2018 年，该地区 FDI 流入预计维持现状。

流入量

亚洲发展中国家（地区）FDI 流入的特征是，中国、大多数东盟成员国和韩国 FDI 流入增加，同时该地区跨境并购额显著增长。并购总额从 2016 年的 480 亿美元增至 2017 年的 790 亿美元。一些大型并购交易发生在中国香港、印度和新加坡。五大 FDI 流入地——中国、中国香港、新加坡、印度和印度尼西亚——吸引了该地区 FDI 的五分之四。

流入东亚的 FDI 稳定在 2 650 亿美元，中国香港有所下降，但中国（内地）创历史新高。2017 年，流入中国的 FDI 增长 2%，至 1 360 亿美元。这种增长得益于 2017 年外商投资企业数量的增加：增长 28%，超过 35 650 家。中国（内地）自由贸易试验区 FDI 流入有所增加。同时，政府致力于实现更好的投资区位分布，促使中国中部 FDI 流入比其他地区增速更快。高附加值投资活动的增多进一步促进了这种增长；流入高科技行业（如电子产品、医疗设备、通信设备、计算机、医药产品以及数字经济）的 FDI 增长显著，增长

62%，达到约 400 亿美元[3]，占 FDI 流入量的 29%。例如，三星电子（韩国）投资 72 亿美元扩建在西安的 NAND 闪存芯片生产线，这是继 2016 年项目第一阶段 100 亿美元投资完成后的又一投资。包括软银（日本）和其他投资企业在内的财团，为网约车平台滴滴出行进行了 55 亿美元的融资。

流入中国香港的 FDI 连续第二年放缓，至 1 040 亿美元。与 2016 年相比，下降较为缓慢（11%）。2016 年和 2017 年，中国香港作为外国跨国公司地区总部的枢纽，FDI 流入受公司内部贷款波动的影响较大。韩国的 FDI 流入增长 41%，至 170 亿美元，主要原因是该国跨国并购的显著增加。

在蒙古国，2011 年以来持续下降的趋势得以扭转，FDI 流入在 2017 年升至 15 亿美元。日益上涨的商品价格严重影响了对该国的投资活动。2016 年，由于采矿业国外跨国公司通过公司内部贷款进行资金转移，FDI 流入为负值（-40 亿美元）。由于金属矿产价格触底并稳定，2017 年 FDI 流入转为正值。随着宏观经济形势的改善、矿产价格上涨预期以及奥尤陶勒盖矿业（OyuTolgoi）的扩张活动，流向蒙古国的 FDI 有望进一步增长。例如，力拓集团（Rio Tinto，澳大利亚）、绿松石山资源公司（Turquoise Hill Resources，加拿大）和额尔德尼资源发展公司（Erdene Resources，加拿大）等采掘公司正在扩大在该国的业务。

受绝大多数东盟国家投资增加以及印度尼西亚 FDI 流入强势反弹的推动，流入东南亚的 FDI 增长约 11%，达到 1 340 亿美元。东盟内部投资依然强劲，占东盟整体 FDI 流入的四分之一。这反映了越来越多的区域投资机会、东盟跨国公司的资金实力及其加强国际化的动力（东盟秘书处和联合国贸发会议，2017 年）。[4]

印度尼西亚是所有亚洲发展中国家 FDI 流入增幅最大的国家，流入量翻了五倍，创下 230 亿美元的新纪录。由于印度尼西亚企业收购印尼外资资产以及减少回流资本税收措施的影响，2016 年末资产流入大幅下降，造成 40 亿美元的极低基数，这也是 2017 年看似反弹规模极大的一个原因（东盟秘书处和联合国贸发会议，2017 年）。2017 年的复苏遍布各个行业，农业、制造业（汽车和电子）、金融和贸易行业的 FDI 增长迅速。受中国企业向东南亚市场扩张的推动，跨国并购的显著增长也发挥了作用。例如，阿里巴巴集团以 11 亿美元收购了印度尼西亚三大电子商务公司之一的 PT Tokopedia。其他中国公司，如中化集团也在印度尼西亚收购了大量资产。由于来自欧盟的投资增加和来自日本和东盟的 FDI 强势流入，泰国 FDI 流入增长了 3.7 倍。相比之下，由于金融行业的外国投资大幅下降，作为该区域最大 FDI 东道国——新加坡，FDI 流入下降 20%，至 620 亿美元。

东盟四国（柬埔寨、老挝人民民主共和国、缅甸和越南）的 FDI 流入合计增长了 16%，达到 220 亿美元的新高。在越南，由于公用事业（电力）和房地产活动投资显著增加，FDI 流入升至创纪录水平（140 亿美元）。2017 年该国颁发了若干主要发电厂的扩建投资许可证，其中包括 1 200 兆瓦的疑山港（Nghi Son）二期火力发电厂、1 320 兆瓦的海防（Van Phong）火力发电厂和 1 109 兆瓦的南定（Nam Dinh）火力发电厂等大型项目。尽管制造业 FDI 流入减少，但仍是最大的 FDI 流入行业，日本和韩国积极投资于此行业。由于制造业吸引了外国跨国公司（特别是来自区域内）的大量绿地投资，缅甸 FDI 流入显著增加——增长 45%，至 40 亿美元。例如，马来西亚的建裕珍集团（Kian Joo）是东盟最大的罐头制造商和包装企业之一，已开始在迪拉瓦（Thilawa）经济特区投资建设新工厂。缅甸的电信和房地产行业外国投资也显著增加。在柬埔寨，金融和房地产行业的 FDI 促使该国流入总额高达 30 亿美元。只有老挝 FDI 流入略有下降，降至 8 亿美元。

由于印度 FDI 流入下降，流向南亚的 FDI 下降 4%，至 520 亿美元。印度 FDI 流入从 2016 年的 440 亿美元减至 2017 年的 400 亿美元。然而，得益于采掘和科技相关行业的一些大型并购交易，跨国并购额从 80 亿美元增至 230 亿美元。俄罗斯石油天然气公司（Rosneftegaz）子公司 Petrol Complex Pte Ltd（新加坡）以 130 亿美元收购了印度第二大私有石油公司埃萨石油（Essar Oil Ltd）49%的股份。包括易趣（eBay，美国）、微软公司（美国）和腾讯控股（中国）在内的投资集团以 14 亿美元收购了弗利普卡特（Flipkart）网络股份，日本软银集团（Soft Bank，日本）以 14 亿美元收购了 One97 Communication 20%的股份。

流入伊朗的 FDI 增加了近 50%，达到 50 亿美元。自 2015 年取消制裁后，该国丰富的能源储备开始吸引外国企业参与石油和天然气的勘探和生产。2017 年 7 月，法国道达尔（Total，法国）、中国石油天然气集团公司（中国）和伊朗国家石油公司签署一项合同，开发世界上最大的天然气田南帕斯的 11 区。8 月，土耳其能源公司（Unit International，土耳其）、俄罗斯扎鲁别日石油公司（Zarubezhneft，俄罗斯）和伊朗当地的（Ghadir）投资控股公司同意共同投资 70 亿美元开发三个油田和一个天然气田。土耳其公司还与伊朗政府达成协议，要在该国建造七座发电厂。然而，美国退出伊朗核协议的决定，导致这些投资项目的前景尚不明朗。

巴基斯坦继续吸引与“一带一路”倡议相关的中国投资，FDI 流入从 2016 年的 25 亿美元上升到 2017 年的 28 亿美元。

西亚的 FDI 流入继续下降，从 2016 年的 310 亿美元下降到 2017 年的 260 亿美元。自 2008 年达到 850 亿美元的最高点以来，该地区 FDI 流入几乎不断下降。作为该地区传统上最大的 FDI 东道国，由于外国跨国公司大量撤资和公司内部贷款下降，沙特阿拉伯 FDI 流入下降 80%，至 14 亿美元。例如，壳牌（英国—荷兰）以 8.2 亿美元将其在石化合资公司（SADAF）的 50%股权出售给合作伙伴沙特基础工业公司（SABIC）。自全球金融危机以来，该国 FDI 流入一直在缩减。因此，沙特阿拉伯占西亚 FDI 流入份额已从 2009 年的 53%下降到 2015 年的 27%，2017 年仅为 6%。

2007—2015 年间，作为西亚另一个较大的 FDI 东道国，土耳其 FDI 流入量占该次区域流入总量的四分之一以上。但 2016 年 7 月以来，政治不稳定对土耳其经济和 FDI 产生了负面影响。主要评级机构已将土耳其主权信用评级下调，这对国际借贷和该国的外国投资都起到了阻碍作用。继 2016 年大幅下降之后，2017 年 FDI 流入继续降至 110 亿美元。

另外六个国家（巴林、约旦、黎巴嫩、阿曼、卡塔尔和阿拉伯联合酋长国）FDI 流入有所增加，但不足以扭转该次区域的下降趋势。阿联酋 FDI 流入增长 8%，至 104 亿美元，部分原因是跨国并购的增加。流向约旦和卡塔尔的 FDI 分别增长 7%和 27%，分别达到近 20 亿美元和 10 亿美元。

流出量

由于中国 FDI 流出自 2003 年以来首次出现逆转，亚洲发展中国家 FDI 流出下降了 9%，从 2016 年的 3 850 亿美元降至 2017 年的 3 500 亿美元。尽管如此，该地区仍然是全球主要的 FDI 来源地，占全球 FDI 流出的近四分之一。

中国 FDI 流出下降近 36%，约为 1 250 亿美元。尽管在过去五年，FDI 流出已从 2012 年的 880 亿美元增加到 2016 年的 1 960 亿美元，但

2017 年有所下降。下降的主要原因是为应对 2015—2016 年显著资本外流，中国政府采取了限制对外投资的政策。2016 年末，中国政府确定了一些"非理性投资"领域，开始遏制某些行业的海外投资（尤其是并购），这些行业包括房地产、酒店、电影院、娱乐和体育俱乐部。因此，2017 年这些行业的对外投资缩水超过五分之四。

总体而言，东亚 FDI 流出下降 17%。中国香港 FDI 流出的增长——从 2016 年的 600 亿美元增加到 2017 年的 830 亿美元——一定程度上弥补了中国（内地）的显著下降。此外，在三星电子和 LG 等领先跨国企业的推动下，韩国 FDI 流出增长 6%，达到 320 亿美元。东亚跨国公司在该地区包括柬埔寨、老挝、缅甸、越南在内的低收入国家的投资显著增加。例如，三星在越南扩建了智能手机等产品组装工厂。2017 年，该公司在越南拥有约 16 万名员工，出口额超过 500 亿美元。[5]

东南亚和南亚 FDI 流出分别增长 41% 和 111%。新加坡是东盟地区主要的 FDI 来源地，FDI 流出下降 12%，至 250 亿美元。受泰国跨国公司区域内投资的推动，目前东盟第二大投资国泰国 FDI 流出增长 55%，达到 190 亿美元。印度是南亚 FDI 的主要来源地，FDI 流出增加了一倍多，达到 110 亿美元。近年来，印度国有石油和天然气巨头印度石油天然气公司（ONGC）一直积极投资海外资产。2016 年收购万科尔石油公司（Vankorneft，俄罗斯联邦）26% 的股权后，2017 年从英国图洛石油公司（Tullow，于爱尔兰成立，总部位于英国）购入位于纳米比亚的海外油田 15% 的股权。截至 2017 年底，ONGC 在 18 个国家拥有 39 个项目，每天生产 285 000 桶石油和同等当量的天然气。[6]

西亚 FDI 流出从 2016 年的 370 亿美元下降到 2017 年的 330 亿美元。沙特阿拉伯是 2017 年该区域最大的 FDI 来源国，尽管对外投资有所增加（增长 8%，至 140 亿美元），但不足以抵消西亚其他主要国家对外投资的下降。

展望

2018 年，流入亚洲发展中国家的 FDI 将保持不变。中国政府最近已宣布，对汽车、金融等外资所有权比重仍有高度限制的行业实施外商投资便利化措施，因此流入中国的 FDI 将持续保持增长。[7] 其他增长来源可能是区域内 FDI 的增长，包括流入相对低收入经济体，特别是东盟四国（柬埔寨、老挝、缅甸、越南）。来自东盟、中国、日本和韩国的企业在这些国家的投资将会持续增加。在南亚，FDI 流入预计会停滞或略有下降。在西亚，FDI 流入将受到石油价格波动、石油资源丰富国家促进经济多样化的努力[8]、国内政治和地缘政治不确定性的影响。

在美国退出跨太平洋伙伴关系协定（TPP）之后，该协定的亚洲发展中国家成员选择推进全面与进步跨太平洋伙伴关系协定（CPTPP）（见第三章）。这可能对它们吸引 FDI 产生长期影响。

2018 年，预计亚洲发展中国家的 FDI 流出将略有增长。在 2017 年急剧下降之后，中国的 FDI 流出有望稳定或反弹，特别是基础设施和制造业的对外投资可能会进一步增长，这得益于中国实施"一带一路"倡议的不懈努力。

拉丁美洲和加勒比地区

2017年前五位东道国经济体FDI流量（值和变化率）

前五位东道国经济体	2017 年流入量	2017 年增长率
巴西	627 亿美元	+8.1%
墨西哥	297 亿美元	-0.2%
哥伦比亚	145 亿美元	+4.8%
阿根廷	119 亿美元	+263.7%
秘鲁	68 亿美元	-1.4%

2017年流入

1 513亿美元

2017年增加

+8.3%

占世界比重

10.6%

前五位东道国经济体

经济体名称
流入量
2017年增长率

流出：前五位母国经济体

（十亿美元和2017年增长率）

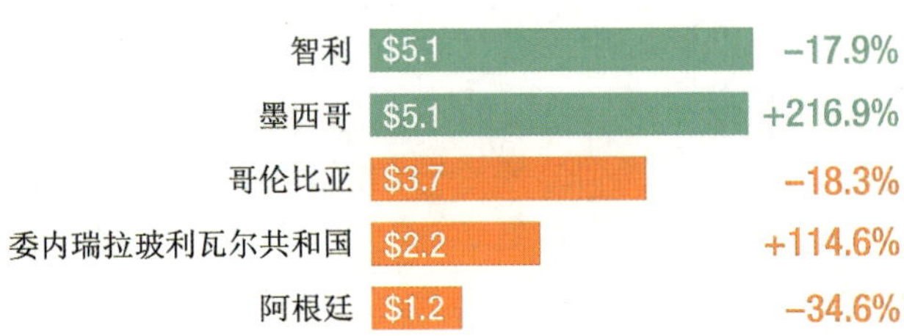

资料来源：UNCTAD。

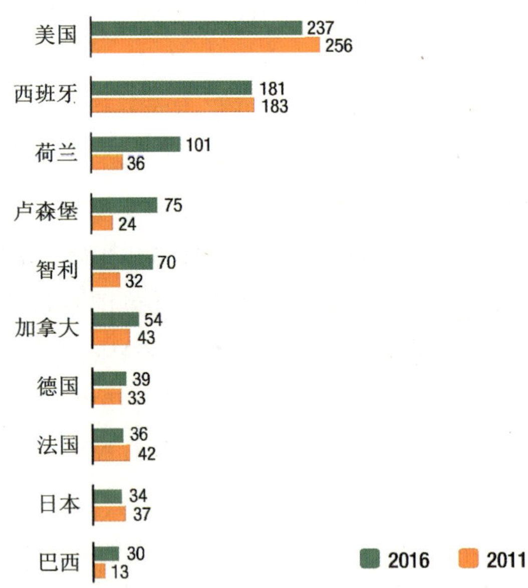

图A 2011年和2016年按FDI存量排名前十位投资来源国和地区（十亿美元）

重点内容

- 6年来，该地区FDI首次出现增长
- FDI流出上升，但仍低于商品萧条前的水平
- 2018年FDI前景依旧暗淡

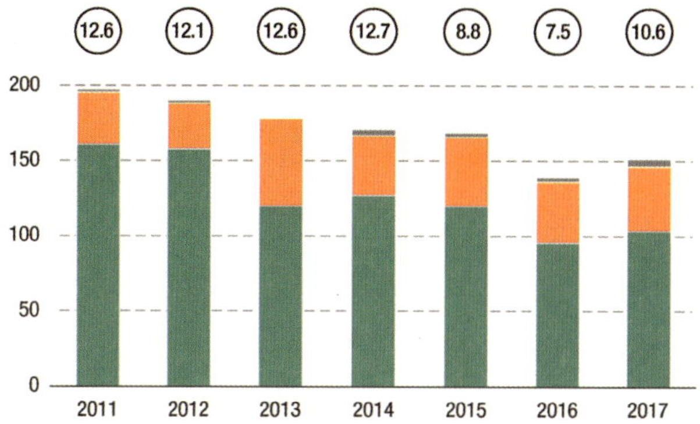

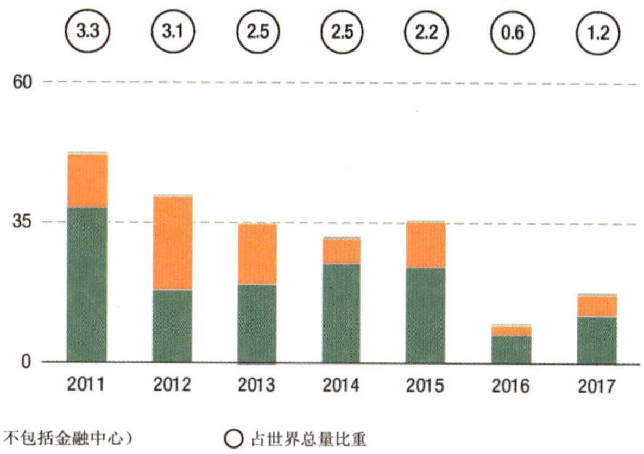

图 B　2011—2017 年 FDI 流入（十亿美元，%）

图 C　2011—2017 年 FDI 流出（十亿美元，%）

表 A　2016—2017 年跨境并购行业分布（百万美元）

部门/行业	销售额		购买额	
	2016 年	2017 年	2016 年	2017 年
总量	**18 099**	**29 535**	**272**	**5 426**
初级品部门	**1 848**	**1 809**	**−797**	**−2 060**
采矿、采石和石油	1 839	1 241	−797	−1 487
制造业	**7 527**	**5 207**	**3 895**	**3 390**
食品、饮料和烟草	2 065	2 923	1 340	3 203
纸和纸产品	1 105	1 271	164	—
化学品和化学制品	1 490	195	78	1 116
药品、药用化学和植物产品	2 298	430	22	—
基础金属和金属制品	227	—	−224	−167
服务业	**8 724**	**22 519**	**−2 826**	**4 096**
电力、燃气、水和废物处理	7 917	18 726	86	324
运输和仓储	4 495	996	—	1 739
房地产活动	804	1 614	−197	4

表 B　2016—2017 年跨境并购地区/经济体分布（百万美元）

地区/经济体	销售额		购买额	
	2016 年	2017 年	2016 年	2017 年
世界	**18 099**	**29 535**	**272**	**5 426**
发达经济体	**11 500**	**14 193**	**1 755**	**3 586**
欧洲	1 380	5 844	-135	960
法国	973	1278	—	—
西班牙	2 462	-416	915	36
英国	-6 343	-587	49	1 110
北美	5 740	9 154	1 890	2 607
加拿大	3 497	6 313	16	2
发展中经济体	**6 661**	**15 127**	**-1 483**	**1 701**
巴西	-4 761	-157	1 199	1 618
墨西哥	1 541	1 872	—	-27
中国	7 875	12 273	17	—
韩国	—	320	—	—

表 C　2016—2017 年已披露的绿地 FDI 项目行业分布（百万美元）

部门/行业	LAC 作为投资目的地		LAC 作为投资者	
	2016 年	2017 年	2016 年	2017 年
总量	**74 215**	**70 054**	**7 999**	**7 539**
初级品部门	**4 407**	**4 463**	**18**	**76**
采矿、采石和石油	4 407	4 463	18	76
制造业	**28 830**	**31 825**	**2 514**	**3 385**
食品、饮料和烟草	5 399	4 849	793	958
纸和纸产品	148	4 779	1	80
金属和金属制品	2 032	4 511	36	262
机动车辆和其他运输设备	9 434	8 605	126	354
服务业	**40 979**	**33 766**	**5 467**	**4 078**
电力、燃气和水	15 525	10 209	587	564
贸易	2 881	3 450	1 252	484
运输、仓储和通信	9 702	11 460	1 826	1 520
商业服务业	7 103	3 698	738	976

注：LAC 指拉丁美洲和加勒比地区。

表 D 2016—2017 年已披露的绿地 FDI 项目地区/经济体分布（百万美元）

伙伴地区/经济体	LAC 作为投资目的地		LAC 作为投资者	
	2016 年	2017 年	2016 年	2017 年
世界	**74 215**	**70 054**	**7 999**	**7 539**
发达经济体	**58 653**	**57 781**	**1 799**	**2 572**
欧洲	31 942	37 210	997	694
芬兰	115	4 849	—	—
西班牙	10 439	11 201	155	45
美国	17 515	16 497	771	1 765
发展中经济体	**15 289**	**12 178**	**6 143**	**4 927**
巴西	1 643	638	1 104	175
智利	1 137	905	657	130
中国	2 718	3 834	30	33
韩国	2 934	1 368	—	74
墨西哥	2 055	1 670	157	275
秘鲁	61	14	305	1 463

注：LAC 指拉丁美洲和加勒比地区。

2017 年，拉丁美洲和加勒比地区的 FDI 流量增长 8%，至 1 510 亿美元。受地区经济复苏的推动，这是六年来首次增长，尽管流入量仍然低于 2011 年大宗商品热潮期间的最高点。这一转折得益于国际和国内坚挺的需求和商品价格上涨——尤其是该地区主要的出口商品大豆、金属和石油。有利的金融环境也发挥了积极作用。尽管大宗商品仍是支撑地区投资的基础，但目前投资已开始转向基础设施（尤其是公用事业和能源）、金融、商业服务、信息通信技术和某些制造业。在制造业部门，受巴西、墨西哥、阿根廷和哥伦比亚等主要市场消费支出高涨的推动，食品和更多大众消费品制造业的投资持续增长。受潜在需求和出口增长预期吸引，国际汽车制造商也重新开始了在该地区的扩张活动。2017 年，该地区 FDI 流出量回升了 86%，至 173 亿美元。展望未来，由于宏观经济和政策的不确定性持续存在，预期该地区流入量将维持现状或略有下降。

流入量

随着两个主要经济体阿根廷和巴西经济衰退的结束，流入南美的 FDI 增长了 10%。伴随经济复苏、吸引投资和更新基础设施新政策的实施，阿根廷的流入量增长了两倍多，至 119 亿美元。例如，受公共资金支持，德国西门子宣布计划用四至五年在基础设施、移动通信和能源领域投入 56 亿美元。包括雷诺—尼桑（法国和日本）、标志—雪铁龙（法国）和菲亚特—克莱斯勒（美国和意大利）在内的汽车制造商都宣布了在阿根廷的投资计划，投资额均在 3 亿～8 亿美元之间。据报道，亚马逊已经考虑在阿根廷投资一个新的数据中心。[9] 阿根廷政府也正计划提升可再生能源在国家电力供应中的比重，并以此来吸引国际投资者。阿根廷政府正在起草一个新的可再生能源法律框架，其中包括财政激励以及竞争性的、透明的市场规则。该国能源部发起了一项名为 Renovar 的创新性可再生能源招标计划，世界银行批准了 4.8 亿美元的担保以支持该计划的私人投资。在最近一轮的一项能源招标中，Renovar 2 吸引了 228 个报价单，预计为风能、太阳能、生物质、沼气、小规模水力发电和垃圾填埋场沼气等项目，带来 110 亿美元的投资。这些项目的前景高度依赖于投资者信心的持续性。

流入巴西的 FDI 增长了 8%，至 627 亿美元。作为该地区最大的经济体，巴西吸引了超过拉丁美洲 FDI 流入总量的 40%。在该地区十大外国公司并购交易中，巴西占 9 个，其中 7 个与中国买家有关。并购活动涉及电力、石油、基础设施（输气）和农业综合企业。例如，中国国家电网分三次交易购买了位于圣保罗的电力公司（CPFL Energia SA）的多数股权，总估值约 44 亿美元。这些交易促使能源领域 FDI 流入出现激增，达到 126 亿美元，增长两倍多。运输和仓储产业流入量增长 3 倍，达到 66 亿美元。在制造业领域，化工产品和食品行业流入量翻一番，分别达到 32 亿、26 亿美元；冶金行业投资增长 45%，至 31 亿美元。采掘业（下降约 33%）、金融和房地产（下降 20%～25%）、汽车业（下降 40%）流入量下降，部分抵消了这些增长。尽管石油行业 2017 年 FDI 流入出现下降（下降 12%，至 37 亿美元），但预计该行业仍将在国家经济复苏中扮演关键角色。在 2017 年 10 月份，巴西在一次近海盐下油田勘探权拍卖中，售出了 8 个区块中的 6 个。荷兰皇家壳牌（英国—荷兰）得到一半，英国石油公司（英国）两个，埃克森美孚（美国）一个。政府预计这些油田区块将带来 302 亿美元的投资以及 393 亿美元的特许使用费和其他收入。[10]

智利的流入量降至 67 亿美元。日渐恶化的铜矿品位、紧张的劳资关系和上涨的劳动力成本导致新项目的投资停滞不前。然而，受铜价复苏和政府主动降低采矿业外国投资者准入门槛的利好影响，流入量有望回升。除了铜以外，智利还拥有全球一半以上已探明的锂矿储量。锂可用于制造充电电池、电子设备及形成核能。迄今为止，锂产品都是在智利境外制造的，政府正在通过增加开采量和激励国内增加值的提升来扭转这一局面。新的开采特许权协议要求采矿企业必须以优惠价格向国内从事增加值生产的企业出售锂产品。2017 年 3 月，智利政府举行锂产品加工企业招标，吸引了来自全世界的开采和加工企业。2018 年 3 月，智利经济发展局（Corfo）确定智利 Molymet、韩国三星和项浦、中国四川富林工业集团成功中标。[11] 作为 Corfo 与美国雅宝集团协议的组成部分，这些中标企业将以优惠的价格获得稳定的锂矿供应。中标项目预计在 2019 年投入运营。

秘鲁的流入量仍然维持在 68 亿美元。在经历了年初 FDI 下行和疲软后，得益于矿产价格反弹、出口量增长以及公共和私人支出增加，秘鲁经济在最近几个月出现复苏。为应对大宗商品导致的经济下行，秘鲁政府强化了地方监管体系和诸如国家投资促进局全国外商投资委员会（Prolnversion）等机构的职能，并启动了大范围的公私合营项目（PPP）以推动基础设施投资。2017 年，Prolnversion 签订了若干 PPP 项目，包括由国企中国水电集团领导的财团投资价值 9 500 万美元的亚马逊疏浚项目，以及与哥伦比亚公用事业公司 ISA 价值 2.784 亿美元的输电线路项目。该机构希望在 2018—2020 年间打造总额超过 200 亿美元的一系列项目，其中运输占总投资的三分之二，水利灌溉占 11%，采矿占 10%，卫生占 6%，其余的用于能源、房地产开发、电信及教育。[12]

受2017年末石油价格回升、基础设施投资和国内需求上涨的推动，哥伦比亚FDI流入量增长5%，至145亿美元。石油行业流入量增长了45%，至35亿美元，而运输、仓储和电信领域FDI翻了一倍多，总量与石油行业大体持平。制造业流入量增长23%，至23亿美元。委内瑞拉则遭遇了-6 800万美元的净撤资。面对严峻的经济、人道主义和社会危机，许多跨国公司（包括美国通用磨坊、通用汽车和金佰利）廉价出售或完全放弃了在该国的资产。然而，大约有150家跨国公司仍在坚持，期待情况好转。这些公司停产或减产并暂时解雇员工，但仍向雇员提供最低收入且多数提供餐食。[13]

受哥斯达黎加经济强劲增长的推动，中美洲FDI流入增长2%，至420亿美元。在哥斯达黎加（增长18%，至30亿美元），投资者继续瞄准制药和医疗设备制造业，包括辉瑞（美国）、阿斯利康（英国）、默克（美国）和罗氏（瑞士）在内的大型跨国公司扩大了在该国的经营。2016年，流向哥斯达黎加自贸区（绝大多数大型跨国公司所在地）的投资（14亿美元）几乎占全国流入量的一半，是五年前流入总量的3倍多。尽管旅游业的流入并不突出，但也增加了两倍多，达到4.4亿美元。萨尔瓦多FDI流入翻了一番，至7.92亿美元，创历史新高。大部分增长来自较高的利润留存。

墨西哥FDI流入量仍稳定在297亿美元。尽管北美自由贸易协定重新谈判的结果尚不确定，但流入量并没有显著变化。流入传统优势汽车产业的外国投资达到70亿美元新高（增长32%）。同样，建筑运输和电信产业流入量几乎翻番（分别达到30亿、32亿美元），而流入贸易产业的投资增长了65%。相比之下，冶炼、公用事业（电和水）以及制造业的流入量出现总体下降。2017年，外国公司宣称在可再生能源项目上的投资达到创纪录的50亿美元，由此预计，未来几年能源领域的投资流入将加速。这是对政府致力于改变以石油为主的电力结构所做努力的积极回应；墨西哥已经确立了清洁能源的目标，并定期举行大规模可再生能源和燃气发电项目的招标。2016年中标者包括西班牙X-Elio能源公司、法国独立电力公司Neoen、中国—加拿大太阳能模块制造商阿特斯、法国能源巨头Engie、意大利义电可再生能源（Enel Spa）以及三井和天合光能组成的中—日联营体。

受运河扩建以及所处物流枢纽和金融中心地位的吸引，中美洲第二大经济体巴拿马的FDI流入量增长2%，至53亿美元。尽管2017年已经完成扩建工作，但依然刺激了对其他基础设施，尤其是港口的投资。意大利Enel Spa公布了5项替代能源产品的绿地项目。

在多米尼加共和国流入增长的带动下，加勒比次区域FDI流入增至50亿美元。受贸易活动领域投资激增（翻了一倍多，至14亿美元）和电信能源产业流入的支撑，作为加勒比地区最大的投资接受国，多米尼加共和国流入量增长48%，至36亿美元。流入自贸区的投资正在缓慢加速（2017年增长18%），但总量仍相对较小，为2.63亿美元。与此相反，曾通常占主导的旅游业流入量较低（下降11%，至7.04亿美元）。流入海地的FDI增长了两倍，达到创纪录的3.75亿美元。尽管仍很有限，但可能是一个转折点，预示将有更多投资进入该国。中国宣布计划投资300亿美元，用于海地的水电站、环境卫生、水系统、铁路、经济适用房和市场场所等基础设施建设。2017年，中国将与海地的企业合作，首先在首都太子港投资近50亿美元，正式开始该项目第一阶段的建设。

流出量

随着拉丁美洲跨国公司重新开始国际投资活动，FDI 流出增长了 86%，至 173 亿美元。但这一数据仍明显低于商品价格大幅下降前的水平。墨西哥跨国公司开展并购交易活动，推动该国的流出量达 50 多亿美元。2017 年，由于股权对外投资收缩，智利和哥伦比亚——2016 年区域最大对外投资者——流出量均下降 18%，分别为 51 亿和 37 亿美元。2017 年，巴西对外投资仍为负值，约-14 亿美元。尽管巴西的外国分支机构显著缩小了流向母公司的公司内贷款规模，但股权流出也出现下降，总体 FDI 流出量仍然为负。与此同时，近年来那些卷入腐败丑闻的公司从邻国大量撤离的现象似乎正在退潮。

该地区最大的对外并购是墨西哥集团（Mexico Grupo）以 21 亿美元收购佛罗里达东海岸铁路公司（美国），墨西哥 Mexican Grupo Lala SAB de CV 以 16 亿美元收购位于圣保罗的奶制品生产零售商 Vigor Alimentos SA 92%的权益，以及巴西化妆品公司自然美妆集团（Brazilian Natura Cosmeticos）以 11 亿美元收购化妆品公司美体小铺（The Body Shop，英国）。约一半的收购和已披露绿地项目发生在地区内部，这说明地区纽带在拉丁美洲跨国公司进行区位选择中的重要性。在当地跨国公司越集中的行业这一比例越显著增加。例如，在以美洲移动（墨西哥）为主导的电信行业过去三年公布的项目中，84%的项目都瞄准了地区内国家。拉丁美洲零售和食品饮料制造商也同样正在地区内扎根，已披露项目中约 60%瞄准了本地区。

展望

预计该地区投资流入和流出将维持现状或略有下降，合并降至约 1 400 亿美元左右。受诸多下行风险的挑战，地区经济增长仍将低迷。这些风险包括主要经济体（哥伦比亚、墨西哥和巴西）即将大选带来的经济和政策不确定性，以及国际金融市场恶化可能带来的负面溢出效应等。发达经济体紧缩的货币环境也可能导致债务担忧和汇率压力。

该地区的许多经济体正在寻求与贸易伙伴建立多样化的商业联系，并提升区域一体化水平。在美国退出跨太平洋伙伴关系协定（TPP）后，智利、墨西哥和秘鲁选择追随全面与进步跨太平洋伙伴关系协定（CPTPP）。2018 年 4 月，墨西哥和欧盟结束谈判，将升级双方 1997 年签署的经济伙伴协议。南方共同市场四个创始会员国（阿根廷、巴西、巴拉圭和乌拉圭）与欧盟之间也正进行贸易协定谈判（见第三章）。此外，南方共同市场和太平洋联盟两个贸易集团正在讨论合并的可能性。这些发展将对该地区的 FDI 流动产生长远影响。

转型经济体

2017年前五位东道国经济体FDI流量（值和变化率）

前五位东道国经济体	2017 年流入量	2017 年增长率
俄罗斯	253 亿美元	-32.0%
哈萨克斯坦	46 亿美元	-42.8%
塞尔维亚	29 亿美元	+22.0%
阿塞拜疆	29 亿美元	-36.3%
土库曼斯坦	23 亿美元	+3.1%

2017年流入

468亿美元

2017年降低

-27.1%

占世界比重

3.3%

前五位东道国经济体

经济体名称
流入量
2017年增长率

流出：前五位母国经济体

（十亿美元和2017年增长率）

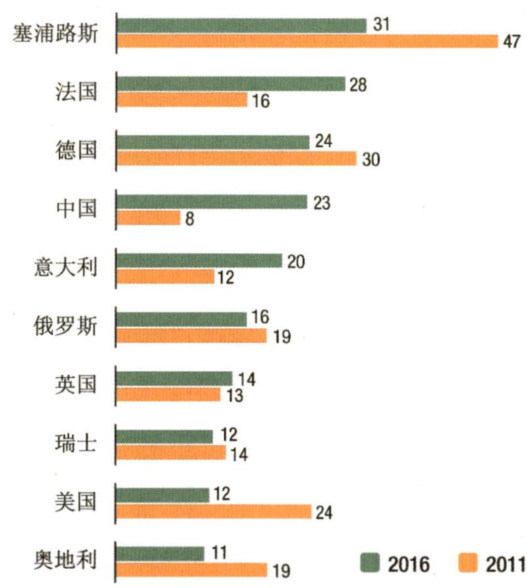

图A 2011年和2016年按FDI存量排名前十位投资来源国和地区（十亿美元）

资料来源：UNCTAD。

重点内容

- FDI流量下降至2005年以来第二位最低点
- 2014—2016年经济衰退后FDI流出复苏
- 前景较为乐观，制造业FDI拥有潜力

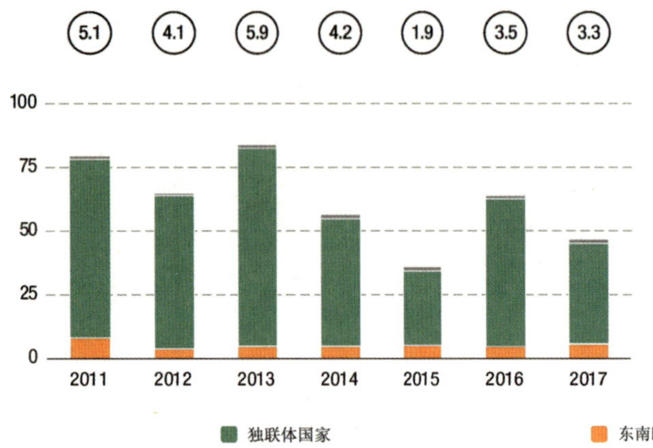

图 B　2011—2017 年 FDI 流入（十亿美元，%）

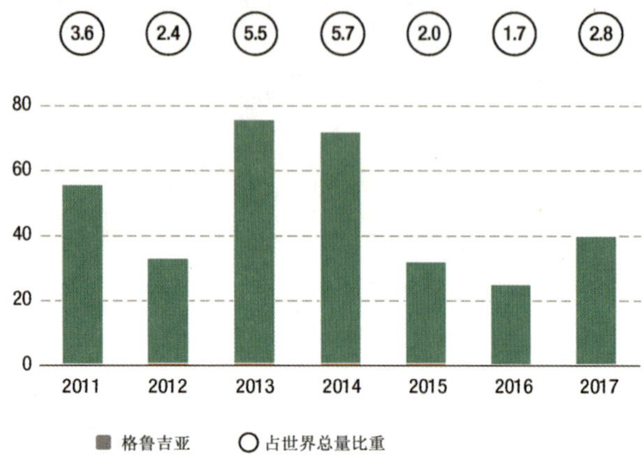

图 C　2011—2017 年 FDI 流出（十亿美元，%）

表 A　2016—2017 年跨境并购行业分布（百万美元）

部门/行业	销售额		购买额	
	2016 年	2017 年	2016 年	2017 年
总量	**5 018**	**12 703**	**-809**	**13 948**
初级品部门	**5 602**	**13 235**	**164**	**13 989**
采矿、采石和石油	5 628	13 235	205	14 032
制造业	**263**	**104**	**-276**	**4**
食品、饮料和烟草	-23	48	—	—
基础金属和金属制品	104	54	-299	-55
服务业	**-847**	**-635**	**-698**	**-44**
电力、燃气、水和废物处理	83	-124	—	—
建筑	-209	11	64	—
贸易	-163	46	-1135	—
运输和仓储	360	344	—	—
金融和保险活动	-751	-118	85	161
房地产活动	-7	-826	—	2

表 B 2016—2017 年跨境并购地区/经济体分布（百万美元）

地区/经济体	销售额		购买额	
	2016 年	2017 年	2016 年	2017 年
世界	**5 018**	**12 703**	**−809**	**13 948**
发达经济体	**−1 204**	**11 143**	**393**	**143**
欧洲	−1 065	496	393	163
奥地利	16	970	—	—
塞浦路斯	−851	−571	252	132
英国	231	194	23	—
瑞士	−167	10 788	—	—
发展中经济体	**5 955**	**1 316**	**−1284**	**13 721**
中国	214	1 152	150	9
印度	5 520	−6	—	12 589
韩国	7	27	—	—
转型经济体	**82**	**84**	**82**	**84**
俄罗斯联邦	205	−24	−23	—

表 C 2016—2017 年已披露的绿地 FDI 项目行业分布（百万美元）

部门/行业	转型经济体作为投资目的地		转型经济体作为投资者	
	2016 年	2017 年	2016 年	2017 年
总量	**64 860**	**35 424**	**10 410**	**42 613**
初级品部门	**37 682**	**654**	**850**	**7**
采矿、采石和石油	37 562	654	850	7
制造业	**16 028**	**23 498**	**4 828**	**9 916**
食品、饮料和烟草	3 774	3 584	111	324
焦炭和精炼石油产品	2 152	2 373	2 939	7 863
化学品和化学制品	1 082	4 982	107	116
机动车辆和其他运输设备	2 121	3 833	1 050	964
服务业	**11 150**	**11 271**	**4 731**	**32 691**
电力、燃气和水	1 949	1 567	2 800	31 138
建筑	3 370	4 109	65	21
贸易	1 501	2 609	133	100
运输、仓储和通信	2 102	1 248	440	533

表 D 2016—2017 年已披露的绿地 FDI 项目地区/经济体分布（百万美元）

伙伴地区/经济体	转型经济体作为投资目的地		转型经济体作为投资者	
	2016 年	2017 年	2016 年	2017 年
世界	**64 860**	**35 424**	**10 410**	**42 613**
发达经济体	**54 360**	**18 855**	**696**	**1 418**
欧盟	13 329	13 304	574	1 328
法国	2 016	1 894	17	19
德国	2 908	1 713	13	88
美国	39 284	3 289	115	24
发展中经济体	8 853	14 323	8 067	38 948
中国	4 335	9 165	132	1 057
韩国	105	1 425	38	7
土耳其	1 346	873	23	3 029
阿拉伯联合酋长国	224	961	117	48
转型经济体	**1 647**	**2 247**	**1 647**	**2 247**
俄罗斯联邦	615	1 832	169	99

与 2017 年全球趋势一致，流入东南欧和独联体转型经济体的 FDI 下降 27%，至 470 亿美元，是 2005 年以来的第二低值。下降的大部分原因是独联体四个主要接受国俄罗斯联邦、哈萨克斯坦、阿塞拜疆和乌克兰的 FDI 流入放缓。相比之下，格鲁吉亚、黑山和塞尔维亚 FDI 流入获得显著增长，然而这些并不足以弥补其他更大的以自然资源为基础的经济体带来的损失。流入量的地理分布仍然高度集中：在 18 个转型经济体中，排名前 5 位国家（俄罗斯联邦、哈萨克斯坦、阿塞拜疆、塞尔维亚和土库曼斯坦）占全部 FDI 流入量的 81%。由于俄罗斯跨国公司重要的绿地投资和大额收购，流出量回升 59%，至 400 亿美元。受商品价格更加坚挺和较高宏观经济增长的支撑，预期前景谨慎乐观。

流入量

在经历 2016 年下降后，流向东南欧的 FDI 恢复增长 20%，至 55 亿美元。GDP 的稳定增长、对私人部门创造就业的支持以及与欧盟合作的日益深入，都推动了 FDI 流入的增长。作为东南欧最大的经济体，塞尔维亚外国投资增长 22%，至 29 亿美元。但是，大部分投资来源于外国分支机构的再投资收益以及向外国分支机构提供的公司内部贷款。新项目股权投资从 2016 年的 5.05 亿美元下降到 2017 年的 2.81 亿美元，占 FDI 流入量的不足 10%。重要的股权投资来自于中国河北钢铁集团 5 000 多万美元收购塞尔维亚钢厂斯梅代雷沃（Zelezara Smederovo）的项目。

次区域最小经济体黑山的流入量翻了一倍多，达到 5.46 亿美元。发生在这个小经济体的跨境并购交易数量仍然有限（最大一笔交易是 Özata

造船厂（土耳其）以 200 万美元收购国有 Bijela 亚得里亚海造船厂的多数股权）。意大利是黑山 FDI 流入的最大来源国，绝大多数 FDI 流入是通过向子公司贷款的形式。投资来源地还包括俄罗斯联邦和阿塞拜疆这些转型经济体，企业主要投资于房地产。

由于再投资收益的翻倍增长（从 1.09 亿美元升至 2.21 亿美元），波黑 FDI 流入增长 40%，从 3.03 亿美元增至 4.25 亿美元。2017 年，阿尔巴尼亚 FDI 流入量略有增长（增长 2%），至 11 亿美元，这是该国流入量的历史第二高值，其中能源和采矿占比最大。随着两个主要能源项目（跨大西洋输油管道和德沃力水电站（Devolli）接近完工，该国的外国投资者开始进军可再生能源项目（包括奥地利维尔班德水电公司（Verbund）参与阿什达水电站（Ashta）和土耳其能源公司（Ayen Enerji）投资 Pocem 水电站工程）。尽管 2017 年大量投资来自欧洲发达国家，中国企业也开始在银行、航空和旅游业进行投资。一旦中国太平洋建设集团开工建设“蓝色走廊”（亚得里亚海—爱奥尼亚海高速公路），中国的投资将进一步增长。

经历了 2016 年的反弹后，独联体和格鲁吉亚的流入下降了 31%，至 410 亿美元。由于尚未从 2014 至 2015 年的经济衰退中恢复，独联体的 GDP 增长仍然受到抑制。部分受到地缘政治担忧的影响，政策不确定性依然较高。因此，流入量出现下降，尤其是俄罗斯联邦（下降 32%，至 253 亿美元）。新项目股权投资几乎下降了一半，至 88 亿美元。自然资源仍然居于该国 FDI 流入的主导地位。采矿和采石占比超过 30%，其次是贸易（20%）和金融（11%）。在制造业中，只有冶金和食品饮料超过了 6%。超过 60%的流入来自欧洲，其中塞浦路斯占 25%，卢森堡占 14%，这表明中转投资的相对重要性。[14] 随着包括亚洲经济体（新加坡和中国香港，两者均占 7%）在内的新投资者的加入，FDI 来源似乎多样化。2016 年曾有报道，俄罗斯联邦批准了一项重大并购交易——向嘉能可（瑞士）和卡塔尔投资局出售国有石油天然气公司俄罗斯国家石油公司（Rosneft）19.5%的股权，估值约 110 亿美元，但到 2017 年为止交易尚未完成。第二大并购交易是中国北京燃气集团收购 Rosneft 子公司公众股份有限公司（Verkhnechonskneftegaz）20%的股权，估值约 10 亿美元。

其他较大独联体国家的 FDI 流入也出现下降。受自然资源周期持续衰退的影响，对阿塞拜疆的投资大幅下降了 36%，至 29 亿美元。流入依然集中在石油和天然气领域，占总量的 73%。在经历 2016 年大规模投资之后，2017 年哈萨克斯坦的流入量缩减 43%，至 46 亿美元。其中，石油和天然气占 46%，其次是冶金（占 22%）。跨国并购额不算太高，其中最著名的交易是俄罗斯黄金和白银矿业公司（Polymetal）将其在哈萨克斯坦金矿勘探和开采公司（Aktogai Mys）金矿的股权从 25%提高到 50%（160 万美元）。面临政策和政治的不确定性，乌克兰的 FDI 流入量缩减 33%，至 22 亿美元，新项目股权投资下降 57%，至 15 亿美元。

中国正在成为转型经济体国家重要的 FDI 流入来源地。中国在该地区持有的 FDI 存量从 2011 年的 80 亿美元增至 2016 年的 230 亿美元，成为第四大来源国。

流出量

在经历了 2014—2016 年经济衰退负面影响后，2017 年，转型经济体国家 FDI 流出量增长了 59%，至 400 亿美元。然而，仍比 2013 年（760 亿美元）的最高水平低 47%。少数经济体仍占据了 FDI 流出量的绝大部分：仅俄罗斯联邦就占地区总流出的 90%。在大额并购交易的支撑下，俄罗斯流出量增长 34%，至 360 亿美元。2017 年，第二大投资国阿塞拜疆保持了同样的 FDI 流出水平（26 亿美元，占整个地区的 6%），哈萨克斯坦流出量从 2016 年的-52 亿美元（大部分是由于公司内部负贷款）回升至 7.87 亿美元（占整个地区的 2%）。其他转型经济体国家流出量相对较小。五个东南欧经济体 FDI 流出总量为 2.24 亿美元。

由于两项大宗并购交易，转型经济体跨国公司的净并购交易值从 2016 年的-8.09 亿美元回升至 2017 年的近 140 亿美元。俄罗斯 Rosneft（通过新加坡子公司 Petrol Complex）收购了印度埃萨石油公司（Essar）49%的股权，估值约 130 亿美元。Rosneft 还在埃及以 11 亿美元从意大利公司埃尼公司（Eni）手中购买了埃及（Zohr）海上气田 30%的股份。尽管并购数量从 2016 的 24 项下降到 2017 年的 14 项，但这两宗收购推动了地区流出量的整体上涨。其余并购交易中，6 项发生在金融业，4 项发生在包括石油和天然气在内的采掘业。

绿地项目是 FDI 流出恢复增长的重要引擎，并预示着进一步增长的潜力。在埃及，俄罗斯国家原子能公司（Rosatom）启动了一项 300 亿美元的核电站巨额投资项目，将在未来数年内完成。Dabaa 核电站的第一个反应堆，计划在 2020 年投入运营。阿塞拜疆国家石油公司在埃及启动了约 30 亿美元的石油化工投资。2017 年，俄罗斯天然气工业公司（Gazprom Neft）在伊拉克的巴德拉（Badra）投产。Rosatom 还在尼日利亚开建了一家核电站及其毗邻的研究中心。白俄罗斯汽车制造厂别拉斯（Belarusian Autoworks）和中国三江航天工业集团在中国合资建立了一家重型卡车工厂。俄罗斯鲁克石油公司（Lukoil）启动了在乌兹别克斯坦吉萨尔的天然气开采和加工设施。

展望

2018 年前景谨慎乐观。受益于自然资源价格上涨和多个主要经济体（包括俄罗斯联邦在内）宏观经济稳定改善的良好预期，该地区 FDI 流入量预计将上升到 550 亿美元。2017 年，已披露的绿地项目价值——投资意向指标——达 350 亿美元。

中期来看，考虑到地区人力资本（尤其是有经验的工程人员）和技术专业技能的影响，已披露绿地项目的稳定性和结构性多元化将导致制造业 FDI 增长。发展中国家跨国公司对转型经济体不断增长的投资，也预示着 FDI 来源地更加多样化。但这些展望最终都要取决于政策和政治因素的影响。

发达经济体

2017年前五位东道国经济体FDI流量（值和变化率）

前五位东道国经济体	2017 年流入量	2017 年增长率
美国	2754 亿美元	−39.8%
荷兰	580 亿美元	−32.4%
法国	498 亿美元	+41.6%
澳大利亚	464 亿美元	−2.9%
瑞士	410 亿美元	−15.2%

2017年流入

7 124亿美元

2017年降低

−37.1%

占世界比重

49.8%

前五位东道国经济体

经济体名称
流入量
2017年增长率

流出：前五位母国经济体
（十亿美元和2017年增长率）

资料来源：UNCTAD。

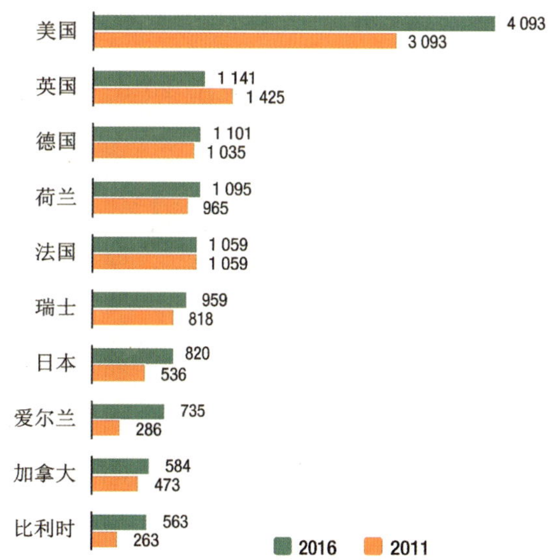

图A 2011年和2016年按FDI存量排名前十位投资来源国和地区（十亿美元）

重点内容

- 大额投资和企业内部资金流动减少导致FDI流量降低
- 披露更多绿地投资项目，短期内前景乐观
- 税收改革和贸易紧张关系对2018年预期影响显著

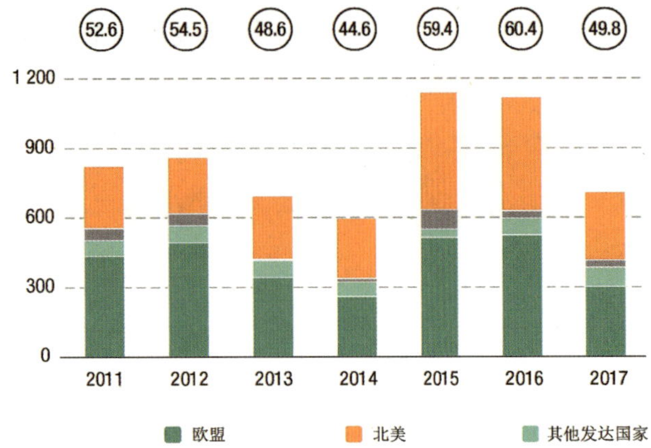

图 B　2011—2017 年 FDI 流入（十亿美元，%）

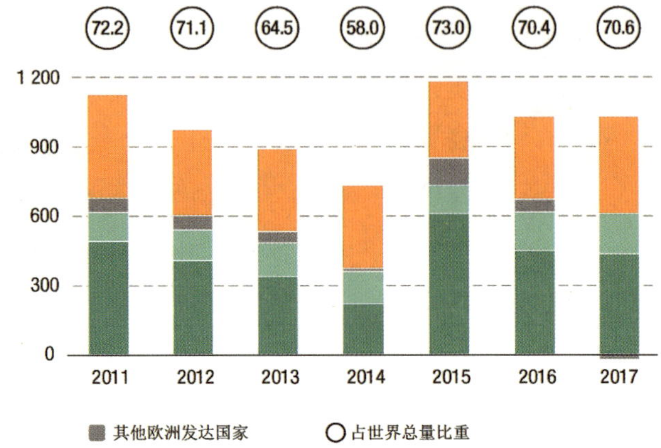

图 C　2011—2017 年 FDI 流出（十亿美元，%）

表 A　2016—2017 年跨境并购行业分布（百万美元）

部门/行业	销售额		购买额	
	2016 年	2017 年	2016 年	2017 年
总量	**806 398**	**568 909**	**703 781**	**463 956**
初级品部门	**77 223**	**−9 082**	**−3 771**	**−21 068**
制造业	**381 131**	**304 070**	**366 176**	**206 077**
食品、饮料和烟草	130 438	78 005	116 995	70 186
化学品和化学制品	32 102	62 291	36 727	28 327
药品、药用化学和植物产品	92 646	69 428	102 949	15 531
计算机、电子、光学制品和电子设备	70 716	23 678	24 826	34 981
机械设备	28 120	51 146	9 131	52 775
服务业	**348 045**	**273 921**	**341 376**	**278 947**
电力、燃气、水和废物处理	53 435	30 800	34 103	−3 764
运输和仓储	35 607	17 412	25 232	41 685
金融和保险活动	96 669	50 304	184 416	152 932
商业服务	66 814	96 877	43 144	40637

表 B　2016—2017 年跨境并购地区/经济体分布（百万美元）

地区/经济体	销售额		购买额	
	2016 年	2017 年	2016 年	2017 年
世界	**806 398**	**568 909**	**703 781**	**463 956**
发达经济体	**696 738**	**410 246**	**696 738**	**410 246**
欧洲	441 968	176 491	351 458	136 638
北美	131 293	165 869	316 621	238 099
其他发达经济体	123 476	67 887	28 659	35 510
发展中经济体	**97 833**	**146 008**	**8 247**	**42 567**
非洲	6 883	556	-2 115	1 780
拉丁美洲和加勒比地区	1 755	3 586	11 500	14 193
亚洲和大洋洲	89 196	141 866	-1 138	26 595
中国	70 483	93 201	-6 105	-1 752
韩国	2 341	11 403	99	5 752
新加坡	2 400	10 753	560	5 170
转型经济体	**393**	**143**	**-1 204**	**11 143**

表 C　2016—2017 年已披露的绿地 FDI 项目行业分布（百万美元）

部门/行业	发达经济体作为投资目的地		发达经济体作为投资者	
	2016 年	2017 年	2016 年	2017 年
总量	**254 187**	**318 406**	**501 218**	**478 359**
初级品部门	**2 446**	**3 996**	**47 371**	**18 415**
制造业	**99 300**	**151 314**	**197 404**	**212 357**
纺织品、服装和皮革	18 162	16 127	22 617	20 643
化学品和化学制品	12 813	32 060	30 361	34 738
电气和电子设备	8 161	21 669	18 574	21 746
机动车辆和其他运输设备	21 586	31 817	44 561	47 555
服务业	**152 441**	**163 096**	**256 443**	**247 587**
电力、燃气和水	32 287	23 404	67 613	42 330
建筑业	30 314	26 292	35 371	35 475
贸易	15 823	20 967	21 622	27 860
运输、仓储和通信	15 498	12 954	31 220	32 356
商业服务	44 096	54 950	65 390	68 721

表 D 2016—2017 年已披露的绿地 FDI 项目地区/经济体分布（百万美元）

伙伴地区/经济体	发达经济体作为投资目的地		发达经济体作为投资者	
	2016 年	2017 年	2016 年	2017 年
世界	**254 187**	**318 406**	**501 218**	**478 359**
发达经济体	**204 031**	**255 003**	**204 031**	**255 003**
欧洲	127 061	150 934	131 859	160 778
北美	55 627	72 810	54 370	70 537
其他发达国家	21 343	31 259	17 802	23 687
发展中经济体	**49 460**	**61 985**	**242 827**	**204 501**
非洲	1 411	1 961	19 945	32 398
东亚和东南亚	36 604	35 810	94 060	76 881
南亚	6 759	5 986	46 873	23 479
西亚	2 887	15 655	23 159	13 579
拉丁美洲和加勒比地区	1 799	2 572	58 653	57 781
大洋洲	—	0.4	137	383
转型经济体	**696**	**1 418**	**54 360**	**18 855**

流入发达经济体的 FDI 比 2016 年下降了 37%，为 7 120 亿美元。2015—2016 年流入发达经济体的 FDI 曾超过一万亿美元，但随着流入欧洲和北美地区 FDI 减少，这种复苏势头中断。流入英国和美国的 FDI 大幅度减少是导致发达经济体 FDI 流入大幅下降的主要原因。2016 年英国经历了异常的巨额并购交易，而美国政府对税收倒置的打击也限制了 FDI 流入。流向发达经济体跨境并购下降了 29%，至 5 690 亿美元，主要原因是大型并购减少。跨国公司实施债务缩减战略而选择撤资的行为也降低了净并购交易值。日益减少的公司内部贷款进一步降低了 FDI 流入量，美国尤为显著。相比之下，发达经济体 FDI 流出量仍维持在 2016 年水平。美国由于利润再投资以及日本跨国公司继续寻求海外高增长而导致两国流出量增长，抵消了欧洲 FDI 流出的总体下降。2018 年，流入发达经济体的 FDI 有望温和增长。已披露的绿地投资项目金额提高（上升 25%，至 3 180 亿美元）是一个积极信号。

流入量

2017 年，法国和德国 FDI 流入有所回升，但由于英国在经历 2016 年一系列巨额并购交易后 FDI 流入恢复常态，欧洲整体 FDI 流入下降。2017 年，在 32 个欧洲经济体中，15 个经济体 FDI 流入增长，2016 年则为 14 个经济体。随着以德国境内资产为标的的跨境并购增长至 230 亿美元，德国 FDI 流入量增长超过两倍（达 350 亿美元）。法国 FDI 流入增长 42%（从 350 亿美元增至 500 亿美元），这些增长主要归因于大型并购交易，例如勃林格英格翰（德国）收购赛诺菲动物保健业务。然而，由于英国 FDI 流入减少，欧洲总体 FDI 流入量下降 41%，降至 3 340 亿美元。

2016 年，英国跨境并购规模巨大，达到 2 550

亿美元（2011—2015 年，年均 450 亿美元）。其中 4 个最大并购案的交易总值达到 2 240 亿美元。相比之下，2017 年最大并购案的交易值要小得多，并且大部分交易是外国投资者之间的所有权变化（对 FDI 没有实际影响）或撤资（导致 FDI 流入负增长）。受这些因素影响，英国 FDI 流入下降 92%，至 150 亿美元。[15]

FDI 流入大幅度下降的其他欧洲国家是比利时、卢森堡和荷兰。比利时税收制度曾有利于跨国公司把其资本密集型活动，尤其是财务中心设置在该国，以向其他地方分支机构提供贷款。近年来，贷款余额和股市持续下跌，表明跨国公司正在放弃这些金融安排。2017 年底，按净额总计，在比利时的外国子公司对母公司其他地方分支机构的公司内部贷款余额为-880 亿美元，2012 年曾达到-2 970 亿美元的最高点。2017 年，跨国公司继续出售在比利时的股权，公司内部贷款也出现暴跌（从 2016 年的 460 亿美元降至 2017 年的 200 亿美元），直接导致比利时 FDI 流入下降。

欧洲内部跨境并购从 2016 年的 2 300 亿美元下降到 2017 年的 250 亿美元。出售给日本跨国公司的欧洲资产净并购交易值从 380 亿美元下降至 170 亿美元。出售给中国跨国公司的净并购交易值为 660 亿美元，其中中国化工收购先正达的交易占三分之二。

公司内部贷款和企业重组减少导致美国 FDI 流入萎缩。北美 FDI 流入下降 39%，约 3 000 亿美元，部分原因是加拿大（下跌 220 亿美元）和美国（下跌 54 亿美元）的跨境并购不断减少。油价长期低迷促使全球石油跨国公司重新调整其资产配置，加拿大油气公司希望扩大生产规模以实现规模经济。在这样背景下，大型油气跨国公司向加拿大同行出售了部分油砂资产，导致出现净撤资现象。为减少债务，康菲（美国）和壳牌都启动了撤资计划。康菲石油公司将其在福斯特克里斯蒂娜湖（Foster Creek Christina Lake）油砂项目的股份出售给加拿大合资伙伴赛诺维斯能源公司，壳牌把在阿萨巴斯卡（Athabasca）油砂项目的大部分股份出售给加拿大自然资源公司。

撤资也是导致美国 FDI 流入下降 40%的原因之一。2017 年，多行业发生的小规模并购交易导致撤资大幅度增加（增长 65%，至 490 亿美元）。每个公司撤资动机各不相同，但减少债务是多数交易中考虑的一个因素。例如，美敦力（爱尔兰）以 61 亿美元向康德乐健康出售了医疗用品业务，立杰时（英国）以 42 亿美元将食品业务出售给麦考密克。

近年来曾推动跨国并购繁荣的税收倒置交易已走向末路。为应对 2011—2015 年企业倒置交易的浪潮，美国政府于 2014 年 9 月、2015 年 11 月和 2016 年 4 月连续发布新法规以限制此类交易。2015 年有 8 宗此类交易，价值 630 亿美元（WIR15）；2016 年为 7 宗，价值 560 亿美元（WIR16）；2017 年仅有一宗，价值 280 亿美元。2016 年 4 月，颁布的法律专门针对通过公司内部贷款的“收益剥离”活动进行规制。[16] 2016 年，流入美国的公司内部贷款达到 1170 亿美元，2017 年大幅下滑至-70 亿美元，直接导致美国 FDI 流入下降。

与全球趋势相比，亚太地区发达经济体 FDI 流入较为稳定。2016 年，澳大利亚 FDI 流入增长两倍多，2017 年依然保持高水平，达到 460 亿美元。但并购交易持续低迷（下降 21%，至 110 亿美元），部分原因是英国跨国公司抛售其在澳资产，导致连续六年净撤资。例如，2013—2017 年，力拓（英国）完成了至少 77 亿美元撤资，部分被出售的资产就位于澳大利亚。[17] 由于欧洲制造业跨国公司的投资抵消了其服务业跨国公司撤资的影响，流入日本的 FDI 连续两年超过了 100 亿美元，其中法国是最大的直接投资国。

流出量

发达国家的总体流出接近 2016 年水平。大型并购项目数量减少，意味着跨国并购净购买价值下降 34%，而美国跨国公司再投资收益的增长部分抵消了这一下降趋势。

在欧洲，FDI 流出下降 21%，至 4 180 亿美元。作为 2016 年欧洲最大的来源国，荷兰流出减少 1 490 亿美元，仅有 230 亿美元。2016 年跨境并购的购买额曾罕见高达 1200 亿美元，2017 年则变为净撤资，为-83 亿美元，导致荷兰股权流出量从 1 320 亿美元迅速下降至-52 亿美元。另一个大幅度下降的国家是瑞士，FDI 流出缩减 870 亿美元，为-150 亿美元。

英国 FDI 流出从-230 亿美元迅速增至 1 000 亿美元。英国跨国公司在美国进行一系列收购，例如英美烟草公司以 490 亿美元收购雷诺美国公司的剩余股份，利洁时以 170 亿美元收购美赞臣，这些交易使英国跨国公司跨境并购的净购买价值增加 1 100 亿美元，至 1 280 亿美元。再投资收益也回升至 290 亿美元。

德国 FDI 流出增长 60%，达到 820 亿美元。近年来，由于公司内部贷款的易变性，德国 FDI 流出量波动幅度较大。2016 年，公司内部贷款流出量达到创纪录的-270 亿美元，2017 年转为上升至 21 亿美元。再投资收益增长迅猛，达到 2016 年的两倍多，也推动德国 FDI 流出的增长。法国流出量仍处于较高水平（580 亿美元），法国跨国公司跨境并购的净购买价值稳定在 280 亿美元。像英国跨国公司一样，法国跨国公司也倾向于收购美国资产，例如白波食品和达能公司价值 100 亿美元的合并。尽管欧洲跨国公司收购外国资产总额下降 43%，但对美国资产的收购仍处于稳定水平。2017 年，美国资产占欧洲跨国公司并购额的 61%。

北美 FDI 流出增长 18%。美国流出量为 3 420 亿美元，其中再投资收益达 3 240 亿美元。2017 年第四季度再投资收益比 2016 年同期高出了 78%。由于 2017 年底税制改革预期越来越明确，美国跨国公司更倾向于将海外收益留在国外，相似情况曾出现在 2004 年，因预期 2005 年将出台“本土投资法案”，发生了再投资收益高潮。美国流出量的 38%流向卢森堡、荷兰、新加坡和加勒比区域，向中南美的流出量减少了三分之一多，为 61 亿美元，流向非洲国家则从-5 亿美元进一步下降至-17 亿美元，对亚洲的 FDI 流出增加了三分之一，为 460 亿美元，主要流向中国香港和新加坡。

在亚太地区，日本流出增长至 1 600 亿美元。这种增长主要归因于日本对亚洲国家（不包括中亚和西亚）投资的恢复。2016 年日资大量撤离新加坡，导致总流出下降，2017 年流向亚洲国家的 FDI 大幅回升至 360 亿美元。美国仍然是日本最大的对外投资目的地，其次是英国。日本对拉丁美洲和加勒比地区的 FDI 流出量为 40 亿美元，流向非洲为 18 亿美元。

展望

基于宏观经济基本状况的预测，2018 年流入欧洲和北美的 FDI 将分别增长 15%、5%。发达国家整体 FDI 流入将上升至 7 700 亿美元。2018 年将会延续 2017 年第四季度加速升温的并购交易势头。2017 年已披露的绿地项目总值为 3 180 亿美元，是 2009 年以来的最高水平，如果得以批准，能够转化为未来几年的 FDI 流量。

另一方面，当前全球贸易政策争端带来的不确定性，对投资造成了负面影响。受国内税收改革的影响，美国跨国公司海外利润的汇回也将减少美国 FDI 流出量，并对欧洲 FDI 流动产生镜像效应。

结构脆弱、易受冲击的小型经济体

最不发达国家

2017年前五位东道国经济体FDI流量（值和变化率）

前五位东道国经济体	2017 年流入量	2017 年增长率
缅甸	43 亿美元	-45.2%
埃塞俄比亚	36 亿美元	-10.1%
柬埔寨	28 亿美元	+12.5%
莫桑比克	23 亿美元	-25.9%
孟加拉国	22 亿美元	-7.8%

2017年流入

255亿美元

2017年减少

-17.1%

占世界比重

1.8%

前五位东道国经济体

经济体名称
流入量
2017年增长率

流出：前五位母国经济体
（十亿美元和2017年增长率）

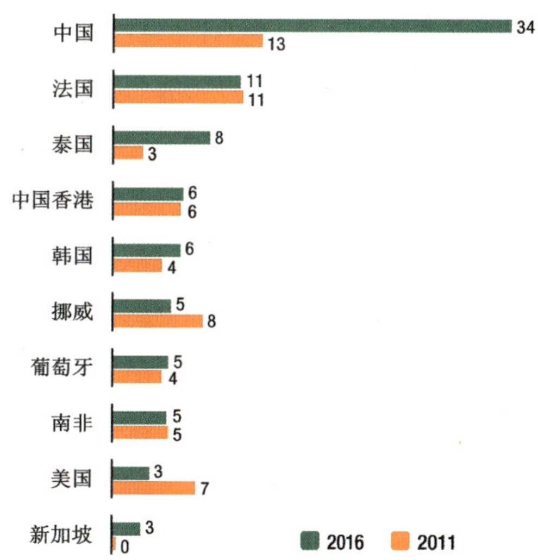

图A 2011年和2016年按FDI存量排名前十位投资来源国和地区（十亿美元）

资料来源：UNCTAD。

重点内容

- FDI流入连续第二年下降
- 亚洲最不发达国家增长
- 披露的绿地投资项目衰退降低了FDI前景

图 B　2000—2017 年 FDI 流入（十亿美元，%）

表 A　2016—2017 年跨境并购行业分布（百万美元）

部门/行业	销售额		购买额	
	2016 年	2017 年	2016 年	2017 年
总量	**998**	**327**	**9**	**9**
初级品部门	**5**	**13**	—	—
采矿、采掘和石油	3	13	—	—
制造业	**588**	**11**	—	**-30**
食品、饮料和烟草	506	10	—	—
机械装备	—	—	—	-30
服务业	**405**	**304**	**9**	**39**
电力、燃气及空气动能供应	—	48	—	—
贸易	5	18	—	—
运输和储存	—	-1	—	—
信息和通信	0.1	—	—	1
金融和保险活动	337	234	9	38
管理与支持服务活动	—	5	—	—

表 B 2016—2017 年跨境并购地区/经济体分布（百万美元）

地区/经济体	销售额		购买额	
	2016 年	2017 年	2016 年	2017 年
世界	**998**	**327**	**9**	**9**
发达经济体	**-2 485**	**-233**	**9**	**2**
澳大利亚	-3	114	9	—
加拿大	0.1	430	—	2
意大利	—	-2 800	—	—
日本	510	952	—	—
瑞士	—	493	—	—
美国	-2 749	1 613	—	—
发展中经济体	**3 483**	**560**	—	**6**
巴西	—	-798	—	—
中国	2 848	1 243	—	—
新加坡	45	256	—	—
南非	2	-91	—	—

表 C 2016—2017 年已披露的绿地 FDI 项目行业分布（百万美元）

部门/行业	最不发达国家作为投资目的地		最不发达国家作为投资者	
	2016 年	2017 年	2016 年	2017 年
总量	**44 315**	**25 270**	**1 577**	**797**
初级品部门	**559**	**2 302**	—	—
采矿、采掘和石油	559	2 302	—	—
制造业	**11 682**	**12 534**	**194**	**91**
纺织品、服装和皮革	968	1656	16	—
煤炭、石油制品和核燃料	2 199	1 699	20	—
化学药品与化学产品	4 613	4 690	62	56
非金属矿产品	427	2286	—	—
服务业	**32 075**	**10 435**	**1 383**	**706**
电力、燃气和水	13 561	1 599	—	—
建筑业	6 559	3 384	282	—
运输、储存和通信	7 860	3 157	517	61
金融	1 248	1 000	84	300

表 D 2015—2016 年已披露的绿地 FDI 项目地区/经济体分布（百万美元）

伙伴地区/经济体	最不发达国家作为投资目的地		最不发达国家作为投资者	
	2016 年	2017 年	2016 年	2017 年
世界	**44 315**	**25 270**	**1 577**	**797**
发达经济体	**9 050**	**13 484**	**302**	**7**
丹麦	72	2 133	—	—
挪威	24	2 010	—	—
英国	103	1 542	—	—
美国	3 397	2 424	—	—
发展中经济体	**35 265**	**11 591**	**1 198**	**771**
非洲	6 453	816	465	257
亚洲	28 812	10 689	734	334
中国	14 041	3 668	—	81
印度	3 439	633	427	197
马来西亚	3 388	375	71	56
泰国	2 334	995	70	—

流入最不发达国家（LDCs）的 FDI 比 2016 年下降 17%，为 260 亿美元，占流入所有发展中经济体 FDI 的 4%。以缅甸和柬埔寨为首，亚洲和大洋洲最不发达国家 FDI 增长仍然强劲。然而流入非洲最不发达国家和海地的 FDI 总额下降 31%，其中流入安哥拉和莫桑比克的 FDI 出现大幅缩减。由于在矿业、采掘和石油领域的大部分并购交易体现为外国所有者的更替，导致跨国并购对 FDI 流入最不发达国家的影响不大。这些大多来自发展中经济体的外国投资者针对孟加拉国、柬埔寨和缅甸的服务业，缩减资本支出计划，使得 2017 年绿地项目 FDI 总值骤跌 43%，降至四年来的最低点。这削弱了主要亚洲最不发达国家的 FDI 前景。中期来看，最不发达国家前景取决于大型管道基础设施建设的实施进展。非洲地区 FDI 流入有望增加。

流入量

流向 33 个非洲最不发达国家[18]和海地的 FDI 减少 31%，至 154 亿美元。从 2017 年 FDI 流入量排名看，位居该地区最不发达国家吸引 FDI 前列的是缅甸、埃塞俄比亚、莫桑比克、刚果民主共和国、坦桑尼亚联合共和国和赞比亚。它们吸引了流向最不发达国家 FDI 总额的约 60%。其中只有两个国家——刚果民主共和国（增长 11%）和赞比亚（增长 65%）——实现了增长，这要归功于来自中国采矿业跨国公司的投资合作和制造业投资的复苏。然而它们 2017 年 FDI 流入大约只有 2012—2013 年峰值的一半。即使该地区三分之二的最不发达国家吸引了比上一年更多的 FDI，但安哥拉和前五大东道国中的三个国家却出现严重缩水。2016 到 2017 年，这四个最不发达国家 FDI 流失总计 77 亿美元，几乎是该地区的流失总额。

在埃塞俄比亚，FDI 增速在 2016 年创下纪录后有所放缓（下降 10%，至 36 亿美元），但依然强劲，几乎比 2015 年高出 10 亿美元。莫桑比克（下降 26%，至 23 亿美元）和坦桑尼亚联合共和国（下降 14%，至 12 亿美元） FDI 流入进一步减少。在莫桑比克，面对严重的宏观经济挑战，单靠跨国公司在采矿业的经营复苏并不足以扭转全行业 FDI 流失。在坦桑尼亚联合共和国，因为税收管理和矿区使用费政策的改变使得外国投资者犹豫不决。在安哥拉，由于能源跨国公司通过公司内贷款将资金转移到海外，FDI 流动出现重大波动，从 2016 年的 41 亿美元大幅下降至 2017 年的-23 亿美元。高通胀和外汇短缺阻碍了跨国公司运营。

与该地区总体稳定的 FDI 流入相比，亚洲和大洋洲 13 个最不发达国家 FDI 流入增长 20%，至 102 亿美元。东盟的两个最不发达国家——缅甸和柬埔寨——持续吸引了该地区最大份额的 FDI 流量。在缅甸，受电信、房地产和工业区发展的强劲投资驱动，FDI 流入达到了六年来的最高点，为 43 亿美元。锡拉瓦经济特区（SEZ）的扩张和 2017 年开始运营的公司（如尼桑—谭冲汽车），创造了约 4 亿美元的投资流入。

柬埔寨 FDI 流入增长 12%，达到创纪录的 28 亿美元。这归功于银行业和电信领域的强劲投资。饮料和水泥等非纺织制造行业 FDI 流入，也对增长做出了贡献。受到中国对基础设施、水泥和矿业的投资驱动，虽然基数很小，但尼泊尔 FDI 流入几乎翻了一番，达到创纪录的 1.98 亿美元。自 2015 年大地震后，新政策的实施改善了该国的投资环境。

随着中国投资减缓，老挝人民民主共和国 FDI 流入在 2015 年创纪录后，连续第二年下降（下降 18%，至 8.13 亿美元）。尽管中国仍是最大来源地，但以泰国和越南为首的其他东盟成员国投资者日益增多（东盟秘书处和联合国贸发会议，2017）。由于能源和电信领域投资趋于平稳，孟加拉国 FDI 流入在 2016 年创纪录之后，减至 22 亿美元（下降 8%）。政府资助的重大基础设施建设步伐一直缓慢。

在资源丰富的非洲最不发达国家，大部分跨境并购交易表现为外国所有者的更替，对 FDI 流向最不发达国家的影响甚微。2017 年，净并购交易值为四年来最低，反映出欧盟投资者撤资规模比上一年更高，以及发达经济体投资低迷。莫桑比克吸引了四笔并购交易，总计 36 亿美元。最不发达国家最大的跨境并购交易（28 亿美元）是美国埃克森美孚（Exxon Mobil）收购东非埃尼集团（ENI East Africa）35.7%的股份。东非埃尼集团是埃尼集团（意大利）下属的一家位于马普托的天然气勘探和生产公司。在矿业方面，曾参与液化天然气项目的日本综合贸易公司三井集团（Mitsui），斥资 8 亿美元从巴西淡水河谷公司（Vale）获得部分煤矿开采和辅助运输项目的股份。此项资产的出售，使发展中经济体的净并购交易值减少 8 亿美元。

其他主要矿业并购交易发生在刚果民主共和国。与 2016 年一样[19]，中国投资者积极投资该国矿业领域。2017 年，来自中国的渤海华美上海股权投资基金管理公司（Bohai Harvest RST Shanghai Equity Investment Fund Management）以现金支付方式斥资 12 亿美元，收购金属矿业运营商滕凯丰古鲁梅铜钴矿（TF Holdings）30%的股份，该运营商是加拿大伦丁矿业公司（Lundin Mining）旗下自由港迈克墨伦铜金公司（Freeport-McMoran DRC Holdings）的分支机构。此外，另一家中国公司万宝矿产（Wanbao Mining）投资 5600 万美元，从摩洛哥马纳姆（Managem）手中收购一家金矿运营商 61%的股份。尽管有这些交易，2017 年中国在最不发达国家的跨境并购投资总额还是减少了一半。嘉能可（瑞士）耗资 9.22 亿美元，对姆丹达矿业公司（Mutanda Mining）和另一家铜矿和钴矿公司加丹加矿业（Katanga Mining）进行投资，增持了在该国的股份。其中，Mutanda Mining 是一家总部位于直布罗陀的企业 Fleurette Properties 旗下的铜矿和镍矿运营商。

前景

非洲 FDI 流入有望增长，受此驱动，最不发达国家 FDI 流入有复苏迹象。非洲最不发达国家受益于非洲大陆自由贸易区（AfCFTA），及其对 FDI 流向该区域的促进作用。在东盟国家跨国公司的推动下，流向东盟最不发达国家的 FDI 前景乐观。然而，已披露的绿地 FDI 项目——未来投资活动的一个关键指标——2017 年暴跌 43%，达到四年来的最低点。跨国公司，绝大多数来自亚洲发展中经济体，缩减了在电力、建筑和电信行业的资本支出计划，2016 年这些计划曾推动孟加拉国、柬埔寨和缅甸的绿地 FDI，这削弱了亚洲最不发达国家 FDI 流入前景。因此，中期前景取决于管道建设领域资本密集型项目的实施进展。过去十年来，虽然初级产业部门绿地 FDI 项目的相对重要性一直呈下降趋势，但能源和矿业跨国公司在非洲最不发达国家的投资活动，仍将持续对 47 个最不发达国家 FDI 的流入提供动能。

内陆发展中国家

2017年前五位东道国经济体FDI流量（值和变化率）

前五位东道国经济体	2017 年流入量	2017 年增长率
哈萨克斯坦	46 亿美元	-42.8%
埃塞俄比亚	36 亿美元	-10.1%
阿塞拜疆	29 亿美元	-36.3%
土库曼斯坦	23 亿美元	+3.1%
蒙古国	15 亿美元	-136.0%

2017年流入

227亿美元

2017年增加

+2.6%

占世界比重

1.6%

前五位东道国经济体

经济体名称
流入量
2017年增长率

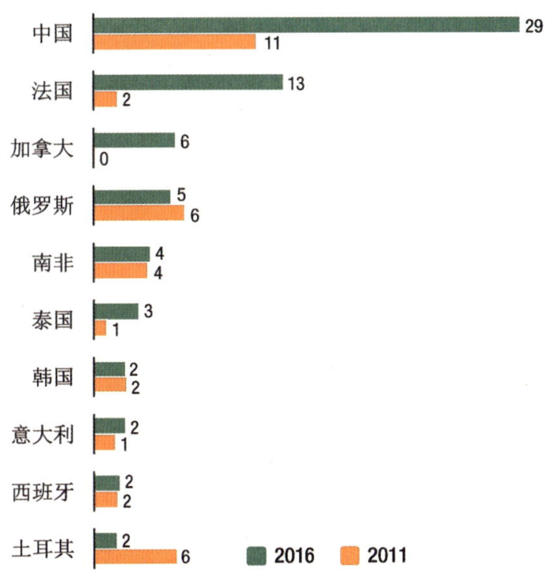

图A　2011年和2016年按FDI存量排名前十位投资来源国和地区（十亿美元）

流出：前五位母国经济体

（十亿美元和2017年增长率）

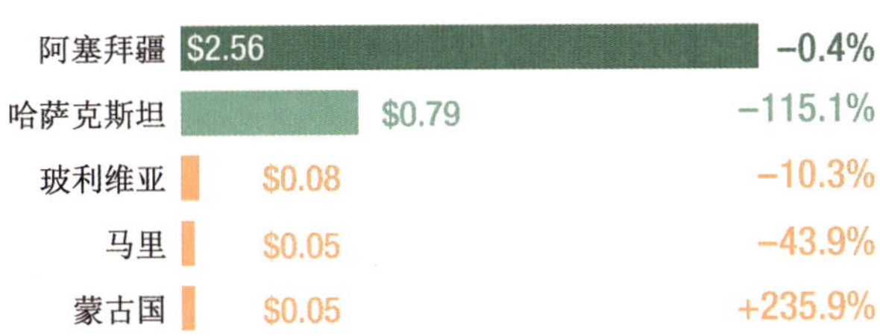

资料来源：UNCTAD。

重点内容

- 流量持续五年下降后有所上涨
- 除内陆转型经济体外，其他内陆发展中经济体FDI均有所增加
- 尽管存在不确定性和脆弱性，但是预期流量将持续回升

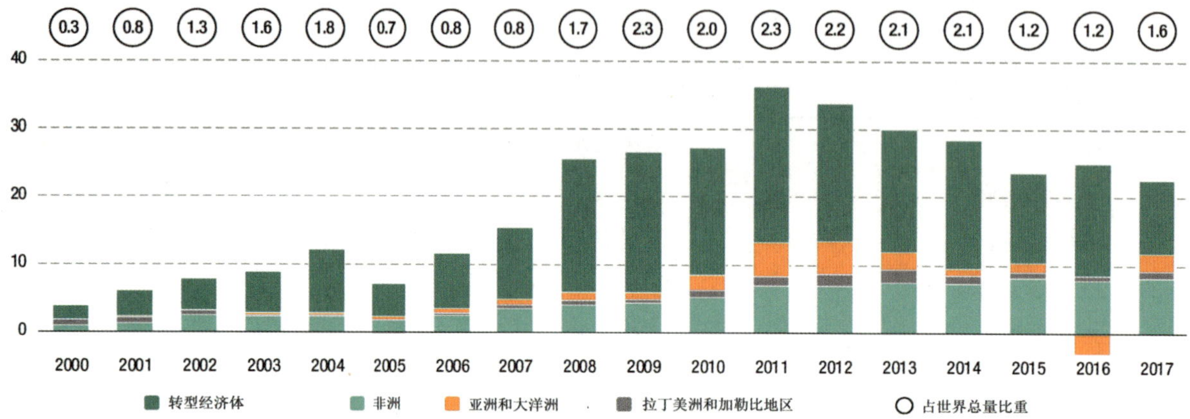

图 B　2000—2017 年 FDI 流入（十亿美元，%）

表 A　2015—2016 年跨国并购行业分布（百万美元）

产业/行业	销售额		购买额	
	2016 年	2017 年	2016 年	2017 年
总量	**590**	**15**	**138**	**1**
第一产业	**7**	**5**	**-41**	**-2**
采矿、采掘和石油业	7	5	—	-2
制造业	**507**	—	—	—
食品、饮料和烟草	507	—	—	—
服务业	**77**	**10**	**179**	**3**
电力、燃气、饮水供应和污水处理业	2	—	—	—
建筑	—	0.1	55	—
贸易	18	—	—	7
交通和储存	16	11	—	—
信息与通信	-40	—	—	—
金融和保险活动	74	-1	124	-4
商业活动	6	—	—	—

表 B　2015—2016 年跨国并购地区/经济体分布（百万美元）

地区/经济体	销售额		购买额	
	2016 年	2017 年	2016 年	2017 年
世界	**590**	**15**	**138**	**1**
发达经济体	**-39**	**8**	**161**	**2**
澳大利亚	-17	158	—	—
加拿大	-50	467	—	2
日本	510	88	—	—
美国	—	124	—	—
发展中经济体	**508**	**-2**	**0.3**	**1**
中国	10	-45	—	—
韩国	7	—	—	—
马来西亚	511	—	—	—
土耳其	25	—	0.3	—
转型经济体	**105**	**-1**	**-23**	**-2**
俄罗斯联邦	205	—	-23	—

表 C　2015—2016 年已披露的绿地 FDI 项目行业分布（百万美元）

产业/行业	内陆发展中国家作为投资目的地		内陆发展中国家作为投资者	
	2016 年	2017 年	2016 年	2017 年
总量	**57 180**	**17 178**	**2 340**	**4 402**
第一产业	**37 606**	**1 388**	—	—
采矿、采掘和石油业	37 606	1 388	—	—
制造业	**11 790**	**10 652**	**360**	**3 747**
食品、饮料和烟草制品业	1 791	1 083	110	11
纺织品、服装和皮革	871	1 687	—	—
焦炭和精炼石油产品	2 106	1 061	66	3 625
化学和化学制品业	4 785	4 358	—	31
非金属矿产品	508	968	178	72
金属和金属制品	1 056	843	—	—
服务业	**7 783**	**5 159**	**1 980**	**655**
电力、燃气和水供应业	2 637	2 496	—	—
建筑业	2 000	666	282	49

表 D　2015—2016 年已披露的绿地 FDI 项目地区/经济体分布（百万美元）

地区/经济体	内陆发展中国家作为投资目的地		内陆发展中国家作为投资者	
	2016 年	2017 年	2016 年	2017 年
世界	**57 180**	**17 198**	**2 340**	**4 402**
发达经济体	**42 656**	**5 882**	**300**	**668**
欧洲	2 666	4 593	295	668
英国	747	2 160	—	—
美国	38 221	925	5	—
发展中经济体	**13 911**	**9 907**	**1 163**	**3 514**
中国	4 025	5 408	14	142
阿联酋	93	1 017	15	28
新加坡	80	938	—	—
马来西亚	42	594	—	—
印度	143	434	427	99
转型经济体	**533**	**1 409**	**877**	**220**
俄罗斯	375	1 339	169	21

经过连续五年（2011—2016 年）下滑之后，2017 年流向 32 个内陆发展中国家（LLDCs）的 FDI 增长 3%，达到 230 亿美元。尽管实现了增长，但内陆发展中国家（其中 17 个国家也是最不发达国家）FDI 流入量仍然比 2011 年峰值低了近 40%。除转型经济体外，各地区内陆发展中国家群体 FDI 流入都有所提高。2017 年，内陆发展中国家 FDI 流入占全球总流量 1.6%，高于 2016 年 1.2% 的历史低位。然而，FDI 流入仍集中在少数几个内陆发展中国家，前五大东道国（哈萨克斯坦、埃塞俄比亚、阿塞拜疆、土库曼斯坦和蒙古国）占内陆发展中国家总流量的 66%。

流入量

流向 16 个非洲内陆发展中国家的 FDI 增长 4%，至 82 亿美元。导致内陆发展中国家 FDI 流入占非洲大陆的比重从 2016 年的 15%温和升至 2017 年的 20%。博茨瓦纳、布基纳法索、中非共和国、乌干达和赞比亚 FDI 流入大幅增加，马里、斯威士兰和津巴布韦 FDI 流入则有所下降，在这些国家，政治不确定性抑制了投资前景。埃塞俄比亚 FDI 流入增长也趋于停滞，但仍保持在较高水平。2017 年，赞比亚成为第二大非洲内陆发展中国家 FDI 东道国。作为英国—印度联合企业集团韦丹塔资源公司的子公司，孔科拉铜矿公司扩大了生产投资，中机建设（中国）也开始在恩多拉建设水泥厂。只要采取适当的措施促进经由海港的商品贸易和转运，《大陆自由贸易协定》将会促使外国投资者在非洲内陆发展中国家投资。

五个亚洲内陆国家 FDI 流入从-30 亿美元增至 26 亿美元。在公司内部负贷款的刺激下，流向蒙古国的 FDI 从 2016 年的-42 亿美元净流入反弹至 15 亿美元，尼泊尔 FDI 流入也从低水平缓慢回升。作为邻国，中国和印度是制造业和服务业新增投资的主要来源。尽管大型电力和服务项目已经开始实施，老挝人民民主共和国 FDI 流入还是下降了 18%，至 8 亿美元。内陆发展中国家占亚洲发展中国家总流量的份额，从 2016 年的 −0.6% 上升到 2017 年的 0.5%，但仍然是边缘参与者。内陆发展中国家投资流入的边际复苏，是这一地区整体趋势的缩影。

两个拉美内陆发展中国家 FDI 流入增长 65%，至 11 亿美元。相比之下，整个拉丁美洲和加勒比地区 FDI 流入温和上升，增长 8%，至 1 510 亿美元。大部分增长归功于玻利维亚，吸引了 7.25 亿美元投资，增长率达 116%。这部分得益于法国泰利斯集团在销售、市场开发和运输支持领域的投资，以及中国华为在通信技术领域的投资。加拿大新太平洋投资公司通过一宗矿业跨境并购交易，提升了在银矿生产商阿尔西拉矿业公司中的股份，也推动了 FDI 流入迅速增长。

2017 年，9 个内陆转型经济体 FDI 流入下降 35%，至 110 亿美元。这比整体转型经济体的下降幅度还要大（下降 27%，至 470 亿美元）。在严重依赖石油和天然气的三个大国中，有两国 FDI 流入缩减：阿塞拜疆下降 36%（至 29 亿美元），哈萨克斯坦下降 43%（至 46 亿美元）。然而，土库曼斯坦却出现轻微反弹（增长 3%，至 23 亿美元）。其余国家 FDI 流入仍然很小，缩减 41%，从 18 亿美元降至 10 亿美元。“一带一路”的倡议尚未对中亚内陆发展中国家产生大的影响。2017 年，在这些国家的投资活动缺乏新基础设施投资项目标的。

除了自然资源外，由于缺乏有吸引力的并购标的，内陆发展中国家的净并购交易值持续下降，从 2016 年的 5.9 亿美元暴跌至 2017 年 1 500 万美元。2017 年，石油和天然气行业的持续低迷对并购活动造成了严重影响。来自北美的新交易勉强抵消了欧洲和发展中国家投资者的撤资。运输和仓储服务业领域达成了一些并购交易，但行业扩张总体减少，制造业领域没有发生并购活动。

前景

2018 年，内陆发展中国家 FDI 流入将进一步复苏，但不确定性和脆弱性依然存在。在活跃的南—南 FDI 流动和更多潜在的制造业 FDI 支撑下，32 个内陆发展中国家 FDI 流入将会增长。另一方面，不确定性源于这一事实：如果不考虑 2016 年哈萨克斯坦特大交易项目的一次性影响，作为未来项目主要指标的绿地项目价值将在 2017 年下降。已披露的绿地项目价值降至 170 亿美元。在努力吸引外国直接投资促进发展时，绝大多数内陆发展中国家仍然易受外部不利因素的影响。这些国家的投资潜力与进出口过境的邻国发展密切相关。内陆发展中国家 FDI 流入，尤其是非洲和独联体国家，通常受益于区域一体化项目以及寻求改善运输能力和连通性的举措。

小岛屿发展中国家

2017年前五位东道国经济体FDI流量（值和变化率）

前五位东道国经济体	2017 年流入量	2017 年增长率
巴哈马	9 亿美元	-1.6%
牙买加	9 亿美元	-4.3%
马尔代夫	5 亿美元	+13.3%
斐济	3 亿美元	+6.8%
毛里求斯	3 亿美元	-16.2%

2017年流入

41亿美元

2017年增长

+3.5%

占世界比重

0.3%

前五位东道国经济体

流出：前五位母国经济体

（十亿美元和2017年增长率）

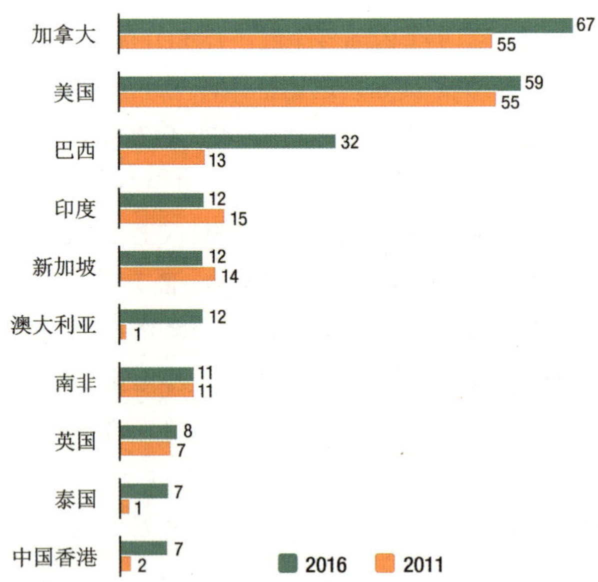

图A 2011年和2016年按FDI存量排名前十位投资来源国和地区（十亿美元）

资料来源：UNCTAD。

重点内容

- FDI流入增长持续放缓
- 中国是一些小岛屿发展中国家资本密集型项目的重要来源国
- 已披露的绿地项目减少，高度集中于少数小岛屿发展中国家

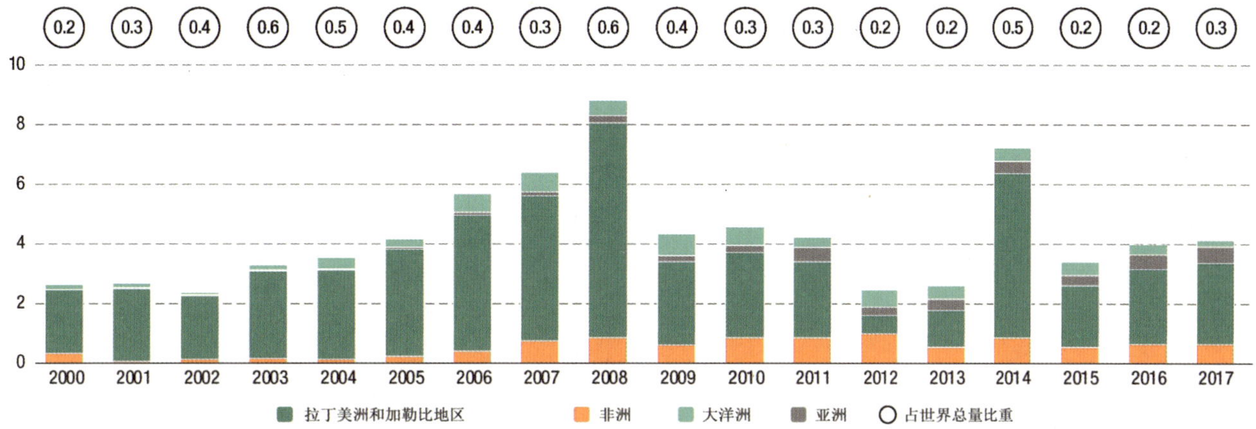

图 B 2000—2017 年 FDI 流入（十亿美元，%）

表 A 2016—2017 年跨国并购行业分布（百万美元）

产业/行业	销售额		购买额	
	2016 年	2017 年	2016 年	2017 年
总量	**83**	**2 615**	**460**	**4 127**
第一产业	**3**	**144**	—	**2 314**
原油开采与天然气	—	—	—	158
金属采矿业	3	144	—	2 156
制造业	**22**	**100**	—	**-30**
化学和化学制品业	22	—	—	—
非金属矿产品	—	100	—	—
机械装备	—	—	—	-30
服务业	**58**	**2 371**	**460**	**1 843**
住宿和餐饮业	23	45	—	—
辅助金融服务及保险业	4	4	-8	2 016
房地产	31	2 322	451	120
卫生和社会工作	—	—	16	-293

表 B　2016—2017 年跨国并购地区/经济体分布（百万美元）

地区/经济体	销售额		购买额	
	2016 年	2017 年	2016 年	2017 年
世界	**83**	**2 615**	**460**	**4 127**
发达经济体	**-5**	**2 652**	**562**	**198**
欧盟	-12	334	539	25
其他欧洲发达国家	—	2 293	—	—
其他发达国家	15	25	—	175
发展中经济体	**379**	**-38**	**-108**	**3 928**
非洲	4	28	100	—
拉丁美洲和加勒比地区	—	140	-417	—
亚洲	375	-206	209	3 928
中国	299	-25	-41	—
中国香港	1	-181	—	-1
印度	—	-300	249	3 925
新加坡	31	300	—	-38

表 C　2016—2017 年已披露的绿地 FDI 项目行业分布（百万美元）

产业/行业	小岛屿发展中国家作为投资目的地		小岛屿发展中国家作为投资者	
	2016 年	2017 年	2016 年	2017 年
总量	**1 868**	**1 988**	**505**	**832**
第一产业	—	—	—	—
制造业	**145**	**245**	**13**	—
金属及其制品业	—	220	—	—
服务业	**1 724**	**1 742**	**492**	**832**
电力、燃气和水的供应业	367	262	—	—
建筑	—	296	—	—
贸易	29	48	29	—
酒店餐饮业	308	812	—	—
交通运输、仓储和通信业	251	107	15	62
金融业	168	15	30	107
商务服务业	592	136	417	622
社区、社会与个人服务业	—	67	—	—

表 D 2016–2017 年已披露的绿地 FDI 项目地区/经济体分布（百万美元）

伙伴地区/经济体	小岛屿发展中国家作为投资目的地		小岛屿发展中国家作为投资者	
	2016 年	2017 年	2016 年	2017 年
世界	**1 868**	**1 988**	**505**	**832**
发达经济体	**524**	**977**	**73**	**124**
荷兰	—	99	—	—
西班牙	195	253	—	—
美国	192	521	—	—
发展中经济体	**1 344**	**1 010**	**432**	**708**
非洲	273	11	70	11
拉丁美洲和加勒比地区	454	23	320	662
亚洲和大洋洲	454	23	320	662
中国	11	229	—	—
中国香港	—	365	—	35
泰国	5	183	—	—
越南	—	107	—	—

流入小岛屿发展中国家（SIDS）的 FDI 已经连续两年增长，达到 41 亿美元，其中加勒比海地区小岛屿发展中国家增幅最大，为 9%。这种增长主要归功于巴巴多斯的旅游业、特立尼达和多巴哥的能源行业的发展。然而，很大程度上，由于巴布亚新几内亚的撤资加速，导致其他地区的 FDI 流入缩水。2016—2017 年已披露的绿地 FDI 项目数停滞不前，凸显了小岛屿发展中国家吸引和维持 FDI 将面临长期挑战。虽然服务业仍将继续占据主导地位，但 FDI 流向该行业的速度在放缓。

流入量

流向加勒比海地区 10 个小岛屿发展中国家的 FDI 增长 9%，至 27 亿美元，而该区域所有经济体 FDI 流入则下降 7%。虽然该区域大多数小岛屿发展中国家 FDI 流入减少，但巴巴多斯（增长 25%，至 2.86 亿美元）、圣基茨和尼维斯（增长 50%，至 1.27 亿美元）以及特立尼达和多巴哥（从 2016 年的-1 700 万美元增至 2017 年的 1.79 亿美元）的强劲增长，将该区域 FDI 流入总额推至三年来最高点。同时，这也受益于巴哈马（下降 2%，至 9.28 亿美元）和牙买加（下降 4%，至 8.88 亿美元）迅速恢复的 FDI 流入。以服务业为基础的巴巴多斯、圣基茨和尼维斯，与旅游有关的建设项目成为其主要驱动力。以能源为基础的特立尼达和多巴哥，石油和天然气领域的再投资负收益下降促成了 FDI 流入反弹（特立尼达和多巴哥中央银行，2018 年）。英国石油（英国）两个项目开始运营。

该地区两个最大的小岛屿发展中国家东道国——巴哈马和牙买加——FDI 流入有所放缓，

但外国投资者依然活跃。巴哈马 2015 年至 2016 年经历 131%的反弹后，2017 年 FDI 流入略有下降，但大型度假村项目巴哈·玛（Baha Mar）的开办创造了近 4 000 个工作岗位。[20]牙买加在 2015 年创造历史纪录后，FDI 流入已连续两年下滑，但仍继续吸引着多样化 FDI。2016 年，酒泉钢铁集团（JISCO）以 2.99 亿美元并购牙买加的铝矿公司阿尔帕特氧化铝厂（Alpart）(WIR17)，以及 2017 年用于扩张而新增的 1.6 亿美元投资，使得牙买加铝土产量强劲增长（牙买加银行，2017 年）。

非洲五个小岛屿发展中国家 FDI 流入下降 2%，至 6.43 亿美元，其中毛里求斯下降 16%。作为该区域最大的 FDI 东道国，由于综合度假村和房地产开发项目放缓，毛里求斯 FDI 流入降至 2.93 亿美元。从 2015 年到 2016 年，来自中国的投资增长了近六倍，而 2016 年到 2017 年，中国的投资减少了一半。[21] 相比较而言，该地区第二大小岛屿发展中国家东道国塞舌尔共和国，则反弹至 1.92 亿美元（上升 24%），这主要是受旅游、电信、制造业、渔业领域已经运营的外国投资者投资新旅游项目以及再投资所带动(塞舌尔央行，2017)。

由于巴布亚新几内亚撤资速度加快，从 2016 年的-4 000 万美元增至 2017 年的-2 亿美元，13 个亚洲和大洋洲的小岛屿发展中国家 FDI 流入下降 8%，至 7.44 亿美元。政策不确定性以及包括外汇管制在内的持续脆弱投资环境（ADB，2017），使得以大宗商品为基础的巴布亚新几内亚难以维持 FDI 流入。一些矿业投资也被搁置。[22] 该地区大多数小岛屿发展中国家都比上年度吸引更多的 FDI；该地区两个最大的小岛屿发展中国家东道国 FDI 都有着可观增长，马尔代夫（增长 13%）达到 5.17 亿美元，斐济（增长 7%）达到 2.99 亿美元。在大型旅游项目驱动下，马尔代夫继续刷新着纪录。2017 年，二十多家度假酒店开业，2018 年期间还将完成二十多个项目。更多外国投资者进入建筑贸易领域，导致流向批发贸易领域的 FDI 在增加。已经实施的项目也进行了强劲再投资。

中国并不是小岛屿发展中国家的前十大 FDI 来源国，但已经成为某些小岛屿发展中国家资本密集型基础设施投资的重要来源地。例如，在牙买加，中国甘肃酒钢集团作为牙买加铝业公司的所有者，同意为开发一个价值 60 亿美元的工业园区提供金融支持。在斐济，中国为多个基础设施项目提供金融支持（包括建造价值 1 500 万美元的两座桥梁），一个价值 5 亿美元的酒店度假村项目计划于 2018 年与中国广东省合作启动。在瓦努阿图，中国优惠贷款为多个公共基础设施项目提供了金融支持，包括一个可容纳 1 000 人的会议中心和卢甘尼维尔码头升级改造项目。

前景

小岛屿发展中国家 FDI 流入仍然很脆弱。2016—2017 年间已披露的绿地投资项目停滞不前（2016 年 36 个项目投入 19 亿美元，2017 年 36 个项目投入 20 亿美元)，远低于 2014 年和 2015 年的水平。这凸显了在吸引新的、更多大规模 FDI 方面，小岛屿发展中国家面临长期挑战。在加勒比海地区，可再生能源方面的政策发展有望促进管道建设领域 FDI 项目的实施，并在未来几年吸引更多 FDI 项目。鉴于已公布项目和基础设施公私合营计划（PPPs）的高度集中分布，只有极少数小岛屿发展中国家有望迎来 FDI 流入的显著增长。

例如，2017 年，在加勒比海小岛屿发展中国家中，牙买加拥有跨国公司投资的大型基础设施合作项目（PPPs）[23]，由此吸引的绿地项目达到最高值。在圣卢西亚，2013—2017 年 FDI 流入稳定在 9 000 万美元左右，2017 年，酒店和房地产行业资本支出计划超过 5 亿美元。在非洲，毛里求斯吸引了绝大部分的服务业 FDI。在大洋洲，斐济吸引了多元化的投资项目，包括希尔顿全球（美国）酒店建设项目、中国拥有的瓦图科乌拉金矿 4 000 万美元升级项目，以及道格拉斯制药（澳大利亚）1 000 万美元扩建项目。巴布亚新几内亚 FDI 流入在下降，但这个国家的资源优势仍对跨国公司具有吸引力。在马来西亚，2018 年亚太经合组织（APEC）峰会的筹备使得接待和餐饮行业投资激增，短期前景乐观。

注释

[1] 披露的绿地项目价值显示投资者在公告发布时的资本支出计划。其数据可能与官方 FDI 数据有很大差异。这是由于公司可能进行当地融资和实施分阶段投资，项目可能被取消或不在公布的当年实施。

[2] Ibeh, K. I. N.（2018），为什么非洲的跨国公司在他们家乡之外投资？他们应该吗？跨国公司, 25（1）：43-72。

[3] 中国商务部。

[4] 例如，对 100 个主要东盟公司的调查表明，它们活跃于多个东盟国家，同时显示出它们涉足地区的扩张（东盟秘书处和贸发会议，2017 年）。

[5] 三星电子集团（越南）总经理沈沅焕（Shim Won Hwan）的评论（https://vietnam.vnanet.vn）。

[6] 印度石油天然气公司海外勘探子公司（ONGC Videsh）收购了万科尔石油公司（Vankorneft）在纳米比亚近海区块 15%的股份，人造卫星国际（https://sputniknews.com）。

[7] 2018 年 3 月 5 日，第 13 届中华人民共和国全国人民代表大会第一次会议上，国务院总理李克强关于政府工作的报告，以及 2018 年 4 月 10 日中国国家主席习近平在博鳌亚洲论坛开幕式上的讲话。

[8] 例如，包括阿拉伯联合酋长国的 2021 愿景和沙特阿拉伯的 2030 愿景。

[9] 彭博，“据说，亚马逊在数据中心比赛中让阿根廷和智利对决。” 2018 年 1 月 14 日。

[10] 公平观察者，“拉丁美洲 2018：为什么商品还是王？” 2018 年 1 月 14 日。

[11] 锂新闻，“智利，韩国，中国公司在智利的锂产品投资”，2018 年 3 月 12 日。www.indmin.com/Lithium-LatestNews.html。

[12] FDI 市场，“秘鲁翻过新的一页”，2017 年 12 月/2018 年 1 月。

[13] 路透社，“等待好日子，跨国公司让委内瑞拉机构勉强活了下来”，2017 年 10 月 6 日。

[14] 在这份 FDI 来源地的金融中心名单中，需增加巴哈马（占流入的 19%），百慕大（5%）和英属维尔京群岛（4%）。

[15] “外国所有权变化”这类交易占 2016 年所有交易的 8%，2017 年则占 42%。2016 年撤资交易占 7%，2017 年占 12%。

[16] 美国财政部，“简报：财政倒置条例与拟提议的收益剥离规则”，2016 年 4 月 4 日。

[17] “里约热内卢同意出售煤炭联合公司”，里约热内卢媒体发布，2017 年 1 月 24 日。

[18] 随着 2017 年 6 月赤道几内亚脱离 LDC 名单，非洲的 LDCs 变成了 33 个。所以，总的 LDCs 数量为 47 个。

[19] 两家中国制造商宣布新的金属产品投资计划，总额超过 4.2 亿美元。在一宗跨境并购交易中，麦克莫兰自由港（美国）以 28 亿美元将其在刚果民主共和国的股份出售给中国洛钼集团（WIR17）。

[20] 国际货币基金组织，“巴哈马群岛：2018

第四条款任务的最终声明”，2018 年 3 月 28 日，www.imf.org。

[21] 根据毛里求斯银行提供的初步数据，“2017 年的直接投资总额(初步)”，www.bom.mu。

[22] EIU 国家报告：巴布亚新几内亚，2018 年 2 月。

[23] 在旧港口综合循环电站项目（3.3 亿美元）上，韩国东西部电力（韩国）和丸红株式会社（日本）各持 25%的股份。耗资 6 000 万美元的太阳能发电项目（建造、拥有和运营）由法国独立电力公司（Neoen，澳大利亚）和 Rekamniar 资本有限公司（英国）所有，同时受到了美国国际开发署清洁能源机构为加勒比海和中美洲提供的金融支持。（http://ppi.worldbank.org/ppinew/snapshots/country/jamaica）

近期政策发展和关键议题

第三章

第一节 国别投资政策

一、总体趋势

大多数国家在2017年继续积极吸引FDI，并且投资自由化或促进措施占比相较于2016年有所上升。然而，最近几个月以来对投资进行限制或监管的政策措施占比也在增加，一些国家对外资并购持更为审慎的立场。此外，旨在强化投资审查机制的其他方式方法也在讨论之中，在一些发达国家尤甚。

2017年，据UNCTAD统计，65个经济体通过了126项与外资相关的政策措施。[1] 从国家数量和政策变化数量看，这些数据均为过去十年来的最高值。在全部126项投资政策措施中，93项旨在促进投资及其自由化和便利化，18项旨在引入限制或监管，剩下15项措施效果是中性或不确定的（见表3.1）。在所有措施中，投资自由化和投资促进措施的占比攀升至84%，较2016年上升5%（见图3.1）。新的针对外国投资者的限制或监管主要基于国家安全、本土生产者的竞争或土地和自然资源的外资所有权考虑。

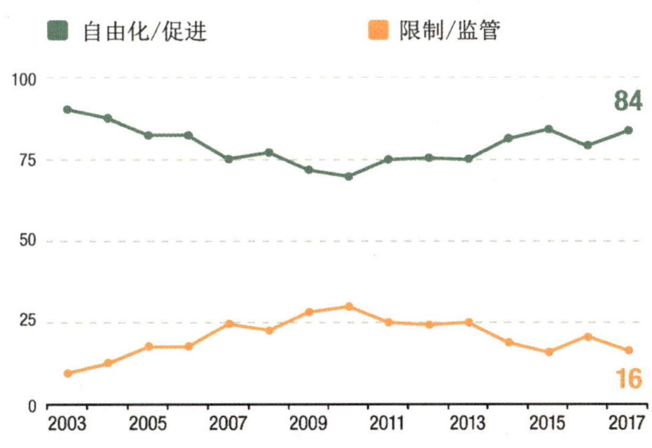

图3.1 2003—2017年国家投资政策变化（%）

资料来源：UNCTAD，投资政策监测数据库。

表 3.1　2003—2017 年国家投资政策变化（措施数量）

类别＼年份	2003	2004	2005	2006	2007	2008	2009	2010	2011	2012	2013	2014	2015	2016	2017
引入政策变化的国家数量	59	79	77	70	49	40	46	54	51	57	60	41	49	59	65
政策变化数量	**125**	**164**	**144**	**126**	**79**	**68**	**89**	**116**	**86**	**92**	**87**	**74**	**100**	**125**	**126**
自由化/促进	113	142	118	104	58	51	61	77	62	65	63	52	75	84	93
限制/监管	12	20	25	22	19	15	24	33	21	21	21	12	14	22	18
中性/待定[a]	—	2	1	—	2	2	4	6	3	6	3	10	11	19	15

资料来源：UNCTAD，投资政策监控数据库。

注：a：一些情形下，投资措施对投资的预期影响不确定。

从地区看，亚洲发展中国家在采取投资政策措施方面继续领先。非洲国家、转型经济体和欧洲也引入了大量措施（见图 3.2）。

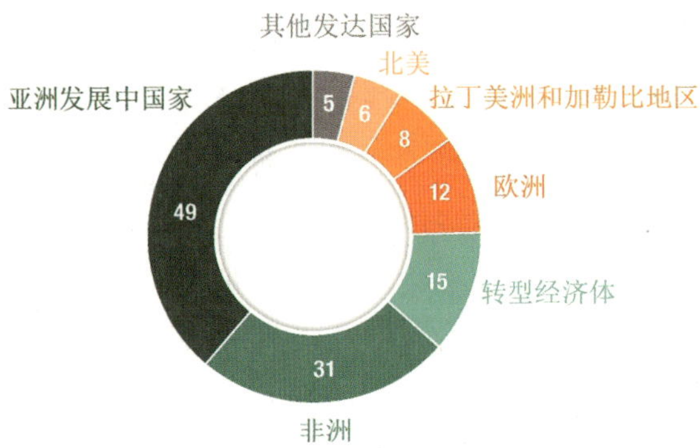

图 3.2　2017 年国家投资政策的区域分布

资料来源：UNCTAD，投资政策监测数据库。

与 2017 年外国投资的总体良性发展形成对比的是，最近几个月对投资进行限制或监管的政策措施占比显著上升。2017 年 10 月至 2018 年 4 月，约 30%的新引入措施属于限制或监管类。一些国家对外资并购采取了更为审慎的立场，尤其是当这些并购涉及国家安全或国内战略资产出售时。此外，旨在强化投资审查机制的其他方式方法也在讨论之中，在一些发达国家尤甚（参见第四章）。

（一）2017 年投资自由化凸显

自由化是 2017 年投资政策措施最为突出的特征。[2] 约三分之一的政策措施与运输、能源和制造业的投资自由化部分或全部相关。

1. 亚洲国家的投资自由化尤其活跃

正如前几年那样，亚洲新兴经济体表现最为活跃。中国对其 11 个自由贸易区的负面清单进行修订，放宽了一些行业的投资限制。中国也发布了新版外商投资产业指导目录，其中外资准入限制措施数量从 93 项减少至 63 项，并在服务业、制造业和采矿业开放了更多领域。中国还就对外投资商业领域发布了鼓励、限制和禁止类指导意见。2018 年 4 月，中国公布了汽车和金融行业的自由化时间表。2018 年 1 月，印度放宽了单一品牌零售贸易、航空和能源交易等数个行业的外资流入限制。

老挝人民民主共和国废除了特定外国投资者的最低注册资本要求。在缅甸最近通过的公司法中，在国内公司不丧失其所属“本土公司”身份的前提下，允许外国投资者最多持有35%的股份。缅甸公司法还允许外国公司参与到肥料、种子、杀虫剂、医疗设备和建筑材料的贸易当中。此前，只有本土公司以及本土和外商的合资公司才被允许这样做。沙特阿拉伯将工程服务及与此相关的咨询服务业全面自由化，作为投资者的公司具有至少十年历史且至少在四个国家运营。越南对其附加条件的经营业务清单进行了修订，该清单此前要求国内和外国公司必须满足特定的“业务条件”（例如，技术和员工要求）。尽管又有 16 项业务条件被引入清单，但有 24 项（业务条件总共是 267 项）被废除。

其他地区也采纳了一些值得注意的投资自由化措施。例如，埃及引入了新的法律以设立天然气监管机构，该监管机构主管执照颁发并为开放天然气市场引入竞争机制。墨西哥提高了船舶、飞机和铁路设备的燃料和润滑剂供应以及特定航空运输服务业的外资所有权上限。坦桑尼亚联合共和国允许外国投资者获得电信公司上市实收资本（paid-up capital）的股权。津巴布韦取消了钻石和铂金产业外的本土控股（majority-indigenous）门槛。2018 年，安哥拉通过了一项新的投资法，废除了外国投资者的合资要求以及最低投资要求。该投资法不适用于石油和矿产征收以及与特别法管理下的金融机构有关的活动。

2. 若干国家正在进行的私有化

2017 年投资政策的另一个重要特征是私有化，若干国家实施了有益于国内和外国投资者的全面或部分私有化。例如，巴西将四个机场的经营权授予三个欧洲集团。科特迪瓦政府批准科特迪瓦国有矿业集团（Sodemi）出售其在艾提金矿（Ity）黄金项目 30%的股权。希腊与一家德国财团就 14 个区域性机场签订了特许合同。2018 年，该国还将塞萨洛尼基港 67%的股权出售给由多个投资者组成的财团。黑山共和国出售了该国其中一个大型港口运营商（Luka Bar）和铁路货运公司（Montecargo）的公共股权。葡萄牙与私募股权基金孤星基金（Lone Star）签订了协议，出售曾获葡萄牙政府注资救助的葡萄牙（Novo Banco）银行（前身为葡萄牙圣灵银行）75%的股权。乌兹别克斯坦颁布了一项法令以简化国家财产出售程序并加速其流程，减少私有化行政壁垒。越南将其最大的啤酒制造商（Sabeco）54%的股权私有化。另外，越南还颁布了一项法令以提升国有企业私有化的便利度，例如缩短战略伙伴的锁定期（lock-in period）。

（二）投资便利化和促进方面的持续努力

投资便利化和促进继续成为 2017 年新投资政策措施的主要组成部分。

1. 大量国家简化行政程序

阿根廷出台了一项包括 170 项措施的法令，旨在废除那些被认为会降低国家竞争力的规章条例。澳大利亚通过简化相关规定和费用结构为其外国投资框架带来一系列改变。阿塞拜疆为颁发商业执照和许可设立单一在线门户。贝宁启动在线平台（iGuide）以向国内和外国投资者提供关于商业设立和发展计划的信息。哥伦比亚促进其外国投资注册方案的现代化，尤其是废除了注册截止期限的规定。多米尼加共和国设立了多米尼加投资促进机构（ProDominicana），这是一个旨在促进外国直接投资（FDI）和出口及其便利化的机构。埃及颁布工业许可法及实施细则，旨在简化获取工业许可的流程，该国一项新的投资法也已生效，旨在通过提供更多激励、减少官僚主义和简化行政程序来促进国内和外国投资。印度废除了外国投资促进委员会并为处理FDI申请颁布了标准操作程序，涉及主管当局的指令和申请期限等。印度尼西亚对商业设立所涉投资注册程序的执照要求进行了更替。约旦简化了相关规定以促进投资和改善投资环境。毛里求斯引入2017年商业促进法，以消除与投资相关的监管和行政瓶颈。菲律宾启动了被称为“菲律宾商业数据银行”的数字化平台，旨在缩短申请更新许可所需的时间。南非启动了“投资南非一站式服务计划”并将其作为政府的施政重点，为所有投资者的注册和执照申请提供了协调和便利。

2. 投资激励仍是重要的促进工具

若干国家引入财政和金融激励来吸引外国投资。韩国重构了高科技行业外国公司的税收激励并扩大了其收益。老挝人民民主共和国颁布了新的投资促进法，提供各类激励以吸引投资进入上升行业和困顿行业。摩洛哥制定了新的金融法，为新设立的业内公司在一段时期内免除公司所得税。尼日利亚授予创意产业“新兴工业地位”（Pioneer Status）并将27个行业纳入新兴工业之列，这些行业均可享受相关激励好处。泰国引入新的投资促进法，为先进技术和创新活动以及研发（R&D）提供更多激励。突尼斯通过了一项税收激励法案，旨在通过聚焦下一阶段的优先事项来简化引进外资流程体系。美国引入税收减免和工作法案，通过公司所得税减免和其他措施来鼓励跨国企业海外资金回流。

3. 新经济特区（SEZs）的设立

若干国家设立了或对现有 SEZs 有关政策进行了修订。例如，孟加拉国批准设立了四个 SEZs。刚果引入了实施刚果经济多样化和创设 SEZs 的两项法律。埃及颁布了一项法令以设立“金三角经济区”。墨西哥在恰帕斯港、夸察夸尔科斯港和拉萨罗卡德纳斯港设立了三个 SEZs。越南为和乐高科技园区提供了若干激励措施，包括税收优惠待遇、土地使用激励和外国雇员移居的优惠条件。津巴布韦免除了在 SEZs 内运营的投资者的进口设备、原材料及产品税，前提是上述设备、材料和产品在 SEZs 内使用。2018 年，泰国制定了东部经济走廊（EEC）法案，为 EEC 内的投资者提供诸如税收补贴、土地所有权和签证颁发等激励。

4. 投资争端解决机制的国内改革

同时，若干国家对其国内投资争端解决机制进行改革。斐济和卡塔尔在很大程度上基于《联合国国际贸易法委员会（UNCITRAL）国际商事仲裁示范法》分别制定了新的仲裁法。沙特阿拉伯颁布了仲裁法实施细则以改善其商业环境。

（三）新的投资限制或监管主要反映了对国家安全以及土地和自然资源外资所有权的担忧

1. 对外国投资基于国家安全考虑的担忧上升

若干国家引入新的投资限制或监管，主要体现为对国家安全或战略性行业内外国投资的担忧。例如，中国对个别国有企业的对外投资加以限制。德国和日本对其外国投资审查机制进行了修订，主要是为了明晰所适用的规定并弥补其缺陷。意大利运用政府所谓的“黄金权力”（golden powers）来阻止非欧盟公司在高科技行业发起的可能严重威胁国家利益或给公共秩序和国家安全带来风险的并购。俄罗斯联邦引入若干针对离岸公司对其投资的禁止措施，并且规定涉及国防和国家安全战略性重要资产的特定交易需要提前经过政府批准。委内瑞拉玻利瓦尔共和国公布了外国生产投资法，该法规定外国投资者不能直接或间接参与国家政治辩论。2018 年，立陶宛对一项与企业有关的法律进行了修订，主要是寻求在某些经济部门或在某些保护区进行投资时保障国家安全。

最近，一些发达经济体已在考虑或准备将更多变化引入与国家安全有关的投资审查程序。例如，在法国、德国和意大利提出倡议后[3]，欧盟委员会在 2017 年 9 月计划设立一个覆盖欧盟的 FDI 审查框架，旨在保护涉及引发安全和公共秩序争议的 FDI 合法利益。[4] 2017 年 10 月，英国政府公布了名为《国家安全和基础设施投资审查》的提案（绿皮书），就重构外国投资审查机制征求意见。[5] 2018 年 1 月，美国政府声称将支持国会通过《2017 年外国投资风险审查现代化法案》，该法案旨在扩大美国外资委员会（CFIUS）的交易审查范围以更加有效地解决国家安全问题。[6]

2. 针对外国投资者获得土地和自然资源的新规定

若干国家就外国投资者获得土地和自然资源所有权采取了新的规定。澳大利亚向未开发利用的住宅类房地产外国所有者进行年度收费并增加了外国投资者购买房地产时的审批费用。另外，澳大利亚还针对外国人收购特定房地产业资产引入了大量限制。加拿大的地方行政区（territorial subdivision）针对房产市场过热地区的住宅购置引入了非居民投机税。新西兰收紧了外资并购敏感土地的审查程序。南非引入了新的采矿业章程，提高了矿业公司黑人所有权的最低门槛。坦桑尼亚联合共和国通过了新的采矿法，除其他内容外，还要求政府持有采矿和能源项目至少 16% 的股权。

3. 若干国家引入新的本地化成分要求

若干国家对投资者施以本地化成分要求。例如，印度尼西亚将在印尼市场出售国产 4G 智能手机的最低本地含量要求，从 20%提升至 30%。肯尼亚强化了对现有采矿权持有者的本土采购要求。2018 年，坦桑尼亚联合共和国批准了单独的《采矿业本地化成分管理规定》以促进对采矿业价值链中本土专业知识、商品和服务、商业和金融的利用。

二、影响外国投资者的并购管控

2017 年，一些东道国政府拒绝各类外国并购的案例增多，尤其是这些并购案涉及将国内核心或战略性资产出售给外国投资者时。在价值超过 1 亿美元的跨境并购中，至少有 10 项交易出于监管或政治原因被撤回——较 2016 年增加了 3 项。根据交易数量计算，这相当于 2017 年 1 亿美元以上跨境并购的 17%。在价值 0.5 亿美元至 1 亿美元的 12 项并购中，有一项因监管原因被撤回。

因监管或政治原因被撤回的并购主要分布在高技术制造业（如半导体和电子器件）、金融服务业、数字地图服务业、安全服务和电信业。

从目标公司所属母国经济体看，美国位列第一，其次是新西兰。从购买者方面看，来自中国的投资者所受影响最大。

在 2017 年撤回的 11 项交易中，3 项出于国家安全考虑而在审查过程中被终止，这些交易全部与中国或德国投资者试图获取包括半导体制造在内的高科技企业的资产有关。

2017年撤回交易中有5项是由于竞争管理机构的担忧被撤回与竞争管理机构的，另有一项外国并购基于审慎监管原因而被中止。关于后者，由于新西兰主管机构无法确定并购方的所有权结构，计划收购被否决。

此外，2017 年撤回的其中一项并购是基于其他监管原因，而另一项是因为所涉公司不愿意长时间等待东道国批准（见表 3.2）。

2018 年前四个月，2017 年的趋势得以延续，甚至更加严峻（见表 3.3）。2018 年 1—4 月，7 项交易被终止，大部分是在美国，这超过了 2017 年撤回交易的 60%。

表 3.2　2017 年基于监管或政治原因被撤回的外国并购（例示清单）

基于国家安全原因	
英飞凌科技公司—科锐旗下疾狼公司（Wolfspeed）[a]	2017 年 1 月 16 日，科锐（美国）宣布将终止向英飞凌科技公司（德国）出售旗下 Wolfspeed（包括碳化硅基板业务在内）的协议，称“科锐和英飞凌无法解决美国外资委员会（CFIUS）关于国家安全的担忧，因此所提出的交易将被终止”。
峡谷桥资本合伙有限责任公司—莱迪思半导体公司 [b]	2017 年 9 月 13 日，美国总统发布总统令以禁止一家中国背景的私募股权企业对莱迪思半导体公司发起的并购。总统是基于 CFIUS 的建议，CFIUS 发现该并购案的投资者包括国有控股的风险投资基金，可能会威胁到美国国家安全。
四维图新领投的财团—瀚和地图国际公司（HERE International BV）[c]	2017 年 9 月 26 日，继 CFIUS 反对之后，数字地图供应商四维图新带领的一众投资者放弃了其对数字地图服务和软件公司 HERE International BV 10%的股权收购。
基于竞争原因	
贝恩资本基金—Resilux 创新包装公司（Resilux NV）[d]	2017 年 3 月 28 日，贝恩资本基金（美国）撤回了其在一项杠杆交易中对 Resilux NV 全部股权发起的要约收购，后者是一家总部设在比利时的包装公司，原因是德国对原定的联合并购适用了反托拉斯法。
伦敦证券交易所—德意志交易所集团 [e]	2017 年 3 月 29 日，欧盟委员会否决了德意志交易所集团和伦敦证券交易所之间的并购计划。该委员会认为两家大型证券交易运营商的兼并可能对债券市场产生垄断效应，此外，并购还将降低单一股票衍生工具交易和清算的同业竞争。
中安消股份有限公司—康萨内特控股公司 [f]	中安消股份有限公司是一家中资安保公司，在 2017 年 4 月撤回了其对康萨内特控股公司（波兰）的并购计划，后者是一家安保和巡逻服务供应商，原因是波兰反垄断机构对由此产生的市场集中度问题有所担忧。
新西兰维罗保险有限公司—陶尔有限公司 [g]	新西兰维罗保险有限公司（澳大利亚金融公司托普集团是其最终拥有者）撤回了其对总部设在新西兰的陶尔保险公司 80% 的股权收购要约。2017 年 7 月，新西兰商业委员会否决了该项收购计划，原因是该项并购将显著降低个人保险市场的竞争。
梅利塔有限公司—沃达丰马耳他有限公司 [h]	2017 年 12 月 8 日，沃达丰集团撤回其试图将沃达丰马耳他（无线电信运营商）和梅利塔有限公司合并，从而在马耳他设立一家完全一体化电信公司的计划。在媒体发布会上，沃达丰称各方决定终止交易，因为其清楚地知道无法满足马耳他反垄断机构的要求。
基于审慎原因	
新西兰拖车租赁公司（TIP）—海航控股有限公司—新西兰 UDC 金融有限公司 [i]	2017 年 12 月 21 日，新西兰海外投资办公室（OIO）否决了新西兰 TIP—海航控股有限公司对 UDC 金融有限公司（澳新银行子公司）100%股权的收购申请。OIO 强调交易方所提供的所有权和股权控制信息并不充分。海航集团是一家来自中国南方的航空公司。

续表

基于其他监管原因	
海豚基金有限公司—FIH 集团[j]	2017 年 4 月，海豚基金有限公司（由阿根廷投资者所有）撤回了其对 FIH 集团（英国）的收购要约，后者在福克兰群岛的经济中扮演重要角色。此前，福克兰群岛政府致函 FIH，宣称如果公司所有权发生变化，FIH 将丧失无须经过许可即可获得土地的权利。
在等待东道国批准时撤回	
考恩集团—中国华信能源有限公司	在一项私下进行谈判的交易中，中国华信能源有限公司协议收购考恩集团（美国）19.9%的股权，后者是一家投资银行。然而，2017 年 11 月 24 日，双方宣布一致同意从 CFIUS 撤回申请，原因在于 CFIUS 安全审查存在延期和不确定性。

资料来源：UNCTAD 基于跨境并购数据库（www.unctad.org-fdistatistics）。

注：a：https://www.sec.gov/Archives/edgar/data/895419/000089541917000021/ex9918k021617.htm.

b：https://www.treasury.gov/press-center/press-releases/Pages/sm0157.aspx.

c：http://www.navinfo.com/news/detail.aspx?id=1217&sort=1.

d：https://www.resilux.com/downloads/press/RESILUX-20170328-EN-Resilux%20-%20Bain%20Capital.pdf.

e：http://europa.eu/rapid/press-release_IP-17-789_en.htm.

f：https://www.uokik.gov.pl/koncentracje.php?news_id=13094&print=1.

g：http://www.comcom.govt.nz/the-commission/media-centre/media-releases/2017/commission-declines-vero-insurance-clearance-to-acquire-tower-/.

h：http://www.vodafone.com/content/index/media/vodafone-group-releases/2017/termination-merger-malta-and-melita.html.

i：https://www.linz.govt.nz/news/2017-12/overseas-investment-office-declinies-consent-tip-hna.

j：http://en.mercopress.com/2017/04/14/falklands-dolphin-fund-desists-from-taking-over-fh-group-at-this-time.

k：http://www.cowen.com/news/cowen-and-cefc-china-announce-mutual-agreement-to-withdrawal-from-fling-with-the-cfius.

表 3.3　2018 年 1—4 月基于监管或政治原因撤回的外国并购（例示清单）

基于国家安全原因	
蚂蚁金融服务集团—速汇金国际公司（MoneyGram）国际公司[a]	2018 年 1 月 2 日，蚂蚁金服（中国）撤回其收购 MoneyGram 国际公司（美国）全部资本的要约，后者是一家金融交易服务供应商。根据 MoneyGram 的声明，CFIUS 表示该项并购将不被通过，双方因而一致决定终止交易。
蓝色光标国际有限公司—Cogint 公司[b]	2018 年 2 月 20 日，数字解决方案供应商 Cogint 公司（美国）和蓝色光标国际有限公司（香港）协议终止业务合并计划。Cogint 公司称，CFIUS 示意将不会批准该项交易。
华芯投资管理有限公司（Unic）—兴森（Xcerra）公司[c]	2018 年 2 月 22 日，电子信号测试仪器制造商 Xcerra 公司（美国）终止其与 Unic 资本管理公司和中国集成电路产业投资基金的并购协议。Xcerra 公司称在收到 CFIUS 的细致审查反馈后，其认为这项并购通过的概率非常低。
博通有限公司—高通公司[d]	2018 年 3 月 12 日，美国总统基于国家安全原因禁止博通有限公司（新加坡）对芯片制造商高通公司（美国）展开收购。2018 年 2 月，博通曾对高通提出 1 170 亿美元的收购要约。
基于审慎原因	
中国投资者领投的财团—芝加哥证券交易所[e]	2018 年 2 月 15 日，美国证券交易委员会（SEC）否决了由中国投资者发起的对芝加哥证券交易所的并购。SEC 在一项声明中称，审查过程对“（未来的）所有权结构能否容许委员会对交易所进行充分监管”提出异议。

续表

基于其他监管原因	
风神轮胎有限公司—倍耐力工业轮胎公司（Prometeon Tyre Group Srl.）[f]	风神轮胎有限公司（中国）撤回其在一项股票互换交易中试图从另一个投资者处获得轮胎制造和批发商 Prometeon 轮胎集团（意大利）90%股权的收购要约。2018 年 1 月 4 日，风神发布一项声明称，中国在 2017 年 12 月 31 日的截止日前将不会批准该项海外并购。相关各方无法就延期达成共识，因而交易被终止。
等待东道国批准时撤回	
华平印度—塔塔技术有限公司[g]	2018 年 2 月，私募股权华平（美国）在印度的分支机构撤回其对印度技术有限公司 43%的股权并购要约，后者为印度最大的卡车制造商塔塔汽车公司提供工程和设计服务。在一项媒体声明中，塔塔汽车公司称，该交易被双方终止，"因为安全审查程序被延期且市场挑战导致公司近期表现无法达到内部门槛"。

资料来源：UNCTAD。

注：a：https://www.sec.gov/Archives/edgar/data/1273931/000119312518000668/d517771d8k.htm.

b：https://www.sec.gov/Archives/edgar/data/1460329/000129993318000201/htm_55915.htm.

c：https://www.sec.gov/Archives/edgar/data/357020/000119312518054209/d533034d8k.htm.

d：https://www.whitehouse.gov/presidential-actions/presidential-order-regarding-proposed-takeover-qualcomm-incorporated-broadcom-limited.

e：https://www.sec.gov/rules/sro/chx/2018/34-82727.pdf.

f：http://static.sse.com.cn/disclosure/listedinfo/announcement/c/2018-01-05/600469_20180105_6.pdf.

g：https://www.bloombergquint.com/business/2018/02/05/warburg-pincus-calls-off-tata-tech-investment.

第二节　国际投资政策

一、国际投资体制的新近发展

（一）IIAs 的签订和谈判趋势

投资协定制定面临转折点。2017 年签订的国际投资协定（IIAs）数量创下 1983 年以来的历史新低，标志着进入对国际投资政策的反思与审查阶段。另外，被终止的协定数量首次超过了新签订的 IIA 数量。与此相对，一些大型区域协定谈判仍然势头强劲，在非洲和亚洲尤甚。

1. IIAs 的签订进展

2017 年新签订 18 项 IIAs，这使得年底时协定总数达到 3 322 项。这是 1983 年以来签订 IIAs 数量最少的一年，并且被终止的协定数量首次超过新签订的 IIA 数量。

2017 年，各国新签订的 IIAs 共计 18 项：9 项双边投资协定（BITs）和 9 项包括投资条款的其他协定（TIPs）。[7] 这使得全球 IIAs 数量达到 3 322 项（2 946 项 BITs 和 376 项 TIPs），截至 2017 年底，其中 2 638 项已经生效（图 3.3）。最活跃的经济体是签订了 4 项协定的土耳其，其次是签订了两项协定的中国香港。45 个经济体各自成为一项新协定的缔约方。在 18 项新签订的 IIAs 中，3 项是区域协定（东盟—中国香港投资协定、南方共同市场（MERCOSUR）区内投资便利化议定书以及澳大利亚、新西兰和 12 个太平洋岛国间的太平洋更紧密经济关系（PACER Plus）协定）。[8] 此外，15 项 IIAs 生效。在 2018 年 1—3 月间，又签订了 3 项 IIAs。[9]

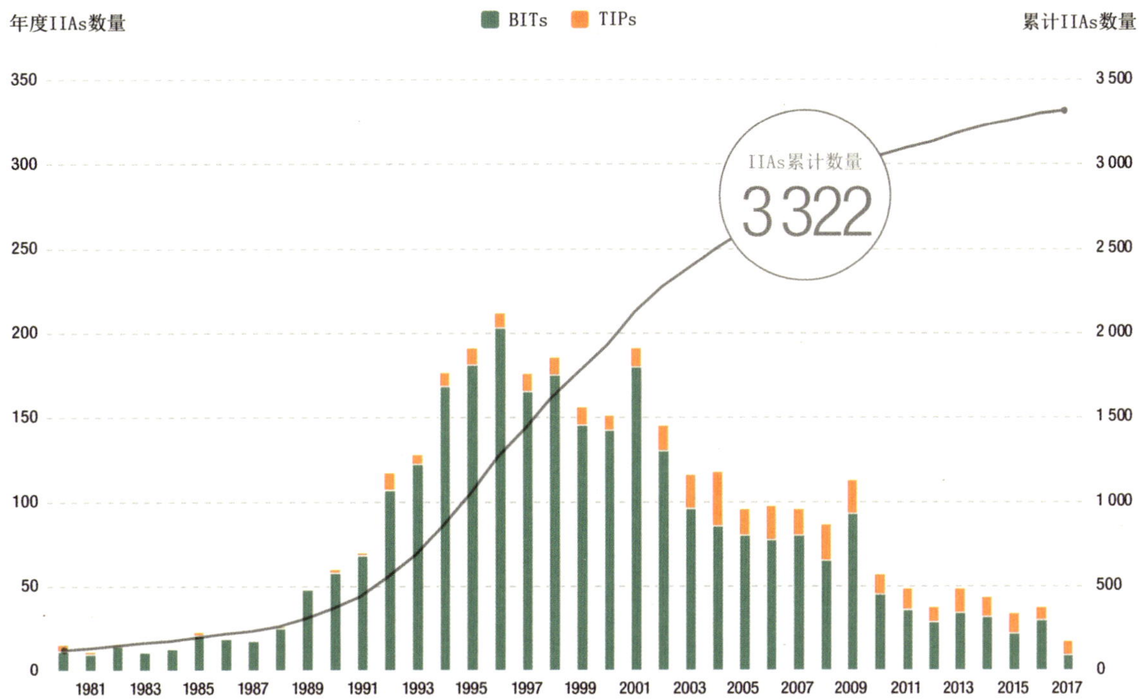

图 3.3　1980—2017 年签订的 IIAs 数量趋势图

资料来源：UNCTAD，IIA 数据库。

注：全部已签订 IIAs 累计数量是 3 322 项，无关其是否已经生效，不包括已经生效但终止的 IIAs。

与此同时，对至少 22 项协定的终止已生效（“效力终止”）。印度表现尤其活跃，共终止了 17 项协定。厄瓜多尔在 2017 年发出 16 项终止告知函。[10] 在欧盟（EU）内部的 BITs 中，至少有两项协定终止在 2017 年生效（参见 WIR17）。[11]

被终止的协定数量（22 项）首次超过新签订的协定数量（18 项）或新生效的协定数量（15 项）。然而，2017 年签订 IIAs 数量较少并不必然意味着国家间协定关系较少。不同于 BITs，一项 IIA 会创造诸多协定关系，这取决于协定缔约方的数量。[12]

此外，协定终止也需要被置于效力存续条款（survival clause）下考虑，据此协定终止后还将继续适用一段时间（其中一些为 5 年，但更常见的情况是 10 年、15 年乃至 20 年）。IIAs 存量仍然很大，总计超过 3 300 项，其中大部分属于有待改革的“第一代”IIAs。

2017 年签订的 TIPs 可被分为四类：

（1）四项协定含有 BITs 中的常见义务，包括投资保护的实质性标准：

- 阿根廷—智利自由贸易协定（FTA）。
- 东盟—中国香港投资协定。[13]
- 中国香港—中国内地投资协定。[14]
- 太平洋更紧密经济关系协定（PACER

Plus）。[15]

（2）一项协定包含强调投资促进和便利化的投资条款以及数项投资保护条款——不含投资者—国家争端解决（ISDS）条款：

• MERCOSUR 区内投资便利化议定书（2017）。

（3）一项协定包含限制性投资条款（例如，涉及公司设立权的国民待遇（NT）和最惠国待遇（MFN））以及与直接投资有关的资金自由转移条款：

• 亚美尼亚—欧盟全面加强伙伴关系协定。

（4）三项协定确立了谈判机制或促进投资及合作的制度性框架，但不包括投资保护的实质性条款：

• 巴拉圭—美国贸易和投资框架协定（TIFA）。

• 智利—印度尼西亚全面经济伙伴关系协定。[16]

• 中国—格鲁吉亚自由贸易协定（FTA）。

2. 区域层面的进展

2017 年大型区域协定谈判仍然势头强劲，非洲和亚洲尤甚。欧盟继续与日本等国家展开数个 FTA 谈判。包括投资章节在内的 NAFTA 重新谈判已经开始。此外，一些国家正在为投资政策制定非约束性指导原则。

非洲大陆自由贸易区（CFTA）：2017 年 12 月非盟（AU）部长级会议结束了由 55 个非洲经济体参与的 CFTA 第一阶段谈判。部长们批准了共同设立 CFTA 和服务贸易议定书的协议，并同意设立 CFTA 秘书处。各国首脑在 2018 年 3 月签署了 CFTA。下一阶段的谈判将聚焦竞争、知识产权和投资章节文本。

非洲、加勒比海和太平洋（ACP）国家集团——ACP 国家投资政策制定指导原则：79 个 ACP 成员国与 UNCTAD 共同制定指导原则。该原则基于 UNCTAD 的可持续发展投资政策框架（2015 版），体现了 ACP 国家对投资政策制定的特别关注和优先考虑，并凸显了这些发展中国家、最不发达国家（LDCs）和小岛屿发展中国家（SIDS）的具体需求和担忧。2017 年 6 月，ACP 大使委员会批准了上述非约束性原则。

东非和南部非洲共同体共同投资协定（CCIA）：对 CCIA 文本的修订旨在强化协定的可持续发展导向以及保障东道国对当地投资的监管权。修订后的文本在 2017 年 9 月被提交至 COMESA 法律事务委员会。

全面与进步跨太平洋伙伴关系协定（CPTPP）：继美国在 2017 年 1 月退出跨太平洋伙伴关系协定（TPP）后，TPP 的 11 个谈判方[17]于 2017 年 11 月就 CPTPP 的核心内容达成一致。附录列出了将被保留至 CPTPP 的 TPP 协定条款以及那些将被搁置的条款。关于投资（协定第 9 章），各方同意搁置与投资协定、投资批准和仲裁员选择相关的（部分）条款适用。该协定于 2018 年 3 月在智利签订，将会在 11 个成员国中 6 个批准后，协定正式生效。

欧盟和日本间的经济伙伴协定（EPA）：2017 年 12 月，欧盟宣布与日本的 EPA 谈判已经结束。然而，关于投资章节，若干部分仍有待继续谈判。欧盟在谈判中曾提出关于投资法庭制度的改革提案。

欧盟和墨西哥间的自由贸易协定（FTA）：2018 年 4 月，欧盟和墨西哥就 1997 经济伙伴关系以及政治协调与合作协定的现代化达成一致，各章节体现了投资所扮演的重要角色。该协定涉及投资法庭制度的设立（遵循近期欧盟和加拿大间的协定（全面经济和贸易协定，CETA）以及新加坡和越南间的协定所包含的法庭制度）。

北美自由贸易协定（NAFTA）：NAFTA 各方（加拿大、墨西哥和美国）就协定展开数轮重新谈判。尽管少数几个章节已经完成谈判（例如，竞争力以及关税和边境贸易便利化），截至报告撰写时投资章节仍未确定。包括 ISDS 适用在内的若干提议在 2018 年早些时候已经披露。[18]

区域全面经济伙伴关系（RCEP）：RCEP 的谈判继续，涉及 10 个东盟（ASEAN）成员国[19]和 6 个域外国家。[20]迄今为止已完成至少 20 轮谈判并涉及商品、服务、贸易救济、清关、投资、政府采购、竞争政策、电子商务和争端解决等议题。RCEP 成员力争在 2018 年完成谈判。投资章节旨在从投资保护、自由化、促进和便利化四个方面营造有利的区域投资环境。

COMESA–EAC–SADC 三方 FTA（TFTA）：第一阶段谈判聚焦商品贸易。三个区域经济体（东非和南部非洲共同市场（COMESA）、东非共同体（EAC）和南部非洲发展共同体（SADC））通过了有关原产地规则、贸易救济和争端解决的附件。第二阶段谈判已经开始，市场一体化方面的一些悬而未决议题最终确定。第二阶段涉及服务贸易、知识产权、竞争政策和消费者权利以及跨境投资。关于投资章节，可能的选项包括设立一个完整的投资章节或附件，或者一个更加保守的办法是聚焦于投资合作。

（二）ISDS 趋势：新的案件和结果

新的投资者—国家争端解决（ISDS）申诉数量仍然高企。2017 年，至少 65 起新的 ISDS 案件基于协定发起，这使得公开的 ISDS 案件数达到 855 起。有关司法管辖权问题的裁决半数以上有利于国家，而大部分有关案情的裁决则有利于投资者。

1. 2017 年发起的新案件

2017 年，投资者根据 IIAs 发起 65 起 ISDS 案件（见图 3.4）。截至 2018 年 1 月 1 日，公开的 ISDS 申诉总数已达到 855 起。（基于最新披露的信息，2016 年和 2015 年公开案件数被分别调整为 75 起和 80 起）由于仲裁在某些情况下可以保密，因而在 2017 年及此前发起的案件实际数量可能会更高。

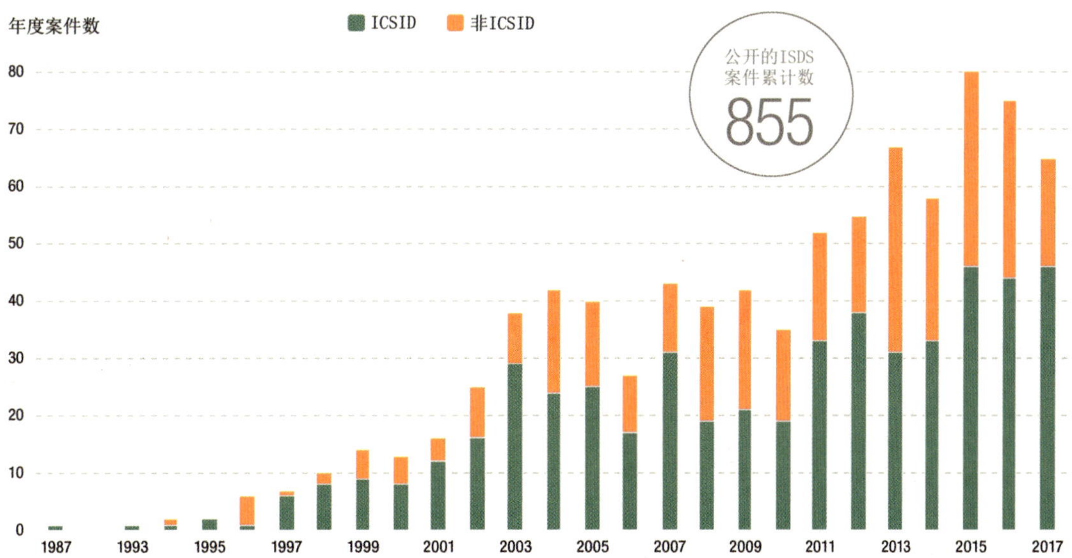

图 3.4　1987—2017 年基于协定的公开 ISDS 案件数量发展趋势

资料来源：UNCTAD，ISDS 数据库。

注：案件信息基于公开资料汇编而成，包括专业报道服务。UNCTAD 并未统计仅仅基于投资合同（国内合同）或国内投资法律而提起的案件，也未统计一方已经表明会向 ISDS 申诉但尚未开始仲裁的案件。年度和累计案例数将会根据核实情况持续调整，因而可能与前几年公布的数据不完全一致。ICSID 指国际投资争端解决。

被诉国家

2017 年新的 ISDS 案件针对 48 个国家发起。克罗地亚以 4 起案件成为最常见的被诉国，其次是印度和西班牙，各为 3 起案件（见图 3.5）。4 个经济体——巴林、贝宁、伊拉克和科威特首次面临（公开的）ISDS 申诉。与往年一致，大多数的新案件是针对发展中国家和转型经济体。迄今为止，113 个国家已经成为一起或多起公开 ISDS 案件的被诉方。

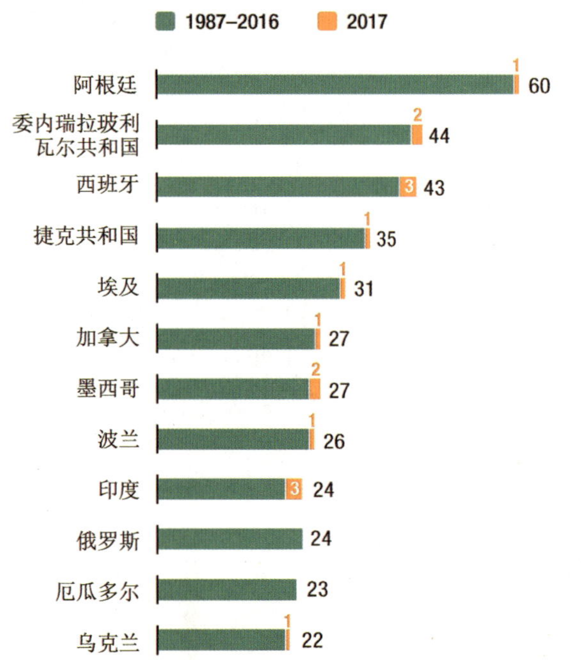

图 3.5 1987—2017 年最常见的被诉国(公开的案件数)

资料来源：UNCTAD，ISDS 数据库。

申诉方母国

2017 年的 65 起公开案件中大部分由发达国家投资者发起。荷兰和美国的投资者发起案件数量最多，各为 8 起；其次是来自英国的投资者发起 6 起案件（见图 3.6）。来自发展中国家的申诉方中，土耳其的投资者最为积极，在 2017 年发起 4 起案件。

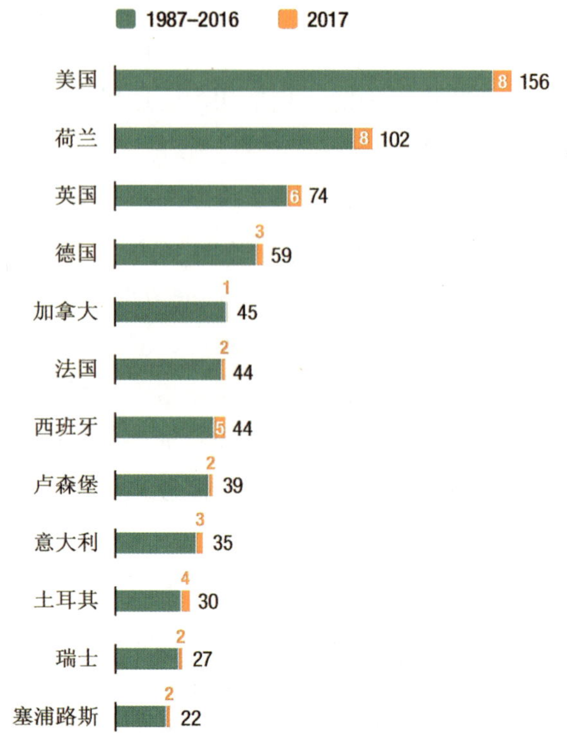

图 3.6 1987—2016 年最常见的申诉方母国 (公开的案件数)

资料来源：UNCTAD，ISDS 数据库。

欧盟内部争端

欧盟内部争端在 2017 年发起的投资仲裁中约占 1/5，低于上年度的 1/4。来自一个欧盟成员国的投资者对另一个成员国发起的欧盟内部投资仲裁总数在 2017 年底达到 168 起，占全球所有公开案例的 20%。

近期欧盟法院的一项裁决认为，荷兰—斯洛伐克 BIT（1991）中所包含的仲裁条款与欧盟法律不一致。[21] 这一裁决可能对欧盟内部 BITs 和未来欧盟内部争端产生重要影响。

适用的投资协定

2017 年约 80%的投资仲裁基于 BITs，其余的仲裁基于 TIPs 或同时基于 BITs 和 TIPs。2017 年援引的大部分协定可追溯到 20 世纪 80 年代和 90 年代。2017 年最频繁被援引的协定是《能源宪章条约》（6 起案件），奥地利—克罗地亚 BIT（3 起案件）和 NAFTA（两起案件）。从总体趋势看，全部公开案件中约 20%援引了《能源宪章条约》（113 起）或 NAFTA（61 起）。

所涉经济部门

2017 年发起的案件中约 70%与服务业活动相关，其中包括：

• 金融和保险服务（11 项）。

• 建筑（9 项）。

• 电力、燃气、蒸汽和空气（steam and air）供应（7 项）。

• 信息和电信（6 项）。

• 运输和仓储（4 项）。

初级产品部门和制造业各占新增案件的 15%。这与迄今为止发起的 855 起公开 ISDS 案件的总体分布基本一致。

受到挑战的措施

2017 年投资者最常挑战以下类型国家行为：

• 国内立法程序或决议（至少 7 起）。

• 终止合同或特许，撤销或不更新许可证（至少 7 起）。

• 涉嫌导致破产或清算的行政安置和其他行为（至少 6 起）。

• 涉嫌对投资进行征用、没收或国有化（至少 5 起）。

• 立法导致贷款和抵押所用货币发生变化（至少 4 起）。

• 与税收有关的措施，如涉嫌进行非法税收评估或拒绝免税（至少 4 起）。

• 可再生能源部门的立法改革（至少两起）。

投资者受到挑战的其他行为还包括国家当局涉嫌阻挠、不公平或歧视性待遇、欺诈性虚假陈述和反洗钱规定等。

申诉金额

在披露了投资者索赔金额信息的案件中（约占新发起案件的 1/4），索赔金额从 1 500 万美元（Arin Capital 和 Khudyan 诉亚美尼亚）到 15 亿美元（MAKAE 诉沙特阿拉伯）不等。

2. ISDS 结果

2017 年的裁决和结果

2017 年，ISDS 仲裁庭至少做出 62 项实质性裁决，其中 34 项对外公开（截至报告撰写时）。在这些公开裁决中，半数以上有关司法管辖权问题的裁决有利于国家，而大部分有关案情的裁决则有利于投资者。具体而言：

• 13 项裁决（包括对初步反对意见的裁决）主要涉及司法管辖权问题，5 项确立了仲裁庭的管辖权，8 项则否定了管辖权。

• 2017 年做出 18 项有关案情的裁决，其中 12 项至少部分接受了投资者的申诉，而 6 项驳回了全部申诉。在国家需要承担责任的裁决中，仲裁庭上最常见的是国家违反征收和公平公正待遇（FET）条款。在其中一项裁决中，仲裁庭裁定国家违反 IIA 但决定不予赔偿。

• 国际投资争端解决（ICSID）撤销程序做出了 3 项公开裁决。ICSID 特设委员会驳回了两项撤销申请并部分撤销了一项裁决。

总体结果

截至 2017 年底，约有 548 项 ISDS 程序已经结束。案件结果的相对占比与 2016 年相比略有变化。约 1/3 的裁决有利于国家（基于管辖权或案情的申诉被驳回），约 1/4 的裁决有利于投资者并给予货币赔偿。1/4 的案件以和解告终；在大多数情况下，争端解决的具体条款仍然保密。在其余的申诉中，或是案件被终止，或是仲裁庭确认违约但不给予货币赔偿（见图 3.7）。

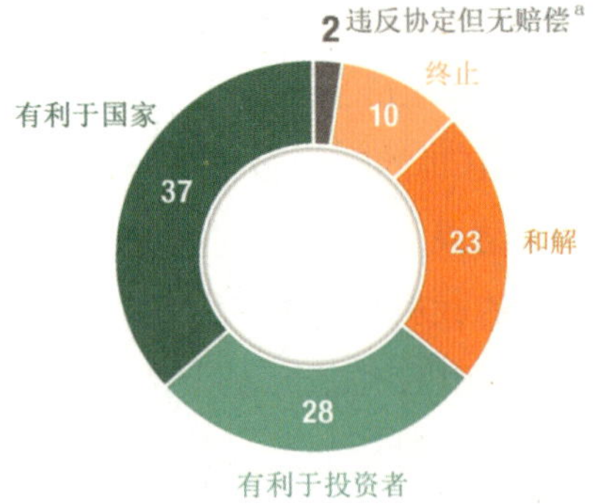

图 3.7 1987—2017 年已结案的裁决结果（%）

资料来源：UNCTAD，ISDS 数据库。

注：a：不支持任何一方的裁决（违反协定但无赔偿）。

在结果有利于国家的案件中，约一半的案件由于不具有管辖权而被驳回。从基于案情的整体裁决结果看（例如，仲裁庭就受到挑战的措施是否违反了任何 IIA 的实质性义务做出裁决），约 60%的裁决有利于投资者，另外的 40%有利于国家（见图 3.8）。

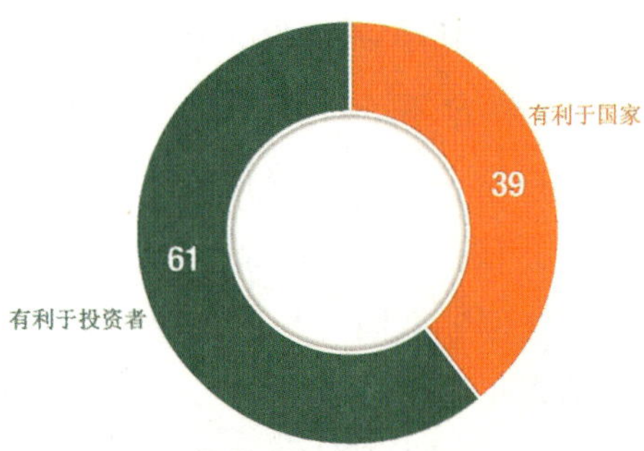

图 3.8 1987—2017 年基于案情的裁决结果（%）

资料来源：UNCTAD，ISDS 数据库。

注：不包括以下类型的案例：（1）因仲裁庭无管辖权而被驳回；（2）和解告终；（3）未和解，但因其他原因（或不明原因）中止；（4）不支持任何一方的裁决（违反协定但无赔偿）。

申诉和裁决的总金额

平均而言，成功的申诉者被裁决获得 40%的索赔额。在裁决有利于投资者的案件中，平均索赔额为 13 亿美元且中位数为 1.18 亿美元。裁定的平均数额为 5.04 亿美元且中位数为 0.2 亿美元。这些金额并不包括利息或诉讼费用，并且部分裁定赔偿额可能已被驳回或撤销。

与尤科斯万油公司（Yokos）有关的三起案件（胡勒公司（Hulley）、石油老兵公司（Veteran Petroleum）和尤科斯环球公司（Yukos Universal）诉俄罗斯联邦）总计 1 140 亿美元的索赔额和 500 亿美元的裁定额创造了投资协定仲裁历史上的最高纪录。上述仲裁裁决已被海牙地区法院驳回；就裁决结果提出的上诉目前正在审理中。剔除上述数据后，平均申诉金额降至 4.54 亿美元，裁定金额为 1.25 亿美元，即索赔额的 28%。

仲裁员的指定

在公开的 ISDS 案件（原始程序）中约有 500 人被指定为仲裁员。其中，约一半已在超过一项案件中担任仲裁员。一小部分人各自被指定为至少 30 起案件的仲裁员（见图 3.9），其中 3 人被指定的次数最多。除去 1 人以外，其余均是来自欧洲或北美国家。有趣的是，从性别视角看，13 人中有 11 人为男性，而两位女性位列被指定次数最多的三人之列。

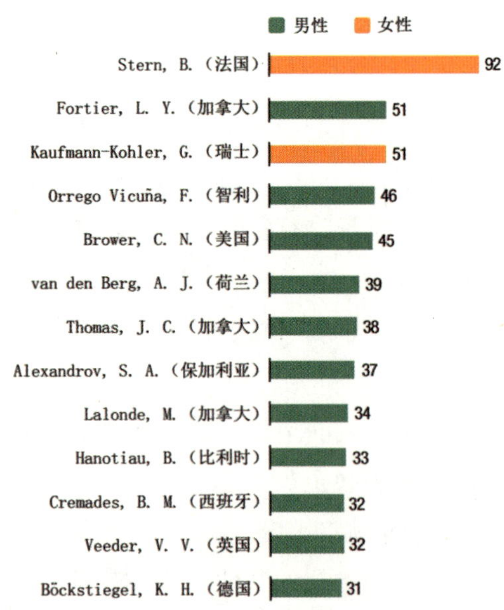

图 3.9 1987—2017 年最频繁被指定的仲裁员（指定次数）

资料来源：UNCTAD。

注：有关国籍和性别的信息基于 ICSID 的仲裁员、调解员和特别委员会成员数据库编制而成。

二、IIA 改革评估

(一)新一代 IIAs：特征和发展(第一阶段)

IIA 改革在各地区推进良好。当前大部分新的 IIAs 包含可持续发展导向的改革内容。现代协定的制定凸显了可持续发展导向、对监管空间的维护以及 ISDS 的完善或剔除。

自 2012 年以来，超过 150 个国家在寻求 UNCTAD 国际投资体制改革方案所设定的可持续发展导向 IIAs 过程中，至少采纳了一项行动(包括改革行动第一阶段或第二阶段，下文将会讨论)。例如，这些国家对其协定网络进行审查或是对其协定范本进行修改。

当前大多数新的 IIAs 遵循了 UNCTAD 路线图（WIR15）或是包括了 UNCTAD 可持续发展投资政策框架（WIR12，并在 2015 年更新）提出的条款。上述路线图指明了五个行动领域（在提供保护的同时捍卫监管权；改革投资争端解决机制；促进投资及其便利化；确保负责任的投资；加强系统一致性）。此外，若干在 2017 年签订的 IIAs 还包括了早期 IIAs 中鲜有出现的创新特征。

当前改革导向的协定制订与 2000 年世纪之交时的协定制订形成鲜明对比。2017 年签订的可获得协定文本的 13 项 IIAs(8 项 BITs 和 5 项 TIPs)和 2000 年签订的 13 项 IIAs 样本之间的比较显示了显著差异（见表 3.4）。可以清楚看到，改革导向的条款在现代协定中越发常见。所有在 2017 年签订的 IIAs 至少包括 6 项改革特征，并且若干在 2010 年前的 IIAs 中被视为具有创新性的条款现在已经常出现。

表 3.4　IIAs 的改革导向条款：2000 年与 2017 年

2000

	1	2	3	4	5	6	7	8	9	10	11
奥地利—孟加拉国 BIT	否	否	否	否	是	否	否	否	否	是	是
白俄罗斯—新加坡 BIT	否	否	否	否	否	否	是	否	否	否	是
文莱达鲁萨兰国—中国 BIT	否	否	否	否	否	否	否	否	否	否	是
智利—多米尼加共和国 BIT	否	否	否	否	否	是	否	否	否	否	否
古巴—巴拉圭 BIT	否	否	否	否	是	否	否	否	否	否	否
埃塞俄比亚—土耳其 BIT	否	否	否	否	否	是	否	否	否	否	否
希腊—墨西哥 BIT	否	是	否	否	是	否	否	否	否	是	否
印度—老挝 BIT	否	否	否	否	否	是	否	否	否	否	是
意大利—利比亚 BIT	否	否	不适用	否	否	是	否	否	否	否	否
马来西亚—沙特阿拉伯 BIT	否	否	不适用	否	否	是	否	否	否	否	否
蒙古国—菲律宾 BIT	否	否	否	否	否	否	否	否	否	否	是
尼日利亚—瑞士 BIT	否	否	否	否	否	否	否	否	否	否	是
卢旺达—南非 BIT	否	否	否	否	否	否	否	否	否	否	是

■ 是　□ 否　▨ 不适用

2017

	1	2	3	4	5	6	7	8	9	10	11
阿根廷—智利 BIT	是	是	是	是	是	是	是	是	是	是	是
东南亚国家联盟—中国香港投资协定	否	是	是	是	是	是	是	否	否	是	是
布隆迪—土耳其 BIT	是	是	是	是	是	是	是	是	否	是	否
中国—中国香港投资协定	否	是	是	是	是	否	是	是	否	是	是
哥伦比亚—阿拉伯联合酋长国 BIT	是	是	是	是	是	是	是	是	否	是	否
南方共同市场内部投资促进协议	是	是	不适用	不适用	是	是	是	是	是	是	是
以色列—日本 BIT	是	是	是	否	是	是	是	是	否	是	否
约旦—沙特阿拉伯 BIT	是	否	是	否	是	是	否	是	否	否	是
莫桑比克—土耳其 BIT	是	是	是	是	是	是	是	是	否	是	否
太平洋更紧密关系协定	是	是	是	是	是	是	是	是	是	是	是
卢旺达—阿拉伯联合酋长国 BIT	是	是	是	是	是	是	是	是	否	是	是
土耳其—乌克兰 BIT	是	是	是	是	是	是	是	是	否	是	否
土耳其—乌兹别克斯坦 BIT	是	是	否	是	是	是	是	是	否	是	否

■ 是　□ 否　▨ 不适用

IIAs 的特定方面：

1. 协定序言提及健康和安全保护、劳工权利、环境或可持续发展。
2. 细化投资定义（例如，列出投资特点，排除证券投资、主权债务投资和纯粹源自商业合同的货币期货投资）。
3. 限定公平和公正待遇（等同于国际惯例法下外国人应享有的最低待遇标准和（或）明确国家义务清单）。

4. 明确什么构成和什么不构成间接征收。

5. 详述资金自由转移例外，包括平衡国际收支困难和（或）执行国家法律。

6. 删除所谓的“保护伞”条款。

7. 一般例外，例如为保护人类、动物和植物的生命和健康；或防止资源枯竭。

8. 明确认可缔约国不应该通过放松健康、安全或环境标准吸引外资。

9. 推进企业社会责任标准，通过在 IIA 中纳入独立条款或在协定前言中提及。

10. 限制 ISDS 的适用性（例如，限制受 ISDS 约束的协定条款，将政策领域从 ISDS 中排除，压缩提交仲裁的时间周期，不设置 ISDS 机制）。

11. 有关投资促进和（或）便利化的具体的前瞻性规定。

资料来源：UNCTAD。

注：所列出的 2000 年 BITs 是当年所签订 IIAs 的一个样本。所列出的 2017 年 IIAs 是于该年度签订并可获得协定文本的协定，其中不包括缺少可持续投资条款的“框架性协议”。IIA 文本可以通过 UNCTAD IIA 数据库（http://investmentpolicyhub.unctad.org/IIA）获得。

现代协定的制定凸显了可持续发展导向、对监管空间的维护以及 ISDS 的完善或删除。

可持续发展导向。与 2000 年签订的 IIAs 形成对比，2017 年 IIAs 包括大量明确涉及可持续发展议题的条款（包括为实现可持续发展导向政策目标而维护监管权）。在 2017 年签订的 13 项协定中，12 项含有一般例外，例如，出于对人类、动物和植物生命或健康的保护，或是对可耗尽的自然资源的保护。除一项协定外，其余协定均明确指出各方不得通过降低健康、安全或环境标准来吸引投资；并有 11 项协定在其序言中涉及健康和安全保护、劳工权利以及环境或可持续发展。

监管空间的维护。新近协定常常在更广泛地维护监管空间和/或最小化地适用投资仲裁等其他内容方面与老一代协定差异明显。这些内容涉及以下条款：（1）限制协定范围（例如，将特定类型的资产从投资定义中去除）（12 项 IIAs）；（2）明确义务（例如，就 FET（11 项 IIAs）和/或间接征收（10 项 IIAs）引入更多具体条款）；（3）纳入资金转移义务例外和/或审慎例外措施（全部 13 项 IIAs）。需要指出的是，除一项协定外，所审查的其余协定均删除了所谓的保护伞条款（从而也减少了对 ISDS 的使用）。有趣的是，在 2000 年的 13 项协定中，已有 5 项不包括保护伞条款。

投资争端解决。现代 IIA 对 ISDS 的管理十分谨慎，例如，对诉诸 ISDS 的协定条款予以明晰说明，将特定政策领域从 ISDS 中排除，设定特别征税机制及审慎措施，和/或对递交申诉的规定期限予以限制（8 项 IIAs）。此外，4 项 IIAs 省略了 ISDS 类型的国际仲裁（或指出各方同意未来就 ISDS 进行讨论）。

伴随当前 ISDS 的改革势头，政策一致性方面的重要问题也显现出来。以加拿大和墨西哥为例，在各自与 EU 的安排中，均承诺创设多边投资法庭以取代传统的 ISDS 体制。与此相反，在近期签订的 CPTPP 中，加拿大和墨西哥均同意维持更加传统的 ISDS 机制。而在 NAFTA 中，双方自 2018 年初以来已在考虑一系列提议，其中有关排除 ISDS 的提议就包括一项选择退出（opt-out）条款，并仅对加拿大和墨西哥适用具有约束力的仲裁。

在表 3.4 所示的改革导向内容之外，若干在 2017 年签订的 IIAs 还包括了在早期 IIAs 中鲜有出现的创新特征：

• 要求协定覆盖投资者对可持续发展的贡献。协定要求所涉投资者对东道国经济或可持续发展做出贡献（例如，布隆迪—土耳其 BIT，莫桑比克—土耳其 BIT，土耳其—乌克兰 BIT）。

• 降低公平与公正待遇（FET）条款中投资者合理期待的影响。明确采取或未能采取与投资者期待不符的行动本身不构成对 FET 的违反，即使这些行动导致投资损失（例如，中国内地—中国香港投资协定）。

• 促进负责任的投资。纳入投资者的“尽最大努力”（best efforts）义务以体现对投资活动中所涉人群的人权尊重并促进当地能力建设和人力资本的发展（例如，南方共同市场区内经济体间的协定）。

• 投资便利化的能力建设。要求投资者母国（地区）通过能力建设、保险计划或技术转移来协助东道国（地区）提升投资便利化水平（例如，中国内地—中国香港投资协定；东盟—中国香港协定；太平洋更紧密经济关系协定）。

• 便利被诉方对申诉方投资者进行反诉。建立获取投资者同意其反诉的机制（例如，哥伦比亚—阿联酋 BIT）。

必须指出的是，这些创新性特征并不必然导致投资保护水平的降低，正如 2017 年签订的大部分 IIAs 仍保留了实质性投资保护标准。

（二）现存老一代协定的现代化（第二阶段）

各国正在加入到现存老一代协定的现代化中。初始改革行动与 UNCTAD 提出的 IIA 改革第二阶段十项方针相一致（WIR17）。尤其是，各国 2017 年已经开启多边改革探讨，包括针对 ISDS 改革，并且越来越多的国家正在就此发布解释或替换其老一代协定。

第二阶段改革行动的评估（见表 3.5）聚焦于 2017 年及 2018 年前几个月所取得的进展（部分与 2016 年相关）（见图 3.10）。

表 3.5　改革选项概况：行动和结果

行动选项	结果
1. 联合解释协定条款	明确协定条款内容并限制仲裁庭解释裁量权的空间
2. 修订协定条款	通过引入新条款或改变、删除现有条款来调整现有协定内容
3. 替换“过时的”协定	以新协定替代旧协定
4. 整合 IIA 网络	在缔约方之间废除两个或多个 IIAs 并以新的多边协定取代
5. 管理共存协定间的关系	明确在特定情形下适用哪项共存协定的规则
6. 参考全球标准	提升一致性并协调 IIAs 和其他国际法及政策制定领域间的互动
7. 多边参与	在众多国家之间建立共识或新规则，纳入可以带来“彻底变化”的机制
8. 废除未批准的旧协定	表明一国不愿成为已缔结但尚未批准协定的缔约方的态度
9. 终止现有旧协定	免除协定项下各方的义务
10. 退出多边协定	与终止类似，但协定在尚未退出的其余各方之间生效

资料来源：UNCTAD。

注：此表仅为分类说明，不作为可能的改革行动的优先行动次序。

图 3.10 第二阶段部分改革行动：事实和数据

注：a：这些 IIAs 的终止已经生效（2012—2018）。这些 IIAs 包括过期的协定、被新协定替代的协定、各方同意终止的协定和单边废止的协定。

b：这些 IIAs 的终止已经生效。这些 IIAs 包括过期的协定、被新协定替代的协定、各方同意终止的协定和单边废止的协定。

c：包括 2008 年 12 月以来签订的 IIAs。

1. 联合解释协定条款

各国不仅进一步展开（有时是批准）对现存 IIAs 的联合解释声明，还加强了近期签订协定的约束性解释基础。

• 2016 年初，印度向大约 25 个国家提出联合解释声明，而印度与这些国家所签署的 IIAs 初始有效期尚未届满。

• 2017 年 10 月，孟加拉国和印度签订了孟加拉国—印度 BIT（2009）联合解释说明。这些说明对一系列 BIT 条款予以明确，包括投资和投资者定义、征税措施的排除、FET、NT 和 MFN、征收、基本安全和 ISDS。

• 2016 年 10 月，欧盟成员国和加拿大同意就 CETA 出台联合解释文件以明确各方就公共讨论和关心的一系列条款所达成的共识（如监管权和补偿）。

• 2017 年 10 月，哥伦比亚和法国就两国 BIT（2014）签订联合解释声明，其中澄清了“来自国际法的义务”是指双方批准的协定，并且不应被解释为一个法律稳定性条款或允许仅基于违反合同而提起仲裁请求。

• 2017 年 10 月，加拿大和哥伦比亚 FTA（2008）联合委员会发布联合解释声明，重新确认了各方监管权并澄清了“类似情形”、全面保护和安全以及最低待遇标准条款。

• 数项近期签订的 IIAs 设立了联合机构，该机构旨在对协定条款做出约束性解释（例如，卢旺达—阿联酋 BIT（2017）；澳大利亚—秘鲁 FTA（2018）；韩国—中美洲 FTA（2018））。

2. 修订协定条款

尽管在双边文本中相对较少使用修订，重要的区域性 IIAs 中仍然会出现议定书或互换函件。

• 2018 年 3 月，CPTPP 剩下的 11 个谈判方同意在维持核心内容的同时对文本特定领域进行修订。关于投资（第 9 章），各方同意搁置与投资协定、投资批准和仲裁员选择相关的（部分）条款适用。

•加拿大和智利至少对其 FTA 的投资章节进行了三次更新，最近的一次是在 2017 年，其将“新的进步内容”纳入该章节。例如，明晰现有义务，重申国家监管权，引入企业社会责任（CSR）条款，完善 ISDS 机制并引入“法律交错”（rendezvous clause），要求如果未来常设多边仲裁庭得以设立，则缔约双方也同样采纳这一机制。

3. 替换“过时的”协定

2012 年以来，至少 27 项过时的 IIAs 被更加现代化的新协定替换。[22]

• 2017 年，新签订的 13 项 IIAs 中至少有 3 项替换了老一代 BITs（阿根廷—智利 FTA（2017）

替换了阿根廷—智利 BIT（1991）；土耳其—乌克兰BIT（2017）替换了土耳其—乌克兰BIT（1996）；土耳其—乌兹别克斯坦 BIT（2017）替换了土耳其—乌兹别克斯坦BIT（1992））。

• 2016 年以来，土耳其已经替换了 8 项过时的协定（分别是与白俄罗斯、格鲁吉亚、约旦、摩尔多瓦、塞尔维亚、突尼斯、乌克兰和乌兹别克斯坦签订的协定）。实施的改革包括细化投资定义，细化一般待遇标准（如 FET、NT 和 MFN 待遇），引入新的一般例外和收支平衡例外，引入拒绝授惠条款并完善 ISDS（例如，ISDS 的豁免范围以及向 ISDS 提交争端的时间限制）。

• 近年来，澳大利亚已将若干第一代 BITs 替换为与其 BIT 缔约国签订的全面 FTAs 中的投资章节（例如，澳大利亚—智利（1996））。澳大利亚还对那些当前 FTA 谈判未涉及的 BITs 展开审查和重新谈判。

• 2018 年 3 月，厄瓜多尔公布了新的协定范本，并将此作为未来谈判的基础，这也适用于先前的协定伙伴。该范本最突出的特征是设立了冲突规避机制，引入了例外情形以避免协定内容与国家合法政策目标间可能产生的冲突。

4. 整合 IIA 网络

尽管整合突出地体现在欧盟目前的协定实践中，但在其他区域或跨区域协定中却不常见，甚至尚未列入议事日程。

• 2018 年 3 月，随着 CPTPP 签订，澳大利亚终止了其与墨西哥、秘鲁和越南已有的 BITs。[23]

• 欧盟和墨西哥之间的 FTA 投资章节谈判已经完成，但欧盟分别和智利、突尼斯之间的 FTA 投资章节谈判以及和中国的投资协定谈判仍在继续。上述协定预计将替换此前欧盟成员国各自与上述国家签订的所有 BITs。

5. 管理共存协定间的关系

管理协定关系对于寻求政策一致性十分重要，政策一致性也是 UNCTAD 国际投资体制改革方案更新版中的一项议题（UNCTAD，即将出版）。

6. 参考全球标准

若干新近 IIAs 在参考全球标准后纳入了旨在确保投资活动更加负责和可控的条款。

• 至少 13 项新近 IIAs 宽泛地参考了 CSR 标准，尤其是涉及劳工、环境、人权、反腐败等领域的代表性“国际通行标准”（例如，MERCOSUR 区内投资便利化议定书（2017）；PACER Plus（2017））。

• 至少 6 项新近 IIAs 更加具体地参考了可持续发展目标（SDGs）等全球标准（例如，摩洛哥—尼日利亚 BIT，2016）；联合国宪章、世界人权宣言和/或国际劳工组织文件（如 EFTA—格鲁吉亚 FTA，2016；CETA，2016；亚美尼亚—欧盟全面加强经济伙伴关系协定，2017）；或者经合组织（OECD）跨国公司指南和公司治理原则（如 CETA，2016；阿根廷—智利 FTA，2017）。

7. 多边参与

国际投资议题的多边发展在 2017 年势头强劲，其中的一些已经清晰地体现了 IIA 的改革方向。

与 IIA 改革有关的最为清晰的方向是关于完善 ISDS 的多边讨论：

• 2017 年 1 月，ICSID 就仲裁规则修订公开征询意见。其目的是简化规则并提升其现代化水平，尤其关注如何减少 ICSID 的时间和成本。纳入考虑的主题包括仲裁员的指定和资格剥夺、第三方资助、案件合并以及透明度和非争端缔约方的参与。

• 2017 年 7 月，在联合国国际贸易法委员会（UNCITRAL）第 50 届年会期间，委员会提请第三工作组确认与 ISDS 有关的问题，并考虑改革是否可取，如果可取，则拟定相关的解决方案。

在 2017 年 11 月和 2018 年 4 月的会议上，工作组完成了有关 ISDS 程序问题的审查，包括仲裁程序、结果的整体一致性和连贯性以及 ISDS 程序中与决策者有关的问题。

• 2017 年 10 月，《投资人与国家间基于条约仲裁透明度公约》，也被称为《毛里求斯透明度公约》，正式生效。[24] 根据该《公约》，UNCITRAL 透明度规则将成为投资者和已批准该条约的国家之间争端解决的一部分。《毛里求斯透明度公约》对（那些已经批准了该公约的国家的）若干第一代 IIAs 进行了有效修订，从而使其成为一个集体的 IIA 改革行动。

其中一个改革可能超出了争端解决的范围：

• 有关《能源宪章条约》的潜在现代化工作正在进行中，讨论计划在 2018 年开始，涉及各成员国、观察国以及业界。该进程将 ECT 所有条款纳入考虑，而不仅仅是投资保护标准。预计在 2018 年底，关于现代化的潜在谈判议题清单将被确定。

2016 年“G20 全球投资指导原则”颁布后，其他的一些国家集团开始规划自己的原则，且通常纳入了 UNCTAD 制定的可持续发展投资政策框架所包含的原则。这些指导原则的制定成为国际投资政策制定中有关的核心问题达成共识的重要且有效手段。

• 2017 年 6 月，ACP–UNCTAD 联合发布的投资政策制定指导原则涉及 79 个国家，并得到 ACP 大使委员会会议的批准。

• 2018 年 1 月，一个高水平专家会议审查了 UNCTAD 和 57 个伊斯兰合作组织（OIC）国家合作形成的 OIC 国家投资政策制定指导原则。

另外两项工作涉及 UNCTAD 路线图中规定的具体改革领域：

• 投资便利化。2017 年 12 月，70 个 WTO 成员在 WTO 第 11 次部长级会议间隙发布了部长联合声明。投资便利化协定的提案中许多核心内容是基于 UNCTAD 的投资便利化全球行动清单。[25] 这些内容包括透明度、程序效率、国家施政重点、技术援助以及投资者原则和标准。

• 确保负责任的投资。由人权理事会在 2014 年启动，旨在制定一项规范跨国公司和其他商业企业活动的国际文书的工作仍在继续。有关跨国公司和其他商业企业人权问题的开放式政府间工作组的第三次会议集中讨论了未来协定的内容、范围和性质。

• IIA 改革的多边平台。受益于 UNCTAD 多边参与的综合平台，包括高级国际劳工组织谈判代表、政府间组织、民间社会、学术界和私营部门代表等在内的 300 多个专家参加了于 2017 年 10 月 9 日至 11 日在日内瓦召开的年度高水平 IIA 会议。与会者讨论了 UNCTAD 的国际投资体制改革方案，并交流经验和良好做法。

8. 废除未批准的旧协定

尽管明确的协定废除行动还未开始，若干国家似乎已经开始废除尚未批准的协定或者搁置 BIT 谈判：

• 十余年前签订的 480 余项 IIAs 仍未生效，这意味着这些 IIAs 的各缔约方已经不打算批准协定。另外，正如 2017 年 10 月 UNCTAD 高水平 IIA 会议所提及的那样，厄瓜多尔在 2008 年暂停了对（分别与哥斯达黎加和俄罗斯联邦）已签订但未批准协定的批准工作，巴基斯坦在 2017 年表示其已中止对特定 BIT 的审批进程。

• 一些国家也就签订新的 BITs 发布了暂缓通告（例如，博茨瓦纳在 2013 年列举了实施新协定的挑战；纳米比亚在 2014 年表示将暂停全部尚未开始的 BIT 谈判，直到新的投资政策得以实施；黑山在 2016 年决定暂停签订新协定并构建新的协定范本；巴基斯坦在 2017 年称将暂停签订新协定，直到其与 UNCTAD 紧密合作制定的新的

BITs 法律框架以及现存协定路线图出台）。此外，正如 2003 年的做法，智利已停止 BIT 谈判并将投资相关条款作为 FTA 谈判的一部分。

• 若干此前积极进行 BITs 谈判的国家在过去五年已经没有签订任何新的 BITs（如马来西亚、纳米比亚和菲律宾）。

9. 终止现有旧协定

各国继续终止旧协定，若干新的协定终止在 2017 年生效：

• 至少 22 项协定终止在 2017 年生效，其中包括印度的 17 项。厄瓜多尔发出 16 项终止通知。

• 至少两项欧盟内部 BITs 在 2017 年终止（丹麦—爱沙尼亚 BIT（1991）和丹麦—罗马尼亚 BIT（1994））。

• 2012 年以来，至少 100 项 IIAs 通过协商或单方面决定而有效终止。

10. 退出多边协定

在报告期内尚无任何此类改革选项的实例（参见 WIR2017），这意味着从多边协定中退出并不是当前各国所偏好的改革路径。

（三）经验教训和未来路径

各国启动第二阶段改革行动的动机各异但又彼此相关，并且各国在有效解决过时的 IIAs 时面临一系列挑战。通过基于证据的政策分析和咨询工作以及构建政府间共识的职能，UNCTAD 可以帮助各国克服 IIA 改革第二阶段的相关挑战。

IIA 改革的第一阶段已经取得稳步进展和显著成就，第二阶段也势头强劲，一小部分但越来越多的国家已经开始直接处理过时的 BITs。此外，越来越多的国家正在积极考虑启动 IIA 改革第二阶段的最佳政策选项。现存 3 000 余项第一代协定（相当于全球 IIA 的 90%）为第二阶段改革行动提供了进一步的机会。

更好地理解与 IIA 改革第二阶段有关的动机和挑战有助于强化当前的改革努力。为了尽可能更好地提供协助，UNCTAD 对谈判人员启动了与第二阶段动机、挑战和早期成果有关的问卷调查。部分结果将在此讨论。

各国启动第二阶段改革行动的动机各异但又彼此相关。主要动机旨在减少国家在 ISDS 申诉中面临的风险，以及强化 IIAs 的可持续发展导向并确保国家拥有监管权。

各国在致力于有效处理过时的 IIAs 时面临一系列挑战。这些挑战包括协定伙伴反对改革现有 IIAs，（人力资源、法律、金融等方面的）能力不足或难以获得，以及与凝聚改革共识和政治意愿的内部协调相关的挑战（例如，部际协调挑战，确定有待改革的协定的优先顺序，确保不同政策制定层面的改革努力之间的一致性）。

最初的经验教训已被确定可用于 IIA 改革的第二阶段。这些经验教训充分体现了根据国家发展目标制定 IIA 改革战略、对 IIA 进行审查以识别其不一致性以及建立部际工作组的重要性。

调查问卷反馈显示，与改革第二阶段相关的进展相对缓慢的潜在原因包括：

• 改革现存 IIAs 在很大程度上需要一个以上国家达成协议（单方面终止除外）。

• 各国倾向于采用更加渐进的方式（单个 BIT 逐一改革），而不是以批量的方式对国家 IIA 网络进行改革。

• 一些政策制定者可能会认为第二阶段的 IIA 改革将降低一国对外国投资者的吸引力。

• 国内缺乏对第二阶段 IIA 改革重要性的认识。

政策制定者和 IIA 谈判代表应认真考虑维持现存过时 IIAs 的利弊，并制定符合本国国家发展战略的 IIA 政策方案。通过以证据为基础的政策分析和咨询工作，连同构建政府间共识的职能以及由此产生的经验教训分享机会，UNCTAD 可以帮助各国在这方面努力向前迈进。同时，还应考虑最大化 IIAs 与国家投资法律框架之间的协同性，并对投资法和其他法间的互动进行管理。这些议题将在接下来的部分，即 IIA 改革的第三阶段中加以说明。

第三节 IIA 改革的第三阶段

一、增进投资政策的协调性和协同效应

在改进新协定的制定方法并促进现有协定现代化之后，改革进程的最后一步（第三阶段）是确保国家投资政策和其他国际法之间的协调。争取协调性并不必然意味着法律层面的统一——不一致和分歧可能是有意为之，但不同的政策领域和法律文件应当协同运作。

可持续发展已成为投资政策制定的主流，尤其是在国际层面。作为 IIA 改革第一阶段的一部分，各国就改革的必要性达成共识，确定了改革的领域和方法，审查了自身的 IIA 网络，制定了新的协定范本，并开始就新的更现代化的 IIAs 展开谈判。大多数改革导向的行动遵循 UNCTAD 的国际投资体制改革方案。在此背景下，越来越多国家也开始进入 IIA 改革的第二阶段，将政策注意力转向全面更新现存已过时的第一代协定（WIR17，pp.130–145）。随着第一阶段的巩固和第二阶段的进一步推进，改革的第三阶段被纳入考虑：即全面增进投资政策的协调性和协同效应，这将跨越两个维度：

•第一，最大化 IIAs 与关于国内和外国投资的国家法律框架之间的协同效应。

•第二，对 IIAs 和其他涉及投资的国际法之间的互动进行管理。

对于每一个维度，政策互动均以不同的方式表现出来，带来的挑战各异且需要配合国家发展具体的优先事项而采取不同的解决方案。本报告旨在记录现状，概述潜在挑战并做出政策回应。

两个问题尤其值得考虑：

•第一，政策协调性并不必然需要统一法律语言。相反，相互支持的政策允许各国根据具体情况和国家发展战略（以 UNCTAD 政策框架的核心原则为指导），在具体政策互动的一致性和分歧性尺度上做出决定。影响这一选择的因素包括战略考虑，并随着时间和能力的变化而演进。

•第二，投资政策协调性要想达到令人满意的水平并非一蹴而就。例如，一国转向可持续发展导向的投资政策制定时几乎总是会面临暂时不一致的阶段。这种暂时的不一致不应当阻碍投资政策的改革。相反，应当创造动力以加速改革并使其充满活力。

在一系列体制中促进政策互动协同效应的最大化对所有国家，尤其是发展中国家和最不发达国家都是一个重大挑战，这一系列体制包括数千个投资协定、对国内和外国投资进行管理的国家

法律以及影响投资的国际法。这一挑战需要综合运用个体、双边、区域和多边改革步骤来应对。这些步骤应反映以证据为基础的政策分析，以及对许多国家而言，可能需要技术援助和咨询服务方面的支持。UNCTAD 可以从以下三个方面提供广泛支持，分别是研究和政策分析，能力建设和咨询服务，以及政府间共识的建立。

二、最大化 IIA 制度和国家投资法律框架间的协同效应

各国投资政策制度通常具有国家和国际两个维度。尽管这些维度经常有所偏离，但从可持续发展的角度看，应当以能够使协同效应最大化的方式互动。塑造这种互动关系需要对所涉法律文件的不同目标、功能和性质有深刻的理解。加强国家和国际投资政策制定者之间的合作，推进两类制度间的互动并确保其相互兼容（包括找出可以从一个政策体系转移到另一个政策体系的经验教训）是各国努力建立相互支持和可持续发展导向的投资政策体系的核心任务。

（一）IIA 制度和国家投资法律框架的异同

在评估促进国家和国际政策维度之间协同效应的最佳方法时，重要的是要认识到关键的结构和背景差异。这些差异涉及两种政策体系的背景和性质、总体目标和范围、发展过程及其演进（见表 3.6）。

表 3.6　IIAs 与国家投资法律政策框架：结构和背景差异

差异	IIAs	国家法律框架
背景和性质	•由 BITs 和 TIPs 组成，被视为对外国投资进行管理的主要国际文件	•由与投资相关的法律、法规和政策体系组成 •可能包含作为投资政策框架重要组成部分的国家投资法
目标和范围	•为母国投资者提供（实质性和程序性）保护，可能超过国内法律所能提供的保障水平	•涵盖来自任何国家的外国投资者；可能也涵盖国内投资者 •可能提供保护，但也可以包含促进、便利化、准入、自由化或监管等其他内容
发展过程	•在国际层面作为谈判的结果而被采用，通常涉及讨价还价的能力	•由一国相对自主地采用且随内部政治和立法程序而定
SDGs 导向的演进	•受制于可持续发展导向的 IIA 改革的全球讨论 •许多国家展示了 IIAs 的改革方式（基于 UNCTAD 改革方案）	•若干内容（如环境法）居于 SDG 导向的政策改革的核心地位 •其他内容（如国家投资法）较少出现在 SDG 相关论述中

资料来源：UNCTAD。

IIAs 被认为是管理外国投资的主要国际文件，并在一个相对明确界定的范围内适用。国家投资法律框架包括众多与投资有关的法律。其中，国家投资法是重要组成部分。各国投资法复杂且相差甚远。尽管其在范围和内容上体现出明显差异，但部分特征是较为一致的（参见专栏 3.1），并且部分投资法包含了类似于 IIAs 条款的内容（WIR17；UNCTAD，2016；UNCTAD，投资法数据库）。

然而，投资法中典型的 IIA 条款往往缺少“细化”（refinements）和“明晰”（clarification）等现代 IIA 文本的特征。例如，在投资法中，17 项与间接征收有关的条款中没有一项是“细化”的，9 项 FET 条款中只有两项是“细化”的（见图 3.11）。对于 IIAs 而言，这些细化已经成为现代协定文本的标准特征（WIR17）。关于投资争端解决，在 IIAs 中通常通过 ISDS 进行，并预先同意接受国际仲裁（95%的 IIAs 如此），而在 111 项国家投资法中，66 项（占 59%）将国际仲裁作为投资者—国家争端解决的手段；其中只有 24 项法律规定预先同意国际仲裁（参见专栏 3.1）。

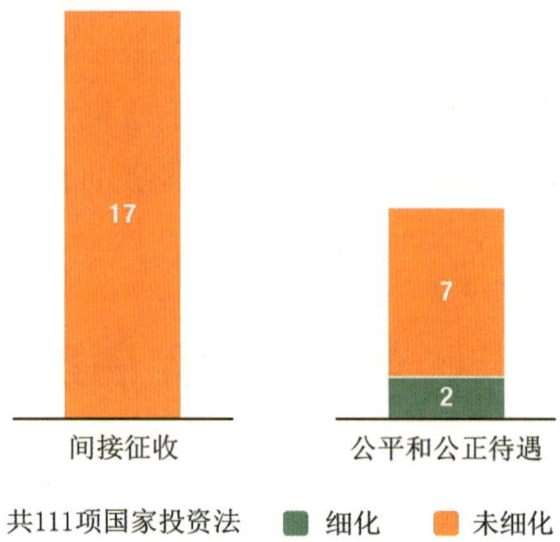

图 3.11 国家投资法中的部分条款

注：“细化”条款（refined clauses）是包含了表 3.4 所列特征的条款。

这两种文件之间的分歧并非不可取。重要的是，国家法律中缺少一些 IIA 类型的保护条款，而这些条款与旨在达到某些目的（例如投资促进或便利化）的国家投资法律框架相符。

针对这一投资政策格局，关键问题是如何最好地提升国家投资法律框架和 IIA 制度间的协同效应。

专栏 3.1 国家投资法概述

对于许多发展中国家和转型国家而言，投资法是该国外国投资监管框架的核心。UNCTAD 的投资法数据库显示，至少有 109 个国家拥有这样的法律。这些国家几乎都是发展中国家（91 个）或转型经济体（13 个），而发达国家的关键 FDI 条款出现在其他各类法律中。在上述投资法中，64%（71 项法律）同时适用于国内外投资者，而其他法律仅适用于外国投资者（40 项）。亚洲国家更可能拥有外国投资法，而非洲大多数国家采用了涵盖外国和本国投资者的投资法。大多数已生效的投资法是在 1989 年以后通过的。尤其是在 20 世纪 90 年代（冷战结束后），许多国家（39 个）设立了新的投资法。

投资法的主要目标是通过规范进入国内市场的方式来促进（外国）投资；规定投资者的权利并予以保障；明确争端解决的途径；设立包括投资促进机构和一站式服务点在内的机构；以及提供激励机制。然而，尽管大多数投资法具有相同的目标和基本结构，但其在关键 FDI 条款的内容和质量方面存在很大差异（WIR17）。投资法的具体内容也可能取决于不同的法律功能（Bonnitcha，2017）。

此外，国家投资法在与投资有关的（例如，竞争、劳动、社会、税收、贸易、金融、知识产权、卫生、环境、文化）国内法律、法规和政策所组成的复杂网络中运行。投资相关议题通常也体现在一国的公司法中，有时还被包括在一国的宪法中。因此，对于拥有投资法的国家而言，该法必须在该国更大的政策框架背景下进行评估。

资料来源：UNCTAD 投资法数据库。

注：数据仅限于涵盖（或旨在涵盖）投资基本法律框架并包括关键 FDI 条款的法律（共 111 项）。不包括那些只关注该框架中某个特定方面（如激励、获取土地或国家安全）的法律。

（二）IIAs 和国家投资法律框架互动带来的挑战

虽然国家和国际投资政策制定具有上述结构性差异，这里仍然存在两个维度互动的实例。这种互动至少会带来三个方面的具体挑战：

• 国家和国际投资政策的制定者可能各自独立运作，因而产生无法相互支持或更糟的冲突结果。

• 不协调性（例如，在一个或几个 IIAs 中明确界定的 FET 条款与投资法中宽泛的 FET 条款之间存在不协调）可能会使 IIA 改革无效。类似的，“老一代” IIAs 中宽泛起草条款的风险阻碍了朝向新的更加现代的投资法的改革努力进程。

• 当国家法律包含预先同意将国际仲裁作为解决投资者—国家争端的手段时，投资法和 IIAs 之间的不协调也可能产生与 ISDS 相关的风险，还可能引致平行程序（parallel proceedings）（参见专栏 3.2）。

专栏 3.2　ISDS：事实、数据和风险

尽管基于协定的 ISDS 已经成为当前国际投资政策辩论的重点，在国家投资法中纳入 ISDS 及由 ISDS 案件所引发的争议相对较少。事实上，基于国家投资法的 ISDS 案件数量相对较少。

从数字看：不同法律文件中的 ISDS 条款

· ISDS 是 IIAs 中的典型条款：其中有 95%的 IIAs 包含 ISDS 条款。

· 在国家投资法中 ISDS 条款并不常见但仍然存在：59%包含 ISDS 条款（66 项法律中只有 24 项要求预先同意；见上文）。

——非洲的国家投资法包括 ISDS 条款的最大可能值为 77%。

——转型经济体的国家投资法包括 ISDS 条款的最大可能值为 70%。

· 当包括 ISDS 条款时，国家投资法采取更谨慎的方法，常常使用所谓的逐案同意。此类条款使得诉诸 ISDS 成为可能，但要求提请 ISDS 仲裁前需获得东道国政府同意。

——国家投资法在逐案同意的基础上允许提请 ISDS 仲裁的可能性为 52%。

——要求逐案同意的 BITs：4 项（总计），其中大多数在 20 世纪 70 年代签订（瑞典—南斯拉夫 BIT（1978），瑞典—马来西亚 BIT（1979），埃及—瑞典 BIT（1978）和斯里兰卡—瑞士 BIT（1981）；另见泛非投资准则（2015））。

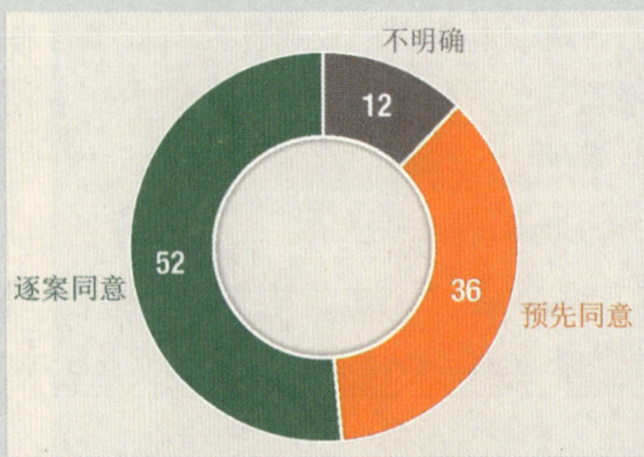

专栏图 3.1.1 国家投资法中国际仲裁的同意类型（%，总计 66 项）

资料来源：UNCTAD 投资法数据库。

从数字看：基于不同法律文件的 ICSID 登记案件[a]

· 基于国家投资法的 ICSID 案件仅有 26 起。

· 同时基于国家投资法和 IIAs 的 ICSID 案件有 35 起。

共计 61 起案件基于投资法。

· 若干国家涉及的基于其国内法的 ICSID 案件更多。

专栏表 3.2.1 基于国内法的 ICSID 注册案件

国家	基于国内法	基于 IIA 的 ICSID 案件总数
委内瑞拉玻利瓦尔共和国	12	39
乌兹别克斯坦	6	6
几内亚	5	0
哈萨克斯坦	5	11
阿尔巴尼亚	4	6
埃及	3	28
萨尔瓦多	3	3
吉尔吉斯斯坦	3	3
刚果（金）	2	4
突尼斯	2	1

其他基于国家投资法涉及至少一个 ICSID 案件的国家包括喀麦隆、科特迪瓦、加蓬、格鲁吉亚、约旦、马达加斯加、毛里塔尼亚、黑山、莫桑比克、尼日尔、尼日利亚、巴布亚新几内亚、塞内加尔、南苏丹、坦桑尼亚、东帝汶和也门。

IIAs 和国家投资法中预先同意 ISDS 的潜在风险：

IIAs 和国家投资法中预先同意 ISDS 可能会提高一国的被诉风险，延长程序并因相互矛盾的裁决而给被申诉国带来更高成本：

·被诉风险提高：例如，在 Caratube 公司诉哈萨克斯坦案中，最初的 IIA 申诉因管辖权被驳回后，投资者基于同一 IIA 再次提出申诉。此外，还基于国家投资法发起诉讼，投资者最终获得 3900 万美元的损害赔偿。[b]

·程序延长：例如，在冠军控股公司等诉埃及案中，在基于协定的申诉被驳回后，投资者同时基于国家投资法和 IIA 提出申诉（案件仍在审理中）。[c]

·更高成本：例如，在加拿大环太平洋矿业公司开曼子公司（Pac Rim Cayman）诉萨尔瓦多案中，仲裁庭在管辖权确立阶段驳回了基于协定的申诉，但允许基于国内法的申诉继续进行；该程序延长了四年并产生了可观的法律和仲裁成本。[d]

资料来源：UNCTAD。

注：a：基于根据 ICSID 仲裁或附加便利规则注册的 640 起未决或已完结案件，截至 2018 年 1 月。

b：Caratube International Oil Company LLP and Devincci Salah Hourani v. Republic of Kazakhstan (ICSID Case No. ARB/13/13).

c：Champion Holding Company et al. v. Arab Republic of Egypt (ICSID Case No. ARB/16/2).

d：Pac Rim Cayman Ltd v. Republic of El Salvador (ICSID Case No. ARB/09/12); see also ABCI Investments N.V. v. Republic of Tunisia (ICSID Case No. ARB/04/12).

（三）政策选项

最大化可持续发展利益需要最大化 IIAs 和国家投资法律框架之间的协同效应。各国应对这些挑战有如下切入点（见表 3.7）。

表 3.7 IIAs 和国家投资法律框架：最大化协同效应的切入点

强化政策制定者间的合作	• 加强国家和国际投资政策制定机构之间的协调 • 鼓励投资体制中各利益相关方之间的协商
加强两类制度之间的互动	•为不同制度内容间的互动制定明确的原则 •IIA 以投资者遵守国内法为条件提供保护，前提是这些国内法合乎国际承诺。 •利用分歧追求战略政策目标
确保两类制度之间相互促进	•确定国家投资法律框架可以从现代 IIAs 中受益 •确定 IIA 谈判者可以考虑国家投资政策制定中的共同特征

资料来源：UNCTAD。

1. 强化政策制定者间的合作

由于负责制定 IIAs 和国内投资规则的机构之间缺乏足够的协调，投资政策的制定也可能缺乏协调，甚至脱离现实。负责投资的部门和主管相关政策的部门之间也可能缺少互动（参见下文的讨论）。这些挑战出现在所有国家，但在人力资源不足以及缺乏制度或管理能力的发展中国家尤甚。加强一国投资政策框架内各方机构的合作，对于确保反映国家发展投资总体战略的方法协调性至关重要。这样做的其中一个选择是设立专门机构或部际工作组，以协调各部委和其他政府部门的投资政策相关工作（包括 IIAs 谈判）。此外，利益相关方之间的协商有助于最大化协同效应。

2. 加强两类制度之间的互动

在明确理解两类制度的不同功能和目标及其互动方式的基础上，不同投资政策工具之间管理得当的法律互动有助于减少条款之间的分歧或冲突所带来的挑战。IIAs 和国家投资法有时均包含处理二者间互动关系的内容：

• 在相互冲突的情况下，确立一类制度之于另一类制度的优先地位。如“关系管理”（relationship management）等技术条款有助于指导交叉和重叠的法律文件之间的互动，并明确优先权。超过 30%的国家投资法（34 项）包含这样的“关系管理”条款。在这 34 项法律中，16 项明确认可 IIA 优先于国家法律。其他则包括更加模糊的规定，如要求投资法所保障的权利“不损害”国际文件项下的权利。明晰规则可以为政府管理者、投资者和仲裁庭（在发生争议时）就上述制度如何互动提供法律指导。[26]

• IIA 以投资者遵守国内法为条件提供保护。60%以上的 IIAs 要求投资必须遵守国内法，方能从协定中获得保护。这些要求包括公司披露以及社会、环境或公共卫生保障等规定。这一做法有助于推进两类制度在某些方面（虽然有限）的协调性，也可以促进负责任的投资者行为。准入后的投资也遵守国内法时尤其如此（例如，在运营阶段或其后的阶段；UNCTAD，2015，选项 7.1.1），前提是这些法律合乎国际承诺。

• 利用分歧追求战略政策目标。尽管对政策互动的管理通常会力求一致，但国家和国际投资政策体系之间有意为之和暂时的分歧也有利于战略目标的实现。例如，国际制度可以推动国家层面的变革，正如有时可以从准入前协定中看到的那样（WIR04）。[27] 同时，各国国内政策优先顺序（以及随后的国家法律和政策）的变化也可以刺激国际投资政策制定方式发生变化。

3. 确保两类制度相互促进

国内投资规则和 IIAs 的相互促进可以确保不同政策制定领域从既有经验教训中彼此获益。要实现相互促进不仅需要加强政策制定者间的合作（如上文所述），而且要仔细识别潜在的照搬照抄的经验教训。重要的是，经验教训不能机械地照搬照抄。相反，必须注意不同制度间关键的结构和背景差异。

例如，实际上一国在国内层面具有广泛的投资自由化体制不会自动纳入 IIAs 投资开放的要求。相反，各国可能希望在外资准入条件方面保留监管空间。与此类似，一国已经开始对 IIAs 中诸如 FET 这样的核心保护条款加以限定，但并不意味着此类条款将自动“进入”国内法律。相反，各国可能希望避免在国家投资法中纳入 FET 条款。

鉴于当今可持续发展导向的 IIA 改革势在必行，对这些动态问题加以考虑尤为重要。有担忧认为，在特定情形下（国家投资法将预先同意国际仲裁纳入投资者—国家争端解决以及传统投资保护条款中），未经改革的国家投资法可能会使可持续发展导向的 IIA 改革更具挑战性。与此类似，未经改革的 IIAs 可能淡化甚至抵消包含可持续发展特征、更加现代的投资相关法律。

IIA 制定者可能希望考虑在投资协定中反映以下国内法律规定：

• 投资便利化：投资法通常包括一系列的投资便利化条款（UNCTAD，2016）。在 IIAs 中存在的条款之外（例如，透明度条款、准入条款和外国人员逗留条款），许多投资法也包含投资促进机构便利化服务和一站式服务窗口等相关规定。

• 投资者义务：约 2/3 的投资法明确规定了投资者义务。除遵守东道国法律规定的一般义务外，投资法还常常包含一个或多个具体要求，如公司披露、尊重劳工权利和相关标准（如涉及社会保障、最低工资和工会权利的标准）以及尊重环境和公共卫生立法。此外，部分法律规定，投资者必须履行财政义务（fiscal obligation）或涉及当地员工招聘、培训和技能转移的义务。

• 投资争端解决：此处分析的投资法中半数以上包含投资争端解决国际仲裁条款，通常是以逐案同意为基础（参见专栏 3.2）。许多法律还包含当地法院救济条款和替代性争端解决条款（分别为 64 项和 21 项）。就当前致力于完善国际投资争端解决的改革努力而言，政策制定者可能希望考虑是否可以从国家层面吸取经验教训。

国家投资政策制定者可能希望考虑在国内法律中反映以下 IIA 做法：

• 细化：在国家投资法包含典型 IIA 条款（如 FET、征收或资金转移）的情形下，这些条款往往不具有现代 IIA 文本（关于 IIAs，参见 WIR16，WIR17）中典型的细化和明晰等特征。

• 可持续发展导向：只有少数国家的投资法——在其序言或另外的阐述法律目标的特别条款中——与可持续发展（环境或人类健康保护）有关。然而，应当注意到，可持续发展相关概念可以在国内其他法律和政策中找到。对 IIAs 而言，可持续发展导向已经成为改革的标准（WIR16，WIR17）。

在最大化国际和国家投资政策维度间的协同效应时，保持灵活性是很重要的。IIAs 和国家投资法之间的分歧往往合乎需要，事实上，可能是有意为之。在认识到需要在国家和国际层面上对投资法律框架采取不同的方法时，政策制定者应致力于以更加协调的方式来制定 IIAs 和国家投资法律框架，从而设立符合一国更广泛的国家发展战略和可持续发展要务的投资制度。

三、管理 IIAs 和其他影响投资的国际法之间的互动

国际法的碎片化导致不同体系追求各自的目标，单个体系往往是孤立发展。与当前的 SDG 要务一致，IIA 改革应考虑到 IIAs 与影响投资的其他国际法之间的相互作用。IIA 改革有助于避免冲突和最大化协同效应，特别是通过制定更清晰的 IIAs 协定文本、例外条款和 IIA 条款的解释指南。

（一）IIAs 和其他影响投资的国际法之间的互动实例

投资政策的制度不存在于真空中，它与经济法律和经济政策的其他领域（如竞争、金融、知识产权、发展、[28] 税收和贸易）以及通常被认为是“非经济的”（如自然、环境、健康、劳动、社会或性别相关问题、土地权、国家安全问题）法律和政策领域间存在互动。[29]

国际法的不同领域在若干重要方面存在分歧。例如：

• 制度类型：IIAs 和双重征税协定（DTTs）等国际制度构成了双边协定的绝大部分，而其他的诸如人权、贸易和环境等协定大多是多边的。此外，法律的某些领域由可强制执行的法律文件所规范，而另一些领域则颁布了指导原则等“软法”。

• 争端解决类型：在国际层面，IIA 和贸易制度是两类包含争端解决机制的制度，与争端规避型或其他类型的机制（多边环境协定、DTTs 的相互协商程序等）相反。IIAs 和部分国际人权公约允许私人当事人（公司和个人）作为国家的相对方直接提起国际申诉。[30]

• 保护内容的类型：部分制度对国家和私人当事人的关系进行管理（IIAs，人权），而其他制度则监管或制定国家政策以实现某些全球目标，例如，环境保护、金融稳定性或文化遗产保护制度。

这些差异导致上述法律制度和政策实践之间存在不同类型的互动。此外，从本质上看，经济活动（如投资或贸易）必将影响公众和劳动者所面临的环境和社会状况。

（二）IIAs 和其他影响投资的国际法之间的互动带来的挑战

IIA 制度与其他国际法之间的诸多互动方式引发了若干不同但相互关联的挑战（见表 3.8）。这些挑战可以被划分为三个大类：监管空间的缩小、管理的复杂性和争端解决的不确定性。

第一，监管空间的缩小表现为若干相互关联的方式。外界认为最突出的风险是，IIAs 能够以不可预期的方式限制政策制定者对重要公共政策目标的追求。这样的限制可能会对将来与投资无关的国家或国际立法产生寒蝉效应（van Harten，2016；Bonnitcha et al.，2017）。例如，在针对澳大利亚和乌拉圭（最终不成功）的烟草争端后，一些发展中国家声称在跨国烟草公司可能发起国际投资申诉的威胁下，其无法颁布强有力的控烟法律。

第二，对涉及不同政策领域的国际法律制度进行管理存在固有的困难，这些政策领域被置于一个已然复杂的国内政策框架之上。对于不同政策领域的国际协定需要不同部委进行商定和实施的国家而言，这些政策领域可能也确实存在冲突。资源受限的小国可能会发现这种情况尤其难以驾驭。这些挑战也导致那些试图确定哪些措施可能违反 IIA 的国家面临更多的不确定性。例如，在给定的时间或地点确定投资适用于何种运营规则时，投资者也将面临管理的复杂性。

表 3.8 IIAs 与其他国际法律和政策：政策挑战

监管空间的缩小	• 对未来的非投资相关立法产生不可预料的寒蝉效应 • 面临 ISDS 的风险
管理的复杂性 （对国家和投资者而言）	• 对国家而言：管理不同但相互重叠的政策领域和国际义务面临困难 • 对投资者而言：投资决策需根据碎片化的国际（和国内）法律做出
争端解决	• 对相互孤立的协定进行解释的风险 • 就同一争端在多个争端解决机构进行诉讼 • ISDS 解释的不确定性

资料来源：UNCTAD。

第三，争端解决提出了三个不同的挑战：对相互孤立的协定进行解释的风险，在多个争端解决机构面临诉讼的风险以及 ISDS 仲裁庭对另一法律体系的处理方法具有不确定性。

对相互孤立的协定进行解释的风险源于国际法的特殊性质。协定可能以一种碎片化的方式被解释（国际法委员会研究小组）。法学学者分析了国际法制度参与和参考其他法律制度的程度。有趣的是，与 WTO 等争端解决程序相比，ISDS 仲裁庭与其他法律的互动更多（Charlotin，2017）。此外，正如国际法院（ICJ）阐述的那样，ISDS 融合了若干国际公法规范。这体现在 ISDS 对 ICJ 判例的援引频率中。例如，许多 ISDS 仲裁庭的裁决、决定和命令中援引了多达 184 份 ICJ 决定。[31]

在多个争端解决机构进行诉讼的情形也可能出现。在多个争端解决机构（如 ISDS 和 WTO 争端解决、ISDS 和欧洲法院）中提出相同的事实、主张或论据会带来产生冲突或混乱裁决的风险。到目前为止，在经济领域（如投资和贸易）和非经济领域（如投资和人权）中均存在这种情形。

ISDS 仲裁庭对另一国际法体系的处理方法具有不确定性，尤其是仲裁员可能需要在多种情形下考虑这些规则。这些情形包括，国家声称另一项国际法准则允许或要求采取某项措施；申诉方认为国家违反非投资规则构成对 IIA 的违法；以及国家主张违反义务的申诉方不得依据 IIA 提起申诉。例如：

• 在美国一家废料处理公司 S.D.Myers 诉加拿大案中[32]，为了证明对某一化学品实施出口禁令是正当的，加拿大提到了其在《巴塞尔公约》以及加拿大和美国之间的越境协定下的国际义务。[33] 法庭对援引的环境规范文件进行了审查。结果表明，实施出口禁令的真正原因是保护主义而不是保护环境。

• 在美国联合包裹服务公司（UPS）诉加拿大案中[34]，申诉方声称 NAFTA 第 15 章（涉及竞争政策、垄断和国有企业）的某些规定可作为 ISDS 申诉的依据。仲裁庭认为其管辖权仅限于违反投资章节（第 11 章）的情形，但也发现一方违反 NAFTA（包括第 15 章在内）义务的行为也可能构成对第 11 章的违反。[35]

• 在西班牙大型的垃圾回收与处理公司 Urbaser 诉阿根廷案中[36]，阿根廷提出反诉，援引数项国际法律文件[37]并声称投资者扩展业务的失败损害享有用水的人权。参照 CSR 的发展和《联合国商业和人权指导原则》，仲裁庭指出，不能再声称“国际经营的公司不受国际法约束”。

另一个相关的判决由欧洲法院于近期做出，其中判定荷兰—斯洛伐克 BIT 的仲裁条款与欧盟法律不符。[38]

（三）政策选项

为了促进可持续发展导向的政策协调性，IIA 改革必须考虑到 IIAs 与其他国际法之间的互动。在 IIA 改革中处理好这一关系有助于避免冲突并为仲裁庭提供解释这种互动的指导（另见 UNCTAD 国际投资体制改革方案）。

使 IIAs 内容更加明晰是管理上述部分风险的方法之一。[39]

• 纳入涉及其他领域政策制定的例外条款。第一个选项是纳入更加明确和更具可持续发展导向的例外条款或将其他领域政策制定从条款范围中剔除（例如，严重的国际收支失衡情形下的临时保障；审慎措施条款；环境、文化或国家安全例外）。[40]

• 交叉援引（cross-referencing）。第二个选项是对政策体系间的互动进行管理，正如一些协定已经开始做的那样。例如，超过 300 项 BITs 包含收支平衡例外条款，规定背离自由转移条款的例外措施必须与国际货币基金组织的协定内容相一致（例如，柬埔寨—日本 BIT，第 19 条（2007）；哥伦比亚—土耳其 BIT，第 9 条（2015）；日本—肯尼亚 BIT，第 17 条（2016））。有趣的是，WTO 的 GATS 规定，针对维持国际收支平衡的相关限制进行磋商时，应当接受基金组织所呈现的全部统计和其他事实调查结果，并且结论应基于基金组织的评估。

•指导性解释。第三个选项是纳入指导 ISDS 仲裁庭解释关键协定用语的条款（包括管辖权和案情问题）。另外，参考其他法律或 IIAs 中的 SDGs（如协定前言）也可以指导仲裁庭处理争端解决中的法律重叠问题。

UNCTAD 的国际投资体制改革方案（2017）可以帮助各国确定 IIAs 与其他非投资相关法律政策不协调的关键领域，并制定解决方案。

（四）政策制定动态：灵活性和政策空间

争取协调性并不必然意味着法律层面的统一——不一致和分歧可能是有意为之，但不同的政策领域和法律文件应当协同运作。

一国的战略考量可能产生有意为之的政策分歧。例如，如上文所述，一国可能希望在签订的 IIAs 中提供相较于其国内投资法律框架更高水平的准入（前）待遇。IIAs 中更大程度的开放可以有意地被用来推动国家层面的变革（如 IIA 驱动的自由化；WIR04）。同样，一国也可能选择在 IIAs 中不再坚持国内投资法律框架所设定的实际开放水平。在此情形下，差异可能是有意为之，其目的是给予国家政策空间以探索向外国投资开放的新部门，以及在未来必要时重新引入对这些行业的投资限制（WIR15；UNCTAD，2015）。

同样，国家政策可能会发生变化。事实上，在国家和国际层面政策制定中政策转变是一个常态。例如，国内政策领域可能出现新的因素，包括新政府上台、经济或金融危机、社会压力或环境恶化。与此类似，当一国转向可持续发展导向的投资政策制定时，几乎总是会出现一个暂时不一致的阶段。这种暂时的不一致不应当阻碍投资政策改革。相反，国家应当设法推进更快速、更具活力的改革。与此同时，国家在政府轮换或新政策出台时几乎总是存在调整期和时滞，各国在此期间必须保持灵活性。

最后，政策分歧可能源自不同的发展水平，后者继而转化为不同的政策需求和目标，以及不同的政策执行力。政策互动应当针对一国普遍存在的具体状况和国家间经济不对称的现实。寻找灵活性和一致性之间的适当平衡，例如，为单个国家留出足够空间以满足其需求的协调平衡，对于追求可持续发展投资的国家政策战略而言至关重要。

根据 UNCTAD 可持续发展投资政策框架的规定，UNCTAD 政策制定核心原则要求灵活地追求政策协调性和政策互动管理。政策协调性（投资政策应纳入总体发展战略）和动态政策制定（国家和国际投资政策需要灵活性以适应不断变化的环境）等原则是开启第三阶段改革行动的关键。

在处理国家和国际政策体系之间以及投资和其他政策之间的互动关系时，政策制定者还应谨记 IIA 制度本身的复杂性和不协调。全球 IIA 体制由过去 60 年来缔结的 3 300 余个协定组成，在可持续发展等内容方面呈现出差距、重叠和不一致性。在国家层面，不协调的 IIA 网络可能对东道国产生不利影响。最突出的是，由于投资者进行条约挑选，不协调的 IIA 网络将加剧 ISDS 的脆弱性，并且，现代可持续发展导向的协定沿用老一代 IIAs 内容的可能性也会提高（相关分析和政策选项参见 UNCTAD 国际投资体制改革方案更新版）。

总而言之，在考虑下一步投资政策改革时，各国应当以促进协调性、最大化协同效应以及推进各类投资管理法律文件之间的互动等目标为指导。然而，投资政策的一致性本身不应当成为追求的目标，而应以协调、相互支持的方式为可持续发展投资提供驱动力。

第四节　资本市场与可持续性

旨在促进可持续商业投资及协助实现 SDGs 的资本市场政策和文件是投资领域日益重要的特征。证券交易所、机构投资者（包括资产所有者和资产管理者）以及证券市场监管机构是推广新政策、工具和文件的关键参与者。鉴于证券交易所处于证券投资者、上市公司和资本市场当局交汇点的位置，证券交易所的可持续性实践可以成为监测可持续金融创新的有益参照。

一、证券交易所的 ESG 活动

围绕环境、社会和治理（ESG）要素对全球范围内证券交易所相关文件展开的审查表明，54 家交易所建立了至少一种促进企业 ESG 实践的机制（见图 3.12）。众多交易所发布可持续性指数或向上市公司提供有关 ESG 要素的指导或培训。

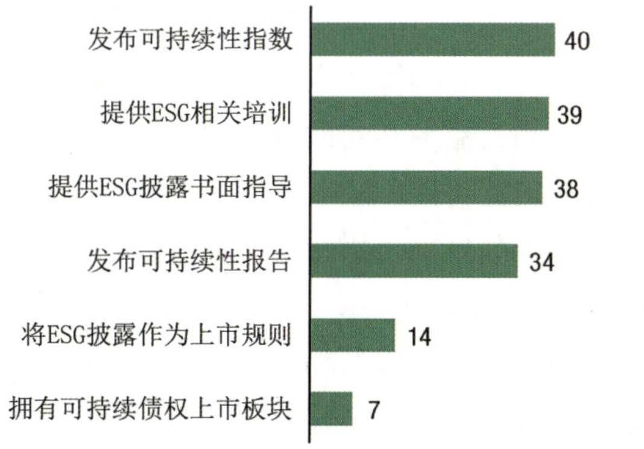

图 3.12　证券交易所可持续性机制一览（交易所数量）

资料来源：UNCTAD，SSE 倡议数据库。

（一）可持续证券交易所倡议

联合国可持续证券交易所（SSE）倡议[41]现已扩大至包括全球大多数证券交易所（见图 3.13），表明交易所对其市场可持续性的关注日益增加。SSE 于 2009 年启动，是一项由联合国贸发组织、联合国全球契约组织、联合国环境署和联合国负责任投资原则组织共同管理的联合国伙伴关系计划。通过 SSE 这一多方利益相关方平台，交易所与证券投资者、上市公司、资本市场监管机构和政策制定者得以凝聚共识并开展能力建设活动。

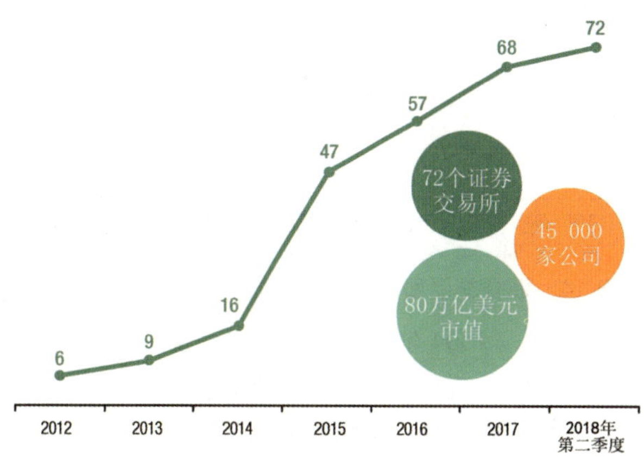

图 3.13　SSE 倡议成员，2012–2018 第二季度（证券交易所数量）

资料来源：UNCTAD，SSE 倡议数据库。

截至 2018 年第二季度，来自五大洲的 72 家伙伴交易所已经做出了促进其市场可持续性的公开承诺，涉及 45 000 余家上市公司，市值总计超过 80 万亿美元，其中包括全球十大交易所中的九家，以及来自发展中国家的一些小型交易所。

（二）ESG 披露指导和上市要求

交易所在协助市场应对新兴 ESG 披露和管理要求方面继续发挥重要作用。截至 2018 年第一季度末，向发行人提供有关 ESG 披露的正式指导的证券交易所数量已达 38 家。在 2015 年，只有 13 家证券交易所这样做，彼时联合国 SSE 开启了全球宣讲活动并发布指南以鼓励交易所提供可持续性披露指导，世界交易所联盟也就此议题发布了指导意见（见图 3.14）。

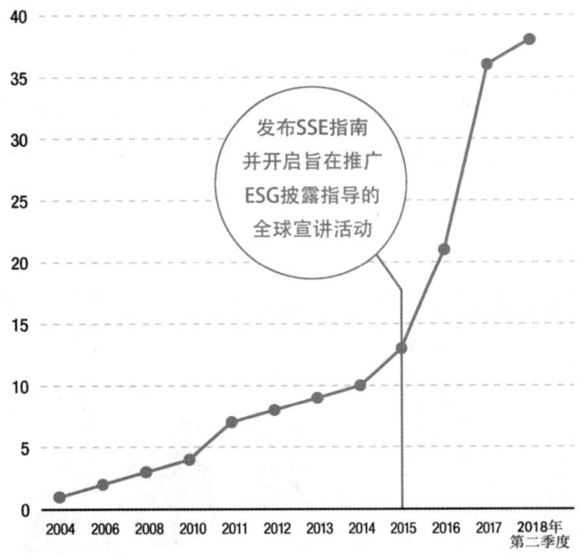

图 3.14 证券交易所开展 ESG 披露指导的全球趋势，2004 年至 2018 年第二季度

（提供指导的证券交易所数量）

资料来源：UNCTAD，SSE 倡议数据库。

除自愿指导外，无论是交易所本身还是证券监管机构（取决于管辖权以及每个交易所对应的监管当局）都越来越多地将 ESG 信息纳入交易所上市规则。截至 2018 年第一季度末，14 家证券交易所要求 ESG 披露，高于一年前的 12 家交易所。由于 ESG 议题被纳入更多交易所的上市规则，以及 ESG 主题投资产品市场不断发展（见下文），证券市场监管者对这一领域的兴趣也越来越大。例如，国际证券事务监察委员会下设的新兴市场委员会（IOSCO）在 2018 年初对其成员展开调查，以进一步明确证券监管机构在 ESG 议题中的作用。此外，2018 年初 SSE 倡议设立了一个证券监管咨询小组，旨在研究该领域的实践并促进各国之间的经验交流。

鉴于强制性 ESG 披露仍然是一种相对较新的可持续性机制，上市要求的出台往往与旨在协助采纳和实施该要求的其他活动相结合。例如，为了帮助上市公司遵守新加坡 ESG 披露要求，新加坡交易所在 2017 年组织了 23 个能力建设研讨班以培训公司员工开展可持续性披露。

（三）ESG 培训活动

证券交易所不仅是发行人和投资者的交易场所，同时在帮助发行人和投资者更好地理解新标准、产品、服务和实践方面也发挥着强大的能力建设作用。另外，证券交易所也提供与促进 ESG 实践有关的培训；事实上，提供培训是证券交易所促进 ESG 实践所采取的最常见活动之一。交易所的培训活动包括开发教育材料以及开展研讨班、大型会议和指导计划。例如，挪威证券交易所（Oslo Bors）已经开始对上市公司的董事会成员以及申请上市的公司管理层和董事会成员进行强制 ESG 培训。该交易所还为上市公司管理层和顾问提供持续的培训课程。

二、绿色金融和 ESG 指数

推广绿色产品以及“绿化”（greening）主流金融市场是证券交易所和其他资本市场利益相关方为应对全球气候变化做出贡献的重要方式。为帮助证券交易所启动或加强其绿色融资工作，SSE 于 2017 年 11 月在联合国气候峰会（COP23）上发布了一份指导文件以提供具体行动计划。[42] 这份文件由一个多方利益相关方咨询小组——由来自 28 个国家 60 家机构（以及 6 个国际组织）的 70 余位专家组成——在已有努力的基础上制定而成，旨在确定与证券交易所相关的具体项目并突出具有影响力的关键领域。该文件包括一份绿色金融诊断清单，使交易所能够评估其当前支持绿色资本市场的活动（见表 3.9）。

绿色金融的一个显著特征是绿色债券市场的持续快速增长，其为各类环保主题项目提供资本。[43] 尽管上市的绿色债券仅占整个债券市场的 0.2%左右，但其数量和市值呈指数增长，过去五年的年均增长率达到三位数（见图 3.15）。2017 年底，绿色债券市场的绝对市值超过 1630 亿美元。只有不到一半的绿色债券在证券交易所上市，SSE 数据库中有七个交易所拥有可持续债券上市板块。除上市此类债券以外，证券交易所在推广发行标准并为此类债券上市提供指导方面也发挥着重要作用，同时也为适应及减缓气候变化项目开辟了新的融资渠道。

表 3.9 绿色金融诊断清单

行动计划领域	行动要点
推广绿色产品和服务	**1.1 产品供应与合作伙伴关系：**您所在的交易所是否为您的市场开发提供绿色产品或服务，或与其他金融服务机构就此展开合作？ **1.2 可见性：**您所在的证券交易所是否通过专门平台或上市标签使绿色产品更易找到？ **1.3 绿色术语：**您所在的证券交易所是否为市场提供绿色术语的指导？
“绿化”金融市场	**2.1 市场教育：**你所在的交易所是否让发行人和投资者意识到将环境问题纳入投资实践的重要性？ **2.2 标准：**您所在的交易所是否将环境信息披露标准纳入上市规则？ **2.3 参照标准：**你所在的交易所是否以绿色指数或环境评级系统的形式为所在市场提供参照标准？
加强环境披露	**3.1 书面指导：**您所在的交易所是否提供了关于环境披露的书面指导？ **3.2 培训：**您所在的交易所是否为资本市场参与者提供环境信息披露和/或环境整合的相关培训？ **3.3 举例说明：**你所在的交易所是否发布有关自身的环境政策、实践和影响的报告？
开展绿色对话	**4.1 绿色金融中心：**您所在的交易所是否制定行动计划或路线图以促进绿色金融市场发展？ **4.2 标准和政策对话：**你所在的交易所是否促进了有关绿色标准的政策对话？ **4.3 投资者—发行人对话：**您所在的交易所是否促进了发行人和投资者之间关于绿色金融的对话？

资料来源：SSE（2017）。

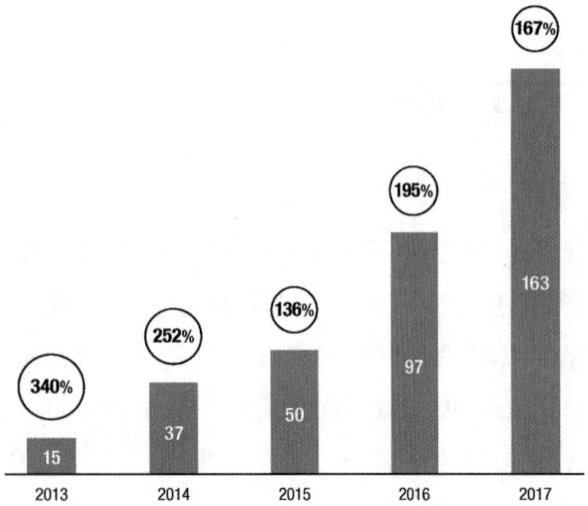

图 3.15　2013—2017 年绿色债券发行总量

（十亿美元，%）

资料来源：联合国环境署和彭博数据库。

绿色债券市场的经验也带来了其他可持续性主题债券的创新，如“水债券”（water bonds，一种用于清洁和可持续供水融资的绿色债券子类别）和“性别债券”（gender bonds，一个新的债券子类别，例如，包括 2017 年 8 月在新加坡交易所上市的女性生计支持债券，以及 QBE 保险公司于 2017 年在澳大利亚推出的性别平等债券）。投资者对可持续性主题债券的需求不断增长，促使国际资本市场协会在 2018 年发布了新的指导——“社会债券原则”。另一方面，国际金融公司已将其涉及妇女计划的银行业务合并到更广泛的社会债券计划中，以扩大投资者基数。

环境议题对股市的影响也在不断增强。证券投资者开始将气候和其他环境类风险和机遇纳入其分析与资产配置。例如，根据联合国巴黎协议和 SDGs 来应对气候变化的全球努力使一些主要资产所有者担忧化石燃料企业的中长期生存能力。这导致一些证券投资者将此类公司排除在投资组合之外。这种投资者行为促使新的环保主题股权指数出现，与传统指数相比，该类指数的表现反映了可持续性议题的成长性（见图 3.16）。

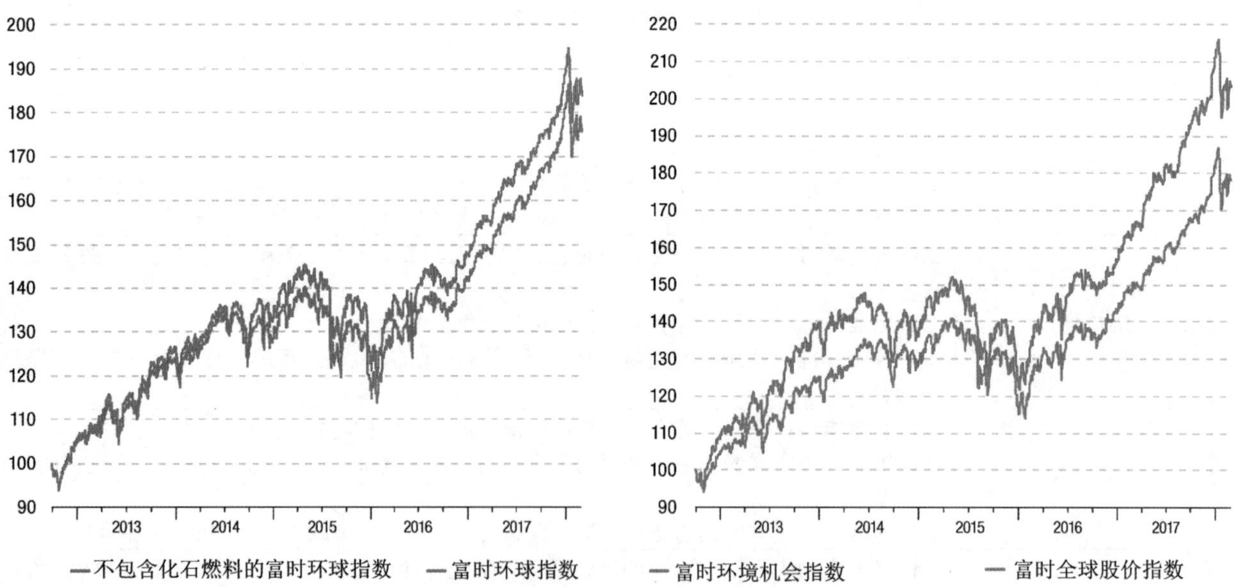

图 3.16　绿色股票指数 vs. 传统指数——2012 年第 3 季度至 2017 年第 3 季度和 2018 年第 1 季度（100=10/2012）

资料来源：FTSE-Russell。

化石燃料、性别平等、可再生能源、人权和水管理只是 ESG 指数涉及的多样化与迅速增长主题中的一小部分。ESG 指数仍然是证券交易所最受欢迎的可持续性工具，SSE 数据库内 87 家交易所中有 40 家提供 ESG 指数。交易所并不是创建此类指数的唯一机构；全球范围内有超过一百个 ESG 主题指数，由富时罗素、标准普尔、道琼斯、斯托克、汤森路透和摩根士丹利等专业公司创建。这些指数通常授权给创建特定产品的大型资产管理者，例如机构投资者和散户投资者都使用的交易所交易基金。ESG 指数帮助资产管理者将可持续性议题纳入资产配置策略。ESG 指数也鼓励上市公司自愿提升透明度。一些最早的 ESG 指数已有超过十年历史，提供了将其表现与更传统的市场指数比较的重要记录。例如，MSCI KLD 400 社会指数在过去五年中的四年表现优于其主要基准指数 S&P500（见图 3.17）。

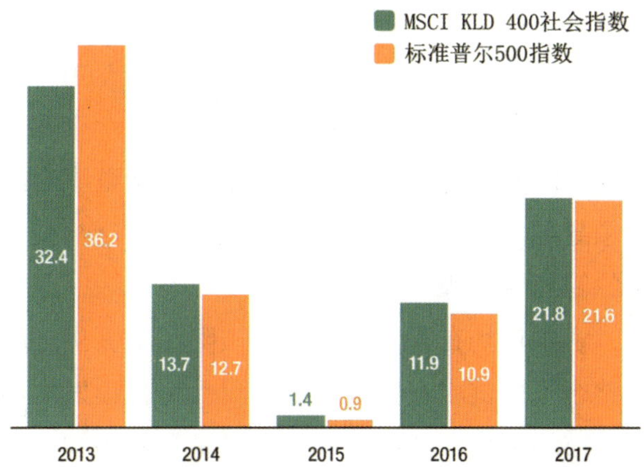

图 3.17　2013—2017 年 ESG 指数与传统市场指数对比（美国市场年收益率，%）

资料来源：MSCI 和标准普尔。

三、性别平等

资本市场对作为 SDG 第五项目标的性别平等日益关注。商业运作和价值链中的性别平等被企业和资产管理者视为商业成功的重要指标，通常与吸引更好的人才、更高的生产率、更多客户和更高的收入能力有关。2018 年 3 月 8 日国际妇女节当天，SSE 发起第四届年度“敲响性别平等的钟声”活动，并与包括联合国妇女组织、国际金融公司、ETFs 女性组织和世界交易所联合会在内的伙伴共同庆祝。这一年度盛会见证了 65 家证券交易所的敲钟仪式，以凸显私人部门在推进性别平等中的重要作用。

交易所可以扮演诸多角色。它们可以鼓励上市公司披露有关性别平等的指标：多样性目标及其实现方式；支持工作场所性别平等的政策；多样性指标，包括组织中各层级的女性占比、不同性别的薪酬差距和性别流动率，以及为促进供应链中性别平等和保障妇女权益所采取的行动。交易所也可以促进上市公司开展有关性别议题的培训。

例如，2017 年，位于秘鲁的利马证券交易所（BVL）为 BVL 上市公司高管组织了名为“打破玻璃天花板”的研讨会，为实施旨在消除性别差距的政策提供培训。BVL 还推出了一个名为“联合集团排名”（Allied Group Ranking Par）的免费保密平台，使公司能够对性别平等进行评估，其目标是促使 BVL 上市公司衡量自身在这一议题方面的相对表现，进而在组织中实施改进。

一些资本市场利益相关方也引入了新的金融产品，旨在支持女性赋权和企业领导层的性别平等。前文已提及两个性别主题的债券。在股权方面，也有诸如彭博性别平等指数这样的性别主题产品，该指数通过评估公司内部统计数据、员工政策、外部社区支持参与以及性别意识产品等因素来衡量公司的性别平等程度，涉及总部位于 24 个市场、10 个行业的 100 余家公司。另一个实例是，富时女性董事会领导指数系列基于董事会级别领导层的性别多样性程度及其对更广泛社会影响的管理表现来挑选公司。

资本市场在为 MNEs 及其国际活动提供融资的整个投资链中发挥着关键作用。可持续发展相关的市场创新继续吸引着证券投资者的兴趣，而可持续性主题产品的良好记录也加强了资产管理公司的观点，即 ESG 议题对于长期投资表现至关重要。随着可持续投资趋势的形成和扩展，它们对上市 MNEs 和股东之间的关系产生更大影响，并且促使 MNEs 的经营政策和实践与可持续发展挂钩。

注 释

[1] 这些投资措施的来源见 UNCTAD 投资政策中心（http://investmentpolicyhub.unctad.org）。

[2] 其中一些措施也具有投资促进的性质。

[3] 具体请参见网站 https://www.bmwi.de/Redaktion/DE/Downloads/S-T/schreiben-de-fr-it-an-malmstroem. pdf? blob=publicationFile&v=5.

[4] European Commission, “Proposal for a regulation of the European Parliament and of the Council establishing a framework for screening of foreign direct investments into the European Union”, 13 September 2017, http://www.europarl.europa.eu/RegData/docs_autres_institutions/commission_europeenne/com/2017/0487/COM_COM(2017)0487_EN.pdf.

[5] United Kingdom, Department for Business, Energy and Industrial Strategy, “National Security and Infrastructure Investment Review (Green Paper)”, 17 October 2017, https://assets.publishing.service.gov.uk/government/uploads/system/uploads/attachment_data/file/652505/2017_10_16_NSII_Green_ Paper_final.pdf.

[6] United States, The White House, “Statement by the Press Secretary Supporting the Foreign Investment Risk Review Modernization Act”, 24 January 2018, https://www.whitehouse.gov/briefings-statements/statement-press-secretary-supporting-foreign-investment-risk-review-modernization-act.

[7] 2017 年签订和生效的 IIAs 清单参见：UNCTAD 的 IIA 数据库，http://investmentpolicyhub.unctad.org/IIA。

[8] 库克群岛、基里巴斯、马绍尔群岛、密克罗尼西亚联邦、瑙鲁、纽埃、帕劳、萨摩亚、所罗门群岛、汤加、图瓦卢、瓦努阿图。

[9] 澳大利亚—秘鲁自由贸易协定（FTA）、全面与进步跨太平洋伙伴关系协定（CPTPP）以及韩国和中美洲国家间的 FTA。此外，2018 年 3 月，与 ISDS 有关的 CPTPP 数项补充协定已签订。例如，新西兰和秘鲁间排除适用 ISDS，以及被诉东道国需就投资者申诉提出明示同意方可进入仲裁程序（文莱达鲁萨兰国和新西兰，以及马来西亚和越南间的补充协议）。

[10] 截至 2018 年 4 月终止尚未生效。

[11] 丹麦与爱沙尼亚（1991）和罗马尼亚（1994）间的 BITs。

[12] 例如，MERCOSUR 区内投资便利化议定书（2017）在 4 个缔约方之间创造了 6 项 IIA 关系，而 CPTPP（2018）创造了 55 项关系。

[13] 该协定包括一项待定（placeholder）的 ISDS 条款（第 21 条）；各方同意在协定生效后一年内完成有关 ISDS 的讨论。

[14] 该协定包括不提供国际仲裁的 ISDS 条款。

[15] 该协定不包括 ISDS 条款。

[16] 协定文本未公开。各方同意未来协定范围将扩大至涵盖服务贸易和投资保护。

[17] 澳大利亚、文莱、加拿大、智利、日本、马来西亚、墨西哥、新西兰、秘鲁、新加坡和越南。

[18] 有关 NAFTA 中争端解决的学术和政策讨论提出了能否借鉴 1994 劳动力补充协议的问题，后者规定当被申诉方涉嫌未能有效履行其职业安全和健康、童工或最低工资技术劳工标准，并且这些规定（1）与贸易相关以及（2）被相互承认的劳动法所涵盖时，将设立仲裁小组以解决有关争端。

[19] 文莱达鲁萨兰国、柬埔寨、印度尼西亚、老挝人民民主共和国、马来西亚、缅甸、菲律宾、新加坡、泰国和越南。

[20] 澳大利亚、中国、印度、日本、韩国和新西兰。

[21] Slovak Republic v. Achmea B.V. (CaseC-284/16), Judgment, 6 March 2018.

[22] 例如，CETA（2016）将替换加拿大和欧盟成员国间的 8 项 BITs（第 30 条第 8 项），而欧盟—新加坡 FTA 和欧盟—越南 FTA 将分别替换 12 项和 22 项 BITs。

[23] 迄今为止，CPTPP 的其他协定方尚未采取行动终止此前已有的 IIAs。

[24] 截至 2018 年 4 月，澳大利亚、比利时、贝宁、玻利维亚、喀麦隆、加拿大、刚果、芬兰、法国、加蓬、冈比亚、德国、伊拉克、意大利、卢森堡、马达加斯加、毛里求斯、荷兰、瑞典、瑞士、叙利亚、英国和美国签署了该条约。

[25] 2016 年 6 月，UNCTAD 发布了投资便利化全球行动清单。该清单包含 40 余项可以适用于各国并供其采纳的行动条目，以弥补国别和国际投资政策制定的系统性空白。自发布以来，全球行动清单通过若干高水平政府间会议等渠道收到了来自投资发展利益相关方的大力支持。

[26] 尽管《维也纳条约法公约》规定，一个国家不得援引本国法律作为其未能履行国际条约的理由（第 27 条），但特定条约（IIA）在国家法律制度中的法律地位可能取决于该制度是一元制还是二元制（monist or dualist）。

[27] 在此情形下，一国的 IIA 谈判者将有意做出比国内法规定的投资准入和设立更开放的国际承诺。有时，与一国的阶段性时间表相结合，这样（暂时的）分歧可能转化为国家层面的政策行动（例如，自由化等国内改革；参见 WIR04，“IIA 驱动的政策互动”）。

[28] 一些 FTAs 包含与发展有关的章节，便于缔约国协助其他成员国履行协定承诺，包括投资章节下的承诺。

[29] 政策制定的经济和非经济领域之间的区别可能是模糊的。许多新近的环境协定本质上也可以被认为是经济性的，例如，《联合国气候变化框架公约》（UNFCC）。

[30] 然而，与人权条约相反，IIAs 不要求申诉方在向国际仲裁庭提交申诉前穷尽当地救济。

[31] ISDS 的裁决援引了一些 ICJ 或 PCIJ 案件，例如，Case concerning Elettronica Sicula S.p.A. (ELSI) (United States/Italy), Judgment (20 July 1989), Case concerning the Barcelona Traction, Light and Power Company, Ltd. (Belgium/Spain), Judgment (5 February 1970), and Case concerning the Factory at Chorzów (Claim for Indemnity) (Merits) (Germany/Poland), Judgment (13 September 1928).

[32] UNCITRAL, Partial Award, 13 November 2000.

[33] 关于控制危险废物越境转移及其处置的《巴塞尔公约》于 1989 年 3 月 22 日签署。《巴塞尔公约》是一个多边环境协定，加拿大是其中一个缔约方，而投资者的母国美国则不是。

[34] ICSID Case No. UNCT/02/1, Award on Jurisdiction, 22 November 2002; Award, 24 May 2007.

[35] 有趣的是，在 Al Tamimi 诉阿曼案中，部分基于阿曼—美国 FTA（2006）中与环境保护相关的非投资章节和条款，该国成功应对了投资者的申诉。Adel A Hamadi Al Tamimi v. Sultanate of Oman (ICSID Case No. ARB/11/33), Award, 3 November 2015.

[36] ICSID Case No. ARB/07/26, Award,8 December 2016.

[37] 阿根廷援引《1948 世界人权宣言》《1966 经济、社会和文化权利国际公约》《OIL 关于跨国企业的三方原则宣言》（2006 修订）和 2010 年联合国大会第 64/292 号决议。

[38] Slovak Republic v. Achmea B.V. (Case C-284/16), Judgment, 6 March 2018.

[39] 为此，正如 UNCTAD 国际投资体制改革方案和可持续发展投资政策框架所建议的那样，对实质性和程序性保护相关的 IIAs 条款进行细化，这在新近协定中已有所实施（参见第三节）。

[40] 然而，应该谨慎行事，因为这样的条款可能会被狭义解释从而无意间限制了国家监管空间。See Bear Creek Mining v. Peru (ICSID Case No. ARB/14/2), Award, 30 November 2017, paragraph 473.

[41] 更多信息参见 www.SSEinitiative.org。

[42] SSE (2017), “How Stock Exchanges Can Grow Green Finance”.

[43] 以下领域的绿色债券融资计划：可再生能源、能效、低碳运输、可持续水资源、废物和污染管理、气候适应以及农业和林业。

投资与新产业政策

第四章

引言

背景与定义

在经过了数十年的分歧与争论之后，产业政策在过去的十年期间在包括发达国家和发展中国家在内的政策制定者中间再次开始流行。然而与早期的干预措施相比，新一代的产业政策无论是在方法上还是在范围上都已经发生了显著变化：以往相对僵化的产业政策更倾向于将注意力集中在对特殊产业的保护方面；与之相比，如今的产业政策已经变得更具机敏性、互动性、包容性、灵活性以及与其他政策领域的相容性，并对诸如可持续发展等更为广泛的议题做出反应。与此同时，FDI 与跨国公司的运营已经或明或暗成为当代很多国家产业政策中不可或缺的一部分。

尽管产业政策在不同的研究当中有着不同的定义[1]，但其中的一个共识在于其包含了那些旨在影响经济结构的政府政策（Rodrik，2004）。根据这一定义，产业政策有着十分广泛的外延，并覆盖了一系列旨在通过提高国内生产能力和国际竞争力来实现国家战略目标的政策体系。它不仅涵盖了侧重于特定产业的专属性政策，而且也涵盖了那些旨在改善多个行业运营条件和能力的跨部门统筹性政策。一项针对过去产业政策变化情况的回顾显示，近年来的政策更显著地依赖于以基础设施改善、教育和培训、企业发展、产业集群与关联的建立、创业、创新融资渠道和社会政策等为目标的一系列支持措施和手段（Salazar et al.，2004）。这反映了当前产业政策在范围上相对于早期进口替代领域所使用的产业政策发生了改变。

伴随着产业政策对于经济中生产结构和增长轨迹结构性调整方面的需要，投资特别是外国直接投资（FDI）已经成为产业政策中的一个重要组成部分。例如，一份有关产业政策影响的经验性评估表明“以促进 FDI 为目标的产业政策可能比那些针对贸易活动的政策更为有效，其中部分原因在于 FDI 促进政策更多地关注新的生产活动而非保护现存（并且很可能是不成功）的企业”。如果这些措施是为了实现技术升级而采取的广泛措施的一部分，那么它们可能会有所裨益；但如果它们仅仅是被孤立地加以实施，则它们极有可能会陷于失败（Harrison et al.，2010）。无独有偶，Rodrik（2013, 51 页）也指出，“目前产业政策的重点可能需要更多集中在产业内部的若干环节而非整个产业上，且需要更多关注境外投资者而非本地投资者。但最终建立在公私伙伴关系基础上的合作性产业政策的基本原则……仍旧适用”。

目标

本章基于一项针对过去十年期间 100 余个国家的产业政策清单对产业政策的模式以及投资政策在每一种模式中所扮演的角色进行了回顾。本章不仅显示了投资政策工具如何在不同的模式中得以运用，同时也提出了通过更为强力和高效的投资政策来改善产业政策影响的具体方法。

考虑到产业政策的最新演进，在新工业革命（NIR）和可持续性要求的推动下，本章特别针对新一代产业政策中的投资政策内涵进行了详细剖析。

范围

本章主要侧重于产业政策中的外资政策维度，并重点关注包含市场准入和设立、筛选、提升与促进、激励和绩效要求以及经济特区（SEZs）等在内的国家层面的投资政策。而对于国际政策（国际投资协定或 IIAs）仅做泛泛讨论。

与具体产业政策相关的主要经济选择问题，诸如相关政策究竟应当建立在当前比较优势基础之上，抑或是应当在新的领域发展战略优势并重塑比较优势（Lin, 2012; Lin and Chang, 2009; Gereffi, 2014; Buzdugan and Tüselmann, 2018）等均不在本章的讨论范围之内。

本章的数据分析与更广泛的讨论将主要集中在制造业（尽管也包含了附属的服务性产业部门）。之所以做出这样的取舍，主要原因在于制造业仍然是现代经济中技术驱动型增长的主要动力来源：制造业部门为许多发展中国家的经济发展提供了基础；而在发达国家中，工业领域所遭到的侵蚀以及制造业核心的流失也引起了高度关注。

结构

本章的结构安排如下：第一节对当前产业政策的发展及其所面临的众多新议题进行了总结，并概述了投资政策在其中发挥的作用；第二节根据联合国贸发会议投资司新建的政策清单库确定主要的产业政策模式，并对当前产业政策设计的实践情况进行调查；第三节分析了投资政策在不同产业政策模式中的具体应用；第四节主要结合新一代产业政策和可持续发展要求提出更新投资政策的方法和手段，包括一揽子针对不同产业政策模式而定制的投资政策工具包。

第一节　产业政策：一种现代现象

一、近年来产业政策的兴起

如今的产业政策已经变得无所不在。联合国贸发会议的全球产业政策调查显示，仅仅在过去的五年期间便至少有 84 个国家实施了正式的产业发展战略。这些国家不仅包括发达国家，也包括很多发展中国家，其经济总量占到了全球的 90%。

自全球金融危机以来，实施国家层面的产业发展战略的国家数量出现了迅猛的增长。无论是正式的产业政策还是那些瞄准具体产业部门的单独性政策，其实施率在过去一段时间内始终居高不下。仅在过去五年期间，便至少有 84 个国家发布了产业政策声明或明确的产业发展政策框架。针对性产业政策的使用遍及所有发展水平的国家，这种政策的应用不仅出于经济发展目标的考虑，而且也是为了应对当前所面临的各类挑战，如创造就业与减少贫困、参与技术革命和全球价值链、促进效率提升和清洁能源的使用以及发展绿色经济等（Salazar et al.，2014）。

这场遍及发达国家和发展中国家的产业政策激增现象主要源自如下一些动力的推动：

• 第一，全球金融危机之后降低失业与刺激增长的压力导致政府采取更为积极的行动来解决社会经济问题并管理全球化带来的负面影响。

• 第二，东亚和东南亚新兴经济体的成功给发达国家带来了相应的压力，迫使其采取必要的措施来应对贸易、投资和技术方面的激烈竞争。这种成功同时也启发了低收入和中等收入经济体，使得这些国家可以借鉴相关的经验并通过更广泛地参与全球价值链以推动产业的发展。

• 第三，中等收入经济体对于过早去工业化的忧虑以及低收入国家对于错失机遇的担心增加了制造业支持政策的压力。先进制造业已经成为新兴和成熟市场经济体发展的重中之重。

• 第四，对于包含货物和服务在内的全球价值链的关注意味着提高制造业的产能需要与相关的服务和监督促进机制共生的支持性政策。

• 第五，正如可持续发展目标（SDGs）所体现的那样，全球层面下可持续发展和包容性增长的要求进一步增加了政府引导产业发展的压力。

产业政策目前已经在发达国家和发展中国家中普遍存在。推动产业发展关键部门（首先是制造业，同时也包括服务业和支持性基础设施）生产率增长的政策被广泛地认为是促进经济增长和就业，以及遏制过度不平等问题的不可或缺的因素。对于发展中国家而言，尽管近年来的一些证据表明，绝大多数产业政策对于制造业的特别关注可能过于狭隘（IMF，2018），但多数的经济学家已经多次意识到几乎没有哪个国家可以在不经过一个基于制造业和出口导向的工业化阶段的情况下实现成功发展（Rodrik，2011；UNCTAD，2016c）（确有极少数的国家倾向于利用其特殊资源，如丰富的自然资源、有利的地理位置以及有助于金融服务发展的财政环境实现了成功发展）。发达国家目前对于产业政策的全力投入则主要出于抵消20世纪90年代和21世纪初快速全球化以及全球金融危机所带来的制造业衰退的需要，其政策也越来越多着眼于重建制造业基础（激励措施、补贴、在先进制造业内开展公共投资以增进国内生产能力）以及确立在先进技术领域战略地位等方面。

二、产业政策的新主题

现代产业政策已经变得日趋多样化和复杂化，并容纳了很多超越传统产业发展和结构转型要求的新主题和各种目标，如全球价值链整合与升级、知识经济的发展，以及与可持续发展目标和新工业革命竞争地位相关联的产业的建立等。

产业政策已经发生了演进并日益多样化。以前，产业政策通常聚焦于保护或促进特定产业的发展以及促进结构转型方面。然而在过去的几十年中，产业政策正在逐步转向以增进包括国际市场在内的整体工业竞争力为目标的统筹发展战略，这一点已经得到了很多证据的证实（Singh，2016；Andreoni，2016；European Commission，2010；Tarr，2005；WIR11）。伴随着一场可能预示新技术范式肇始的重大技术变革，相关领域生产能力和竞争力的改善已经引起了很多经济体的关注。因此现代产业政策已经涵盖了包括全球价值链、知识经济和新工业革命在内的广大范畴。表 4.1 对这一发展情况进行了总结。在这其中，各阶段不可避免地呈现出一定程度上的泛化和重叠，比如在 20 世纪 80 年代至 90 年代期间，一些东亚和东南亚国家就奉行明显不同的产业政策。

产业政策现代化的关键推动力来自很多发展中国家所采取的旨在提升全球价值链的政策和全球价值链导向战略（WIR13）。这些政策鼓励和支持了那些基于特定禀赋和竞争优势在分割和地理分散的产业价值链中创造出口的经济活动。提升全球价值链的参与度需要保持价值链内部产品的交付和质量上的一致性，对产品和服务进行整合以完善产业链、监管体制，以满足私人标准在全球市场中日益重要的地位。这反过来也意味着相关国家目前所采取的鼓励从全球价值链活动中学习的积极政策可以促进其向高附加值领域的升级并以多样化的方式融入高附加值的价值链体系。

表 4.1 产业政策的演进与新主题

			现代产业政策	
	20 世纪 70 年代以前	**20 世纪 80—90 年代**	**2000 年至今**	**近期/新兴主题**
关键特征/ 主题	◆ 工业化与结构转型	◆ 稳定、自由、放任	◆ 知识经济 ◆ 全球价值链	◆ 新工业革命 ◆ 可持续发展
政策目标	◆ 创造市场多样化	◆ 市场导向现代化	◆ 专业化与生产率提升	◆ 生态系统发展
核心要素	◆ 进口替代 ◆ 幼稚产业保护 ◆ 部门发展 ◆ 逐步和有选择地开放竞争	◆ 有限的政府干预 ◆ 更多的统筹性政策 ◆ FDI 开放 ◆ 竞争披露	◆ 开放经济体的针对性战略 ◆ 营造商务环境 ◆ 数字化发展（IT）与 ICT 扩散 ◆ 参与全球生产网络 ◆ 与战略产业保护相结合的 FDI 促进 ◆ SME 支持 ◆ 技能发展	◆ 技术能力发展 ◆ 生产创新（OT） ◆ 学习经济 ◆ 可持续发展目标下的部门发展 ◆ 公共一私人知识/技术发展 ◆ 外国技术获取 ◆ 创业发展
政策环境	◆ 国家发展战略的高度政治合法性	◆ 干预主义发展战略的低政治合法性 ◆ 通过国际承诺限制政策空间	◆ 国家发展战略合法性的恢复 ◆ 选定区域内的适度政策空间	◆ 新领域更多的政策空间 ◆ 更加强调包容性

资料来源：UNCTAD，改编自 Andreoni (2016)。

注：ICT =信息通信技术，IT = 信息技术，OT = 运营技术，SME =中小企业。

现代产业政策中的另一个要素是数字化发展，互联网连接基础设施改善以及信息与通信技术（ICTs）在企业中的广泛应用。信息技术为提高所有部门的生产率和建立新部门提供了机遇，同时也将产业政策的范围从单一对制造业部门的关注扩展到了配套服务行业。许多国家，如哥斯达黎加、印度以及菲律宾都曾经通过基于 IT 外包的业务成功，提升了其在全球价值链中的参与度。

当前，现代产业政策的技术驱动力是数字化转型和运营技术（OT）的发展。越来越多的国家在实施与新工业革命明确相关的政策——在制造业供应链中应用新数字化技术、高级机器人、3D打印、大数据以及物联网（UNCTAD，2017e）。这些政策分别侧重于新技术领域产业能力的提升、对技术发展的保护或者减轻颠覆性技术带来的负面影响等不同的方面。即便是在那些曾经反对过产业政策的国家中，这些最新型的产业政策也得到了尤其突飞猛进的发展。

产业政策的目标也已经开始与可持续发展问题相结合，这一点可以在工业企业运营相关的监管框架以及部门偏好和选择性支持政策中得到体现。一些国家已经明确地将特定产业发展目标的重点放在新型清洁能源领域。新工业革命推动的政策也会带来与之相关的可持续发展问题，如包容性增长以及先进制造技术所带来的就业冲击等。

这种发展的结果就是造成了产业政策复杂程度的加剧。基于“选择胜者”的方法和以选择性保护与进口替代为特征的传统产业政策工具已经为更为复杂的方法所取代，由此来推动技术的革新和生产率差异的弥合并建立系统和协调机制来促进具有统筹影响的关联性活动。

纵观过去十年期间的发展趋势以及大量产业发展战略，显而易见的一点在于很多国家正在努力采用新的方法和模式。传统产业政策元素在那些需要建立基本生产能力的国家当中仍然十分普遍，其中绝大多数目前已经与其他产业政策模式的要素，尤其是那些旨在提升统筹生产力的要素相结合。尽管针对新工业革命的产业战略目前主要由发达国家和部分新兴市场经济体所明确采用，但很多发展中国家的产业政策也暗含着因在制造业供应链中引入先进技术所带来的后果的应对之道。

三、投资政策在产业政策中的核心地位

投资政策（特别是FDI政策）一直是产业政策中的重要工具。不同的产业政策模式承载着不同的投资政策规定。现代产业政策中的新主题需要在投资政策中得以反映。在这其中，新工业革命尤其需要我们对有关产业发展的投资政策进行战略层面的审视。

外资政策——即吸引、锚定和升级FDI并对其进行规制的政策——是产业政策中的重要元素。投资促进是产业政策中不可或缺的一部分，因为FDI实际上不仅是能够刺激经济增长的一种资本流动，而且是包含了长期资本、技术、市场准入、技能与诀窍等在内的一揽子关乎产业发展的资产集合。它不仅可以通过向金融资源缺乏的领域提供相关的资源以实现当地的可持续发展、创造就业、提升出口能力、推动技术的转移和扩散、通过投资和增值活动来直接或间接创造GDP以及贡献财政收入；还可以支持产业的多样化和升级，并积累包括基础设施在内的生产能力；尤为重要的是，它可以通过与本地供应商之间建立关联，从而帮助本地企业的发展。此外，鉴于80%以上的全球贸易与跨国公司的全球生产网络有关（WIR13），FDI也是促进相关产业向全球价值链整合的关键因素。

FDI的规制也是产业政策中同等重要的组成部分。投资活动的很多潜在收益并不能够自动地或以最优化的方式得以落实，因此那些可以最大

化对本地产业发展的积极溢出效应的政策正是产业政策中的一个共性的特征所在。进一步而言，一些经济体的产业政策还会通过设置外资股权的限制或者合资要求来支持本地产业的成长，并为战略产业提供保护，以此防止关键性的技术被外国所掌控。

投资政策通常会对境外投资者的进入和企业的建立行为进行监管，对境外投资者设立区别于国内企业的规定，规制境外投资者的运营活动并保护他们的资产。相关政策会规定一些投资促进措施（比如激励条件）以及投资便利化办法（如针对投资者的单一窗口受理），并通过改善营商环境影响投资者的运营条件。投资政策不仅包含了那些旨在最大限度地发挥外商投资活动所产生的积极溢出效应的措施，比如刺激外资企业技术和诀窍的扩散以及提升其与国内供应商之间的关联程度等；同时也包含了最小化潜在负面效应的举措，如社会与环境保障措施等。从一个更为广泛的视角看，不同侧面的投资政策在一系列诸如贸易、竞争、税收、知识产权、劳工以及其他各种存在内在关联的政策领域中扮演了整合者的角色。完整的政策领域、选择以及相关举措等可参见 UNCTAD 的《可持续发展投资政策框架》（IPFSD）。除了国家层面的投资政策之外，投资在包括全面的贸易与投资条约在内的国际投资协定中也有所涉及。

在如此广阔的范围内，投资政策必然包含了十分多样化的措施和工具。正如产业政策经历了不同阶段和模式的演变一样，投资政策工具箱的配置方式也已随着时间的推移而不断演进。早期的产业政策，特别是与进口替代相关的政策曾经广泛使用外资限制和绩效要求；出口导向的产业政策则极大地刺激了选择性投资促进工具与措施的运用，并以此来实现积极溢出效应的最大化（Zhan，2011）；近年来，统筹性的投资便利化措施和投资者导向则变得更加突出。不同的产业政策选择需要不同的投资政策措施与之相配合（见图 4.1）

投资政策体系的构成随着产业政策选择和阶段的不同而发生显著的改变。就政策体系的总体设计而言，政策制定者们可以借鉴大量的研究成果，不仅可以关注外商投资对于产业发展的潜在贡献，而且可以关注具体的投资政策措施对招商引资活动以及投资者行为所产生的冲击。在新工业革命以及可持续与包容性发展要求的推动下，产业发展战略的最新阶段也可能会改变投资政策和产业政策的内在逻辑关系，进而需要将这种关系的更多方面纳入考虑范畴。

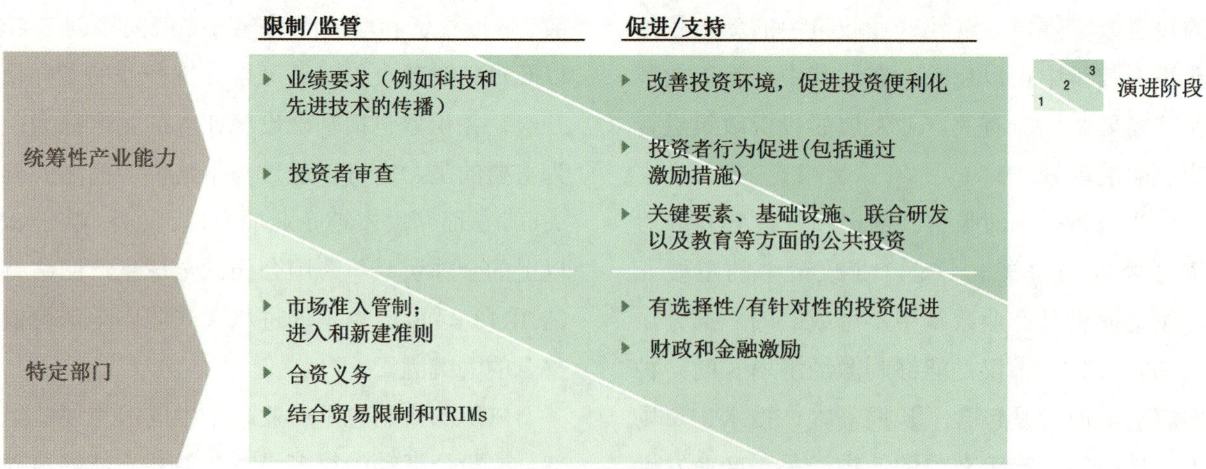

图 4.1 不同产业政策模式下的投资政策

资料来源：UNCTAD。

第二节 产业政策模式

一、现代产业政策体系的复杂性

在最近的发展中，产业政策被广泛地视为针对如下目标的一揽子互动战略和措施：（1）创建有利的产业体系（基础设施、金融系统）以及生产能力（包括生产性资产、技术和技能）；（2）支持国内市场和出口市场的发展。这些目标需要企业、产业以及经济总体层面的举措，其中每一个组成部分都包含着投资政策元素。

产业政策往往不是一个单独的整体政策框架，它通常由多个政策框架所组成，其范围涉及经济中产业系统的不同方面、不同的生产要素、不同的制度层面和不同的目标。即便是那些没有刻意制定明确和整体产业政策的国家，也往往会通过实施从补贴到部门规章在内的组合性政策措施来影响和引导产业的发展。

产业政策被广泛视作一系列交互式战略和措施，以及自上而下和自下而上的政策干预措施的组合。图 4.2 显示了个别政策措施是如何聚焦于有利的基础设施、金融、技术和技能等国家制造业体系的不同要素投入方面。同时它也显示了产业政策体系的多层面特征及其在企业、产业和工业系统层面所产生的影响，其中后者已经超越了制造领域，并涵盖了对生产能力创造至关重要的补充性服务和基础设施等。旨在改善产业发展赖以生存的总体宏观经济、社会和环境状况的政策措施是整个产业政策体系的基础，而多层次和多维模式的出现则是为了响应这些政策体系设计中的灵活性与选择性的要求。

涵盖整个政策体系的政策措施高度相互依存并需要相互的补充和配合。不同政策体系中的同一种政策措施可能会具有不同的含义和影响。每一个单独的产业政策措施都可以或多或少地具有选择性，其效应也取决于其纳入互动措施体系的程度。

整体产业政策体系的设计取决于一国的产业结构、发展水平或者增长机遇以及制度设计。在发展的不同阶段，国家的特征源自其不同的产业结构，即产业部门和出口的构成、技术基础设施、制造系统组织以及市场集中度。这些结构性的差异会使不同的国家面临不同的挑战：发展中国家可能会需要建立全新的部门，升级其产业结构，进而向价值链上游攀升，吸收或调整技术，以及满足国际市场所要求的质量及其他标准；工业化国家则可能会优先考虑实现规模生产能力与其创新系统的连接，改善研发（R&D）部门和产业部门之间的关联，或者提升可再生能源的生产和使用。

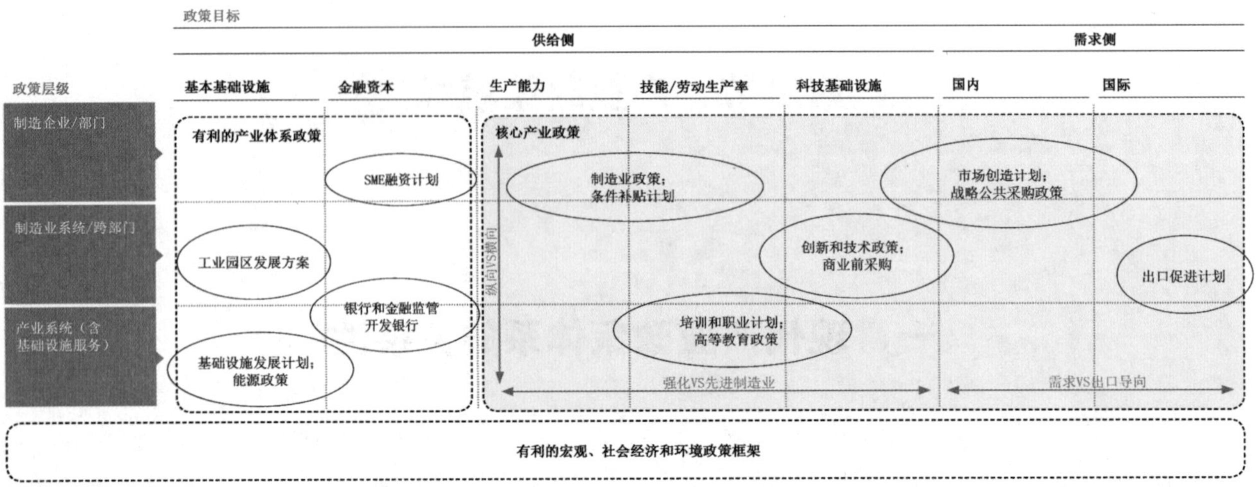

图 4.2 产业政策体系矩阵（示意图）

资料来源：UNCTAD，基于 Andreoni (2016)。

表 4.2 产业政策体系的实例

所选经济体		产业政策体系（说明性要素）	
发达国家	德国	•工业 4.0——未来智能制造 •ZIM（中央创新计划、中小型企业） •德国新高科技创新战略 •集体产业研发（IGF） •数字型中小企业	•德国制造 •INVEST（风险投资） •集群发展计划 •数字战略 2025
	日本	•新机器人战略 •日本振兴战略 •产业集群政策 •提高产业竞争力法案	•促进创新的举措 •促进制造技术基本法 •支持日本中小企业新业务活动
	美国	•国家先进制造业战略计划 •2010 年小企业就业法案 •国家出口倡议（NEXT） •美国复兴与再投资法案	•美国制造：美国制造业的创业与创新 •美国竞争法案
发展中国家	巴西	•国家科学技术与创新战略 •未来生产，巴西先进制造业 ICT 计划 •巴西数字化转型战略（电子数字）	•信息技术与通信发展总体规划 •信息技术战略计划 •数字治理战略（EGD）
	中国	•中国制造 2025 •互联网+战略 •下一代人工智能发展计划	•2016—2020 智能制造计划 •战略新兴产业主要产品和服务指导目录（2016 年版）
	印度	•国家技能开发政策 •通用电子无障碍国家政策 •国家制造政策 •科学技术与创新政策 2013	•国家技能开发和创业政策 2015 •国家钢铁政策 2017
	南非	•国家产业政策框架 •产业政策行动计划 •汽车生产发展计划 •国家综合出口战略（出口 2030） •DTI 战略计划（SP）2014—2019	•南非国家先进制造技术战略 •中小微企业综合促进战略（SMMEs）

续表

所选经济体		产业政策体系（说明性要素）	
	越南	•产业发展战略，2035 远景规划 •2011—2020 科学和技术发展战略 •越南汽车产业发展计划 •2020 越南服装和纺织业发展计划，2030 远景规划 •2020 清洁技术使用战略	•2020 越南企业生产力与质量提升国家计划 •2020 信息技术产业发展目标计划，2025 远景规划 •2016—2020 年新农村建设科技计划
最不发达国家	孟加拉国	•2016 年国家产业政策 •2010—2021 孟加拉国远景规划 •孟加拉国信息通信技术（ICT）现状、问题和未来发展计划	•数字孟加拉国战略重点 •国家摩托车产业发展政策 •2011 国家科技政策
	卢旺达	•国家产业政策 •中小企业（SMEs）发展政策 •数字发展战略 •卢旺达私营部门发展战略	•卢旺达工艺品产业战略计划 •智能远景卢旺达总体计划 2015—2020 •卢旺达规划 2020 •经济特区政策
	乌干达	•乌干达远景规划 •国家纺织政策——纺织子部门转型、竞争力和繁荣框架 •国家产业政策	•乌干达国家信息和通信技术政策 •乌干达中小微企业（MSME）政策

资料来源：UNCTAD。

情况和目标的不同导致产业政策体系存在巨大差异。比如在工业化国家当中，在汽车和电子等产业领域建立了强劲出口业绩的日本已经采取相应的措施来实现多元化并加强其制造业的弹性；拥有着悠久的多元化制造体系传统的德国更多地专注于技术升级和可再生能源议题；而在美国，制造业已经萎缩至不足 GDP 的 15%，且主要的工业跨国企业已经将大部分生产转移至低成本地区，美国开始引导更多的资金投向与其创新体系相关的领域，以期实现制造业竞争力的重塑。

几乎所有的新兴经济体都制定了旨在促进技能的发展、质量改善或者刺激创业的统筹性竞争力提升政策，以及针对数字发展或清洁能源等技术领域的发展计划（对于产业政策体系的详细展示请参见表 4.2）。它们将这些统筹性的政策与战略性产业发展计划进行了整合，并由此得以聚焦于新兴的高技术产业（比如中国的七大战略性新兴产业）、传统重工业（如南非的汽车生产发展计划）或者可以为国家的就业做出重要贡献的典型早期发展行业（如越南的服装和纺织工业发展计划）。

处于发展初期阶段的国家，特别是一些最不发达国家的产业政策体系中则通常会包含更多的特定产业发展计划以及针对经济发展关键部门的相关举措，如卢旺达的工艺品产业战略计划以及乌干达的中小微企业政策（这些措施在低收入国家中非常普遍）。但即便是在这些国家中，现代产业政策体系通常也包含了大量旨在提升总体生产能力的措施。

尽管并非全部如此，但我们的确可以在绝大多数的整体产业政策体系要素中觅见投资政策的身影。许多国家都实施了明确的（外商）投资战略（比如中国的外商投资产业指导目录，印度的 FDI 强化政策，肯尼亚的国家投资促进战略等）。而在其他一些国家中，外商投资则是其产业战略的一个重要组成部分（比如英国最近的产业战略中就突出强调了吸引新 FDI 以及推动现存的 FDI 向高附加值活动转移的重要性）。然而，投资政策并不仅仅是整个产业政策框架中的一个孤立体系，相反它贯穿了共同构成产业政策的绝大多数战略和措施。投资政策不仅可以专注于供给侧生产要素，并涵盖从基础设施投资的促进措施到刺激外资企业与本地中小企业业务关联以实现技术积累与扩散的相关政策等广大领域；同时还可以针对从单个企业的激励措施到广泛的投资便利化措施在内的所有政策层面，进而实现对整个产业体系的支持。刺激国内需求的措施，如公共采购政策也与投资政策密切相关（当这些政策存在对外国投资者的歧视的情况下尤其如此）。最后，促进出口，提升对全球价值链的参与程度或支持全球价值链升级的战略也是投资政策的一个整体组成部分（UNCTAD 的 IPFSD 对多种政策领域及其与投资政策的关联关系进行了总结）。

产业政策设计方面的差异导致了国家之间在投资政策和监管框架方面的显著不同。投资政策以产业发展战略为先导。很多最不发达国家的监管框架通常会将重点放在投资者保护方面，并以此抵消其在招商引资方面的结构性缺陷。但由于此类措施无法区分不同的投资者类型以及他们对产业发展做出的相对贡献，单靠这样的框架本身是不够的。新兴经济体则倾向于拥有建立在传统产业政策模式基础上的监管体系。这样的投资监管框架正在逐渐得到补充，以同时容纳针对具体产业的特定关注以及更具系统导向性的统筹性政策。此外，政策框架还需要灵活地应对不断出现的新问题。由于各国在资源禀赋方面存在巨大的差异，同时很多国家也越来越清楚地意识到经济机遇和技术条件的改变需要更为专注的政策努力来维持在全球市场上的竞争力，产业政策也由此具有了更加明显的多样性特征。发达经济体长期以来一直避免选择性的投资政策和监管框架，但随着产业政策的回归，它们也正在寻求实施更具选择性的投资监管与甄选机制。

相关政策的设计和有效实施也严格依赖于制度状况。政策体系的设计方式取决于各国的制度设置，并涉及包括政府机构、开发银行、研发机构、行业协会、商会等各类主体。处于经济发展初期的国家，特别是那些最不发达国家以及英国和美国等曾经经历过去工业化进程的国家不仅要面临建立或重建工业体系的挑战，同时也必须在所有的政府层面重建能够有效实施相关政策的制度能力（Andreoni，2016）。治理是一个包含地区、区域、国家乃至超国家层面在内的多层次问题（比如欧盟产业政策），这种多层次的政策体制天然蕴含着不连贯以及不同层次间相互抵触的风险，因此即便是发达经济体目前也需要更加重视促进和维持政策的一致性，尽管这一点长期以来一直被视作低收入经济体所急需解决的首要问题。

投资主管部门与投资促进机构是产业政策的左膀右臂。在所涉及的无数机构当中，投资促进机构是至关重要的。UNCTAD 对于投资促进机构的年度调查证实，这些机构中有 2/3 以上的工作建立在国家产业发展战略基础之上，占到了发展中国家的 80%和发达经济体的 50%。这些数字清楚地显示了国家产业政策在机构协调与促进政策执行的一致性与连贯性方面所扮演的重要角色。投资促进机构也会使用一些最有效的产业政策工具，相关调查显示了可以用来为工业技术升级提供支撑的促进工具，其范围涵盖了从一般性的行政便利化到具体的财政金融激励措施以及特殊产业园区等方面。

作为产业发展战略的组成部分之一，建立在数字技术和先进制造业供应链技术基础上的新工业革命（NIR）也对投资政策的设计提出了新的挑战。新工业革命正在改变跨国公司的投资计划流程并对跨境投资的模式产生重要的影响。新工业革命会对如下一些关键性的决策产生影响：

- 是否进行投资。越来越多的企业选择通过非股权运作模式和服务贸易而非制造能力内部化的方式来服务海外市场。反向投资和在岸活动正在抬头。此外，以 M2M（机器对机器）、通信和 3D 打印为代表的新技术可以为企业以更为频繁的速度改变经营区位选择提供了显著的灵活性。

• 以何种配置进行投资。新技术预计将会引发国际生产网络的根本性变化，比如从区域性大规模生产中枢到分散式生产。

• 投资区位。跨国公司的区位决策越来越基于不同的标准，不仅考虑生产要素（比如从劳动力成本到技能，以及从实体基础设施到数字基础设施等），也要考虑投资环境（比如从实物资产保护到无形资产保护）。

新工业革命也可能左右投资者在东道国的具体行为，包括影响企业参与合资活动的准备情况、分享技术或数据、培训当地员工或建立供应商的能力，以及相关业务的灵活性。

这对于发达国家和发展中国家在产业发展战略背景下的投资政策设计具有深远的影响。随着投资决定因素的演变，能够帮助这些国家吸引 FDI 的竞争优势已经发生了变化，战略投资者的目标、投资促进措施和便利化政策体系需要将这些变化纳入考虑范畴。投资现实与规制也需要跟上投资者行为改变的步伐并适应高科技、先进制造业以及数字投资者的变化。

成熟市场经济体中的投资政策制定者们正在愈发仔细地审视那些在过去几十年中没有被早先的产业发展模式纳入考虑范畴的投资规则与限制措施；新兴市场国家的政策制定者们已经越来越多地将对外投资政策视作为产业发展战略的一个整体组成部分；而发展中经济体的政策制定者们则正在尝试对低成本劳动力重要性的减少以及相对成熟的本地供应商在吸引外资方面重要程度的增加所带来的后果进行评估。新工业革命的影响并不仅仅及于那些明确提出支持制造产业发展的国家，例如智能机器人就同样可能会对服务业的外国投资（如呼叫中心或商务流程的后台部门）产生影响，而这些领域已经成为了很多发展中国家经济增长的重要支柱（UNCTAD，2017d）。

新工业革命不仅会对发展中国家的工业发展带来挑战，同时也可能为其创造新的机遇。尽管目前新工业革命在绝大多数发展中国家中所产生的影响还相对有限，但其中一些国家可能会成为相关技术的早期采用者并通过对高技术产品与服务的本地化开发或调整实现全球竞争力水平上的跃升。本土和区域性市场上的分散式制造会为那些原本扮演进口者角色的产品市场带来吸引投资的机遇；为先进制造业重新配置的供应链也会衍生出连接全球价值链的新机遇。而从宏观经济视角来看，新兴市场的新一波工业发展会产生新技术的扩散，并使低劳动力成本的国家得以吸引在高工资国家中失去竞争力的产业，进而为推动陷于停顿的投资与产业流动模式的重启提供新的动力。

产业发展战略正在形成新的主体，其中可持续发展扮演了核心角色。发展中国家具有更多利用外资的机遇，并拥有借此发展新兴产业的能力或开发新的比较优势，如可再生能源的生产等（Rodrik，2014）。可持续性也正在成为全球价值链参与条件中的重要一环。由于相关的问题一直被地区和国际社会反复提及，目前对可持续发展目标的愈发重视已经成为国家战略的组成部分。

二、近年来的产业政策设计

在近年来所实施的产业发展战略中，有 40%左右包含了针对特定行业发展的专属性政策；有 1/3 以上的内容为侧重于追赶生产率前沿的统筹性竞争力提升政策；另有 1/4 聚焦于新工业革命中的定位。在全部的产业政策中，约有 90%规定了详细的投资政策工具，其中主要是财政刺激措施和经济特区政策、绩效要求、投资促进和便利化以及越来越多的甄选机制。

为了改善多重政策体系和机构之间的协调情况，基于顶层设计的国家产业政策目前变得更为普遍。如前所述，产业政策措施天然的相互依存性需要政策方面的协调一致并可以随着时间的推移进行调整（Andreoni，2016）。在工业化发展早期采取自上而下治理模式的经济体，如东亚的一些国家将政策措施与顶层战略联系在一起以确保政策的一致性，并使其可以在需要高水平投资的时候采取必要的行动；其他许多经济体，特别是一些发达国家则往往依靠自下而上的治理模式，通过各级政府和不同的机构来推行产业支持措施。然而，多方面的权力下放和基于自发性的措施可能会导致协调性的缺乏并造成可能的重叠或冲突。为了应对这一情况，很多相关的经济体已经开始将国家产业政策确定为国家或区域层面的协调工具，由此也进一步催生了新产业政策的蓬勃发展。

顶层设计的产业政策具有不同的形式。一些国家出台了全面的正式战略，甚至颁行产业政策相关的法律，设立时间表和立法计划。在这种情况下，特定产业的法律规章往往可以追溯至相关的产业战略；另一些国家则会在国家层面或特定产业中发布有关产业发展战略的声明，但对于具体的立法或政策举措的实施路径却不甚明确。这些战略可以是独立的，也可以是一个更广泛的发展战略的一部分。许多国家制定了范围广阔的发展计划，其内容涉及总体财富创造、人类发展目标、社会与文化发展目标以及其他各类愿景；正如投资政策是产业政策的一种工具一样，这些计划中的产业政策可以被视为为达到目的而采取的一种手段。

UNCTAD 开展了一项针对近年来产业政策和工业发展战略的调查。顶层国家政策的蓬勃发展使得收集一套（就可比性而言）相对同质的产业发展战略变为可能。该调查仅考虑了自 2008 年以来为政府所正式采纳的战略，其具体的产业发展目标则集中在制造行业、与制造业相关的服务行业以及有利的产业基础设施等方面。该调查并不包括那些针对具体问题的战略（如中小企业、创业活动以及数字化发展战略等），单独性的特定产业战略仅集中在广泛基础设施服务领域，重点则放在顶层产业政策方面。基于上述标准，该调查共包含了来自 101 个经济体的 114 项正式政策[2]。

该调查的样本覆盖了来自所有地区的各经济体的战略，其中包含 30 项由发达经济体（包括欧盟范围内的战略）制定的战略、84 项由包括金砖五国（巴西、俄罗斯联邦、印度、中国和南非）在内的发展中与转轨经济体以及 24 个最不发达经济体所制定的政策。样本中有超过 3/4 的战略为过去五年内所实施。

一些国家会涉及多项专业政策，这些国家可

能在拥有一项针对先进制造业和新工业革命地位的国家产业政策的同时还保持了用以增强一般产业竞争力和推动特定制造业部门发展的产业政策（通常先于针对新工业革命的政策）。例如，匈牙利就同时拥有针对一般产业发展的伊里尼计划（Irinyi Plan）和针对新工业革命的工业 4.0 国家技术平台计划；阿根廷也同时实施了产业发展计划和技术与创新计划。一些国家已经将其产业发展计划纳入更广泛的经济发展战略当中。

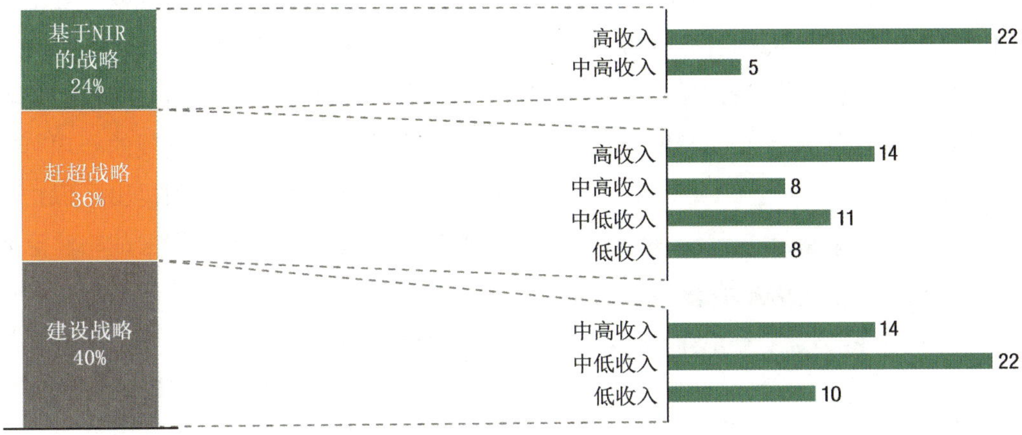

图 4.3　近期的产业政策模式（占样本的百分比以及每个国家组别的战略数量）

资料来源：UNCTAD。

参与调查的产业政策可以被分为三个广义上的类别。绝大多数被调查的产业政策都包含了致力于广泛的产业发展、工业能力建设、技术升级和技能建设等方面的统筹性政策，但没有一项产业政策专门关注与特定产业发展相关的针对性政策。40%的产业政策将统筹的便利化政策与促进特定产业，特别是以自然资源为基础的（加工）工业和轻工业发展的措施进行了整合。仅有 1/3 左右的产业政策集中专注于统筹性政策，并在某些情况下在高技能制造业（如工程行业）中增加针对特定产业的赶超目标。所调查的战略中约有 1/4（主要来自发达国家）受新工业革命的影响对先进制造业的发展给予了特别的关注（基于新工业革命的战略）。[3] 图 4.3 将样本按照专门针对特定产业建设的政策、侧重于总体赶超的政策以及受新工业革命驱动的政策进行了划分。

这三个类别的划分与文献中所常见的“产业政策阶段”（Salazar et al.，2014）并不相符，相反，它捕捉了产业政策战略中所蕴含的不同愿景，并展现了不同发展水平国家所遵循的政策之间的一些重要的重叠和区别。单纯通过古典的“幼稚产业型”产业政策工具来实现特定产业发展的纯粹的专门性政策已经不再流行；在现代产业政策中，即便这样的建设性政策也往往被纳入广泛的统筹性措施当中，且主要的保护性政策工具也很少被使用。

在某种程度上，三种产业政策类别的确与发展阶段存在一定的对应关系，但它们之间却并不彼此排斥。新工业革命推动的政策显然更局限在高收入和中高收入国家当中，但这些国家也可能在其产业政策组合当中容纳赶超性元素（对于这一情况可参见英国近年来的产业战略）。在按照收入组别划分的情况下，赶超性政策和建设性政策之间甚至不存在明显的线性关联，其中一个关键性的原因在于大量（中低收入）的新兴市场将其精心制定的赶超性政策与针对特定产业所推行的建设性政策结合在了一起，而其中的区别也就变为专属性政策与统筹性政策之间相对侧重点以及实施过程中所应用的具体工具的差异。

产业政策的既定目标很多（见图 4.4），其中共性的目标包括竞争力提升、就业创造以及促进经济的增长与发展。约有一半左右的战略以促进特定产业，包括新产业和幼稚产业的发展为目标。

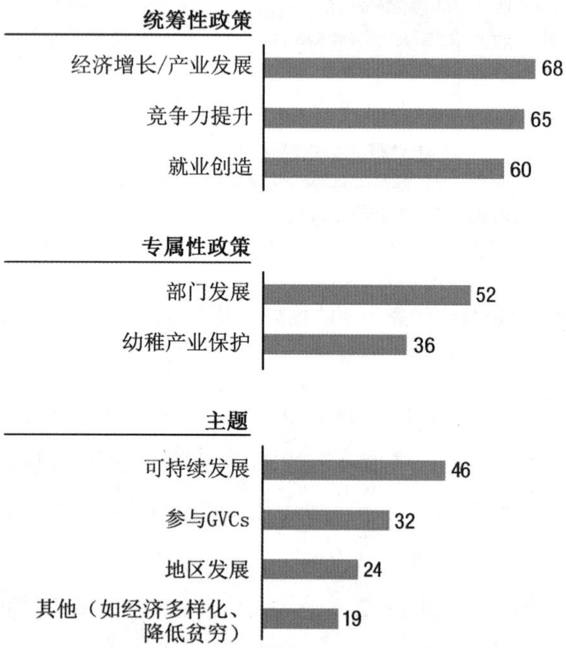

图 4.4 产业发展战略的既定目标（占所调查战略的比重，%）

资料来源：UNCTAD。

接近半数的政策强调了可持续发展。区域(次区域）发展在 1/4 的案例中有所提及，尽管国家的产业发展政策可能经常适用于不同战略下的区域。所调查的战略中有 1/5 涉及了一些其他目标，比如经济多元化、减贫或保护国家安全等，比如有一项战略列出了“确保国家防务与国土安全”的目标，由此模糊了经济发展与安全政策之间的界限。还有一些战略中提及了性别问题（见专栏 4.1）。

虽然许多战略并不包含具体的实施时间表或立法计划，但大多数都确定了具体的政策方法和实现产业政策目标的主要手段。大多数的战略都提出了支持技术升级、研发活动和技能建设的统筹性措施。有将近 70%的战略中涵盖了出口促进工具。经典的产业政策工具也在现代产业政策中继续占有一席之地，比如有 27 项战略将进口替代作为促进国内生产能力发展的一项可能的手段。然而只有 10%的战略明确提出了保护国内市场的措施，在这些案例中，相关战略注意到了国内较低的工业化水平以及在发展初期保护国内企业的必要性。为了实现这一目标，相关的战略提及了一些政策工具，如为新兴产业提供孵化支持或加征临时性的关税等。值得注意的是，提及加征临时关税的国家都没有意识到这种做法需要援引其所在的贸易协定，包括世界贸易组织（WTO）的例外支持。

绝大多数的战略都详细规定了资助或吸引产业发展所需投资的政策方法。90%以上的相关战略表达了通过公共支出来支持产业发展的意愿，包括为工业基础设施、工业园区和高科技园区以及技能培训计划提供资金支持[4]。公私伙伴关系（PPPs）无论是处于纯粹的融资目的，还是出于连接公共部门与私人研发或教育结构的目的，已经在 2/3 以上的近期产业政策中有所体现。PPPs 也被用于在那些私人部门不愿意进行投资的地区（比如印度和柬埔寨所发布战略中致力发展的农村或偏远地区），以激发相关的活力。

有近 90%的产业政策规定了促进私人在产业活动中的投资或刺激私人企业进行技术升级投资的措施。约有 60%的产业发展战略在促进 FDI 方面给予了特别的关注（尽管只有 20%左右提到或涵盖了包含 FDI 自由化与限制在内的具体措施）。

所有的战略都大量提及投资促进措施并将其

视为相关战略的具体执行机制。许多战略引入了多种投资激励方式，包括税收和关税减免以及对目标行业提供拨款与贷款以为其提供金融支持等；此外，各种形式的投资便利化，如减少烦冗的行政流程与通过一站式平台提供必要的信息等也被纳入了其中。经济特区、产业集群、孵化和技术园区也是产业政策中被经常使用的措施。

专栏 4.1 产业发展战略中的性别问题

联合国第五号可持续发展目标呼吁终结对妇女和女童的一切形式的歧视，并鼓励相关国家采取并强化合理的政策以及强制性的立法来促进两性平等并在所有层面赋予妇女和女童以平等的权利。除其他目标之外，它还力求确保妇女在政治、经济和公众生活的各级决策过程中实现充分有效的参与和平等的领导。其目标还包括确保妇女享有平等使用经济资源的权利，以及根据国家法律获得对土地和其他形式的财产，以及金融服务、继承自然资源的所有权与控制权。

在产业政策中，性别平等尚未得到应有的关注。UNCTAD 的一项研究显示，在所分析的全部 39 项产业发展战略中，仅有 1/3 提及性别问题。虽然相关的表述在一般性的经济发展战略中更为常见（71%），但只有很少的专属性产业发展战略（23%），特别是新工业战略（7%）提到了性别问题。然而，即便是那些没有将性别问题纳入其产业政策的国家也对于解决性别问题的计划给予了重点关注。在产业政策与社会和可持续发展目标日渐整合的情况下，将性别问题纳入产业政策框架本身就是一个合理的选择。

当这一问题被切实纳入产业战略时，相关的政策大多承认促进妇女参与的必要性或将性别问题归入政府政策的主流。一些战略中确实提及了具体的政策工具，如性别审查与主流化、对利益相关者的培训战略和相关的意识树立、设立性别问题协调中心、开展专门的职业和技术教育、为女企业家提供金融支持或在融资计划中赋予女企业家以一定的优先权等。

但几乎没有任何的战略超越了促进女性创业或劳动参与的范围，并将诸如缩小男女工资差距或在工作与职位晋升方面提供平等的机遇等问题纳入政策范畴。其他相关的问题，如获得优质廉价的托儿机构、促进兼职和灵活的工作安排或改善私营部门雇员父母的福利等也是如此。

通过为政策制定者和立法者提供高水平和长期的指导，产业发展战略可以在促进两性平等和赋予妇女权利方面发挥更为关键性的作用。因此，我们至少应当将性别问题纳入所有产业政策的主流，在更为理想的情况下还可以对如何改善妇女在相关产业中的地位提供具体的政策指导。

资料来源：UNCTAD 产业政策回顾与联合国可持续发展知识平台。详情可见 https://sustainabledevelopment.un.org。

其他一些投资政策工具，特别是 FDI 限制或（强制性的）绩效要求在近期的产业政策中较少采用，并且几乎没有用于新工业革命战略。

投资促进工具在所有现代产业政策模式中都被大量采用。基于新工业革命的产业发展战略更是几乎完全采用投资促进工具（见表 4.3）。相对而言，建设性战略对于 FDI 的限制与绩效要求以及投资便利化措施的依赖要更强。几乎 90%（至少 101 项战略）涵盖了超过一项以上的投资政策工具。

表 4.3 按政策类型划分的产业发展战略中的投资政策工具（占样本的百分比）

产业政策模式	激励措施	特区/孵化器	投资便利化	准入与新建		绩效要求
				自由化	限制性措施	
建设	87	85	85	20	7	30
赶超	93	76	88	17	2	5
基于新工业革命	100	74	48	4	0	4

资料来源：UNCTAD。

表 4.4 按国家类型划分的产业发展战略中的投资政策工具（占样本的百分比）

国家类型	激励措施	特区/孵化器	投资便利化	准入与新建		绩效要求
				自由化	限制性措施	
发达国家	97	83	67	3	0	3
发展中国家	92	78	82	18	5	20
最不发达国家	96	92	88	17	8	25

资料来源：UNCTAD。

从国家分组的角度来看，大多数的推广工具在各国都具有几乎相同程度的应用。发达国家对于投资便利化工具的使用相对较少；而专门针对FDI的自由化与限制措施则在发展中国家和最不发达国家中得到更加普遍的应用（见表4.4)。这是因为大多数成熟市场已经基本实现了对外资，特别是对制造业投资的开放（最近所实行的新甄选措施并没有在国家产业政策声明中得到体现)。绩效要求则更多地局限在最不发达国家当中，并且在使用方面具有更大的灵活性（由于WTO的例外规则所致)。类似的政策也会出现在其他发展中国家中并与激励政策挂钩。

有超过半数以上的战略（60%）提出开展国际产业合作的要求。这种合作主要聚焦于科学技术合作、通用技术标准开发以及跨境基础设施联系，以及通过国际投资协定的结论来促进双边和区域投资活动等方面。比如，这些战略认识到通过区域一体化措施开展合作与协作在区域产业发展中所能获得的潜在利益，试图将国家定位为区域性的知识共享与创新平台，或宣布该国将会与其他国家共同开发战略性技术。即便是在全球价值链的背景下，这种合作也会变得更加重要，无论是监管制度的建设还是对于成功经验的学习都需要这种协同效应的发挥。

三、基础模型与发展阶段

建设、赶超和基于新工业革命的战略都是产业政策的现代版本并适用于不同的发展阶段。它们并不是孤立的模式：所有的建设性政策都包含统筹的竞争力提升措施；赶超模式促进了创新和新技术的采用；基于新工业革命模式则在新行业中使用建设性的机制。三种投资政策模式使用相似的工具，而仅仅在侧重点和强度方面存在差异。

如前所述，产业政策是一套复杂的战略和措施的组合，任何试图给产业政策模式贴标签的做法都会有过度简化的风险。在现代产业政策的发展中，各国都倾向于秉承务实的原则，采用进口替代与出口导向相结合的混合型战略（即所谓的双轨制方法）以及针对特定行业又具有统筹性商业促进和能力建设元素的支持措施。尽管如此，上一节中所提到的经验证据仍意味着我们可以根据一些基本的标准来确定广义上的产业政策类别（见表 4.5）。这些准则主要围绕相关政策的部门行业专属度（包含更多针对性政策的建设性战略）、政府干预的程度（虽然所有的产业政策都是政府干预经济发展的某种形式，但相对而言一些赶超模式和基于新工业革命的模式还是具有更多的市场主导特征）、对外部竞争的开放程度（建设性和基于新工业革命的战略反而会对外部市场力量采取更为谨慎的态度），以及出口导向程度（建设性的战略相对而言会更加依赖国内和区域市场的生产）来展开。

这三种类型可以根据它们的主要侧重点来做进一步的划分。作为产业政策的一个整体组成部分，建设性战略倾向于更加重视物理基础设施、公路、港口、机场、电力和电信基础设施等方面的改善。除了专注于大量特定产业部门的建设，它们还经常推动企业的发展并致力于改善中小微企业（MSMEs）的融资渠道。相对而言，赶超战略则将重点更多地放在那些能够促进国内企业发展的政策工具，如技能发展、中小企业支持和关联促进、出口促进以及战略性公共采购等方面。基于新工业革命的战略则更加强调产业生态系统的加强、由创新驱动的公私合作伙伴关系、研发机构以及软性的通用基础设施要素。

表 4.5 定义产业政策模式的关键维度

	产业政策模式		
关键维度	**建设**	**赶超**	**基于新工业革命**
行业专属度	多数为专属性（特定行业）	多数为统筹性，合并多个产业发展目标	多数为统筹性，具有针对新产业的元素
干预程度	相对更多的政府导向	更具市场导向性，侧重于主要推动者	与新产业保护和支持措施，以及公私合作伙伴关系相融合
对外部竞争的开放程度	选择性并逐渐开放竞争	侧重外部竞争力	多数为开放性，具有战略技术保障
出口导向程度	国内与区域需求驱动	出口导向，全球价值链整合	混合性

资料来源：UNCTAD。

另一个分类准则可能来自监管模式和产业发展战略的全面性与细节化程度。大量的战略采取了广泛的自上而下的方式，涵盖了产业发展的各个方面并制定了明确的发展目标以及实现相关目标的行动方针（比如那些东亚经济体以及巴西、印度和南非）。赶超和基于新工业革命的模式更多地依赖于多种措施与计划，其中每一个措施和计划都针对该国竞争力的某个特定的组成部分（比如美国的有关战略）。后一种情况下的国家产业发展战略实现了多种自下而上的措施之间的相互协调。

第三节　一揽子投资政策

一、产业政策主导投资政策实践

自 2010 年以来，超过 80%的投资政策措施针对的是工业体系（制造业、与制造业相关的服务业和工业基础设施），其中约一半明确针对某项产业政策。这些政策多为跨行业的，约 10%针对特定制造业。根据产业政策模式，最常见的措施涉及激励机制和绩效要求、经济特区、投资便利化和投资者针对、筛选和监督程序。

产业发展战略的制定通常伴随着一般财政政策或金融政策的支持。这种支持（如投资激励）通常需要满足某些行业或地区的发展要求，或与出口促进、创造就业、技术转让和升级等具体发展目标挂钩。激励和补贴也被用以助力发展市场规模不够大的行业（如可再生能源）。

产业政策及其一般支持方案与（外国）投资政策密切配合。产业政策可以指导投资决策者利用外商投资促进产业发展。反之亦然。资政策为各国政府提供了一套监管各产业发展、国内产业融入全球价值链以及国内产业基础的一般技术升级的重要手段。产业和投资政策协作的总体目标是加强可持续发展（参见贸发会议《可持续发展投资政策框架》）。

各国为产业政策所采用的最重要的投资政策工具包括：激励和绩效要求（与投资激励相关的强制或自愿目标）、经济特区、投资便利化和投资者针对以及外国直接投资准入规则和审查程序。其他投资政策工具（特别是通常由各国投资法所规定的投资保护和争端解决规则）虽不直接服务于产业政策，但可以对其产生间接的影响。这种间接影响包括促进其投资流动，但也会减少东道国的监管空间。

通过审视实践中用于产业发展的投资政策工具的范围，证实了它们对产业发展的重要性。UNCTAD 数据库自 2010 年以来记录的 806 项投资政策措施中，大约有 84%（680 项）适用于制造业和与制造业相关的服务业以及基础设施产业。其中，大约四分之三（499 项）是制造业（独立或与其他部门相结合）的投资政策措施。其中，387 项政策措施明确服务于产业政策；其余部分涉及投资法、透明度规定或其他一般监管措施的更新（见图 4.5）。

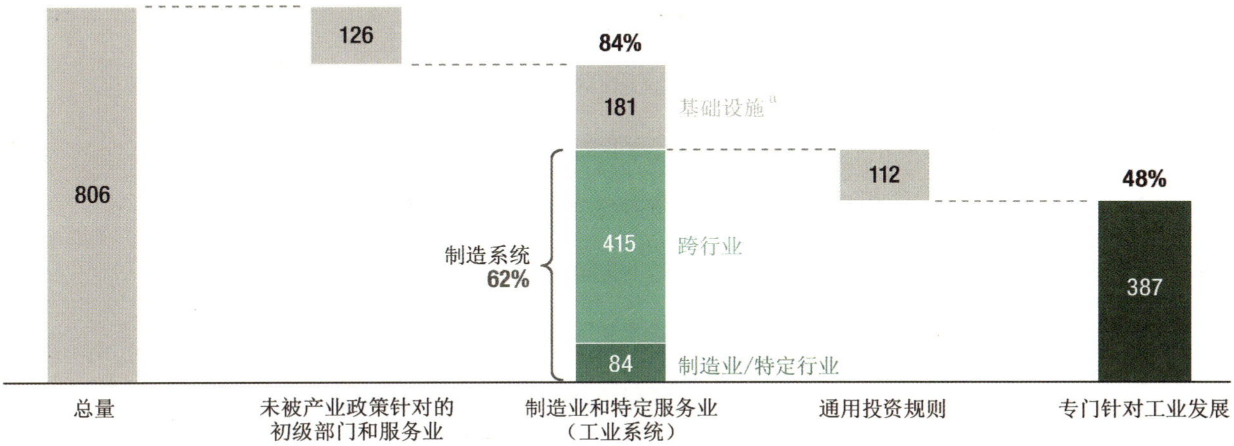

图 4.5　以产业政策为目标的投资政策措施，2010—2017 年（数目和占总体百分比）

资料来源：UNCTAD, Investment Policy Monitor database，可访问 http://investmentpolicyhub.unctad.org。

注：a 为实体和基础设施行业、金融、建筑。

在服务于产业政策的投资政策措施中，超过四分之一涉及投资激励（27%），接着是 FDI 自由化和/或限制（23%）以及投资便利化（20%）。战略行业或出于国家安全原因进行的投资审查和强制性业绩要求分别占 13%和 4%（见图 4.6）。

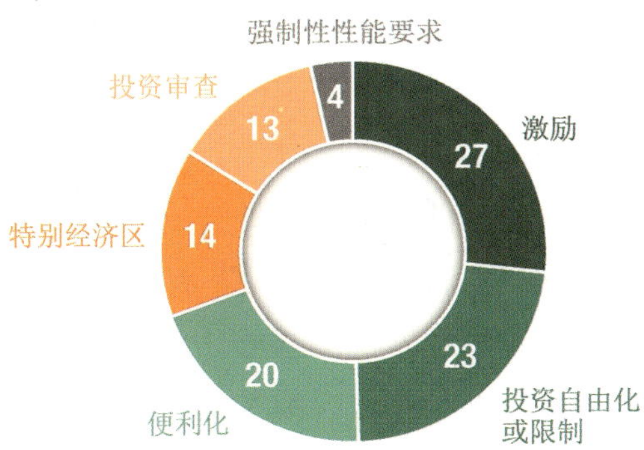

图 4.6　以产业政策为目标的投资政策措施，按类别分，2010—2017 年(占总体百分比，n = 387)

资料来源：UNCTAD, Investment Policy Monitor database，可访问 http://investmentpolicyhub.unctad.org。

注：某些政策措施被归为多个类别。

按地区或经济划分，非洲（65%）、北美（56%）和亚洲发展中国家（51%）在引入制造业投资政策方面最为积极。拉丁美洲、加勒比以及欧洲的比例相对较低。就投资政策数目而言，发展中的亚洲和非洲份额最高（见图 4.7）。

产业政策也可以通过选择性 FDI 限制和审查程序来实现。FDI 限制政策在过去主要用于促进幼稚产业，或是出于社会文化原因出台相关政策（如土地所有权限制）。如今这种适用范围相对较窄的政策已经让位于更为普适的方法，从而使许多国家强化了 FDI 相关政策工具，特别是在批准和审查程序方面，并且政府保护的受益者还包括国家领军企业、战略企业和关键基础设施。此外，政府可能会认为有必要保护国内问题行业和陷入金融危机的公司，或为了保持在国内就业而阻止或限制对外投资。合法限制 FDI 的产业政策与其他保护国家安全的政策间的界限越来越模糊，从而进一步扩大了国家对外国投资者的干预范围。在这种情况下，减少外国直接投资风险和提高稳定性成为投资政策的一个重要方面。

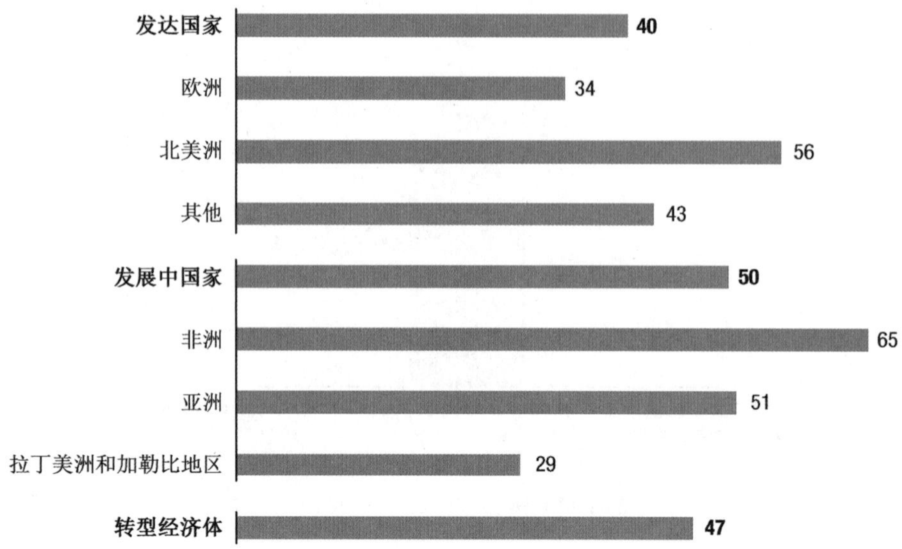

图 4.7 以产业政策为目标的投资政策措施，按国别分(占该地区总投资政策措施的比例，n = 387)

资料来源: UNCTAD, Investment Policy Monitor database，可访问 http://investmentpolicyhub.unctad.org。

二、投资政策作为产业发展工具：案例

如前文所述，产业发展战略的三种基本模式——建设、赶超和基于新工业革命（NIR）的战略——都使用相似的大类投资政策工具，如采取激励措施或设立经济特区。这些模式的区别，以及不同发展水平的国家之间的主要区别，在于侧重点的不同和更加细化的层面。激励措施可以优先针对不同部门采取不同形式，可以与不同的绩效要求进行结合。同样，经济特区可以专注一般产业活动从而创造就业，或专门针对参与全球价值链或高科技行业。此外，FDI 的准入限制和筛选程序可能适用于不同行业，且强度不同。

另外，产业政策的主要投资政策工具只是更广泛投资政策职能的一部分，广泛的投资政策还包括不易分类的举措和活动，原因主要是它们通常不能转化为法律或政策措施——如投资促进机构（IPA）的后续活动、商业联系计划、涉及跨国公司和供应商的技能培训计划，以及公共机构和公司间的研究合作。这些更广泛的政策在产业升级和结构转型中发挥着核心作用。

本节重点介绍产业一揽子政策中最常作为工具的四个关键领域，以在新的工业政策主题背景下辨识当前实践和主要挑战。

（一）激励措施和绩效要求

激励措施作为一直以来最常用的产业政策工具，其对产业发展的有效性有重大的影响。三分之二的激励机制用于制造业部门，甚至统筹性机制也倾向于专注具体活动，如研发或其他产业发

展的贡献。绩效要求（多数与激励措施相结合）也被广泛采用，它能最大限度地提高跨国公司对产业发展的贡献，但其大部分功能可通过设计更好的基于成本的激励机制来实现。

在几乎所有一揽子政策和产业发展的各个阶段，投资激励都是产业政策的关键工具。在发达国家投资激励很普遍，一些激励措施有时是针对特定投资项目而定制的，通常是与邻近地区竞争（包括欧盟国家之间或美国各州之间）。在发展中国家也被广泛应用，四分之三的发展中经济体采用财政激励措施，如免税期、优惠税率或免税额（世界银行，2017）。

新的奖励计划不断推出，现有的计划通常愈加优惠。在截至2016年的五年期间，几乎一半的国家在至少一个部门实行了新的税收优惠政策或增加了现有的优惠政策（世界银行，2017）。不到四分之一的政府在同一时期至少在一个部门取消了税收优惠政策或者减少了税收优惠政策。激励措施增长最强劲的是撒哈拉以南的非洲，65%的国家采用了新的或更优惠的激励措施。

过去许多激励机制并不专门针对与产业政策相关的部门，近期的实践更具针对性。激励机制的一个主要问题是，它们通常是冗余的。税收优惠显然可以更有效地吸引效率至上且寻求生产成本最低地区的投资者。然而，许多发展中国家仍无差异地提供激励措施，对象包括寻求市场和寻求资源的外国直接投资。大约40%的发展中国家具有为所有或多数产业提供财政奖励或低企业所得税率的激励制度（世界银行，2017）。

不过，由于制造业和与制造业相关的服务业极易创造就业和出口，以及为工业发展做出贡献，其对激励的吸引远远超过其他部门。迹象表明，最近通过的政策计划中的激励措施也越来越具有针对性，通常侧重于创新性、开拓性或战略性行业（见专栏4.2）。

最近一项关于贸易政策审查的调研显示，有利于制造业的投资激励计划包括三种类型：统筹性计划、特定部门计划和特定行业计划。统筹性计划涵盖所有部门，但通常针对对工业发展至关重要的特定活动（如研发），因此在应用时行业差异可能存在。针对特定部门的计划集中在整个制造业。特定行业计划仅限于一个或多个制造行业的企业，其中汽车行业最为常见，其次是电子和食品行业（见图4.8）。这种计划在发展中国家更为常见，与建设（build-up）产业政策模式中的应用相一致（见图4.9）。激励措施最集中的行业中，最常见的工具为企业所得税减免、财务补助和关税减免。

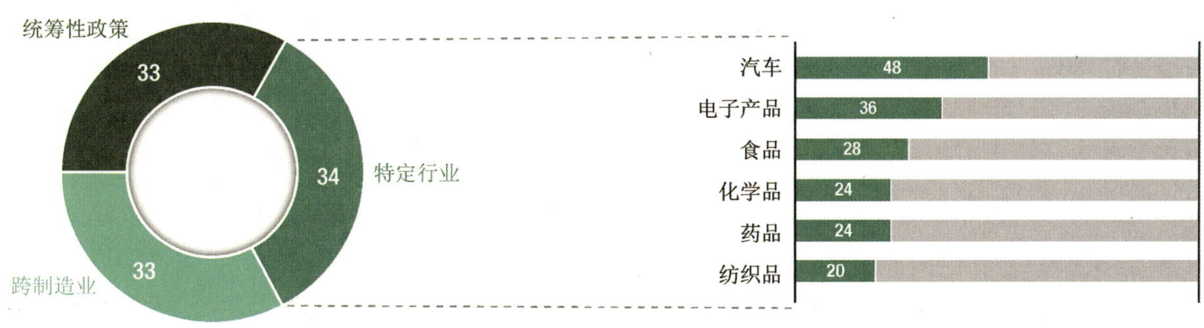

图4.8 惠及制造业的投资激励，按类型和产业分（百分比）

资料来源：UNCTAD，基于自2015年1月1日以来进行的WTO贸易政策审查以及针对欧盟成员国和非WTO成员的补充研究。

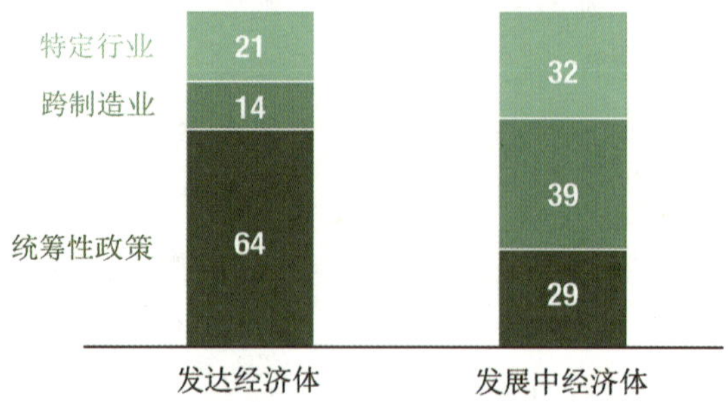

图 4.9 投资激励，按国家组别划分（%）

资料来源：UNCTAD，基于 WTO 贸易政策评论。

专栏 4.2. 政策案例：投资激励

2013 年，加拿大启动技术示范项目，该方案将为航天、国防、太空和安全部门的大型技术示范项目提供高达 50%的合规项目费用的无偿补贴。

苏丹批准了 2013 年国家投资鼓励法案，赋予战略行业税收和海关特权。

2017 年，尼日利亚公布了新近 27 个可享受领军地位奖励的行业名单。

2016 年，新加坡修订了“经济扩张激励法”，以支持“开创性”活动。

2016 年，土耳其为研发活动引入了广泛的一揽子支持政策。

资料来源：UNCTAD, Investment Policy Monitor database, 可访问 http://investmentpolicyhub.unctad.org。

金融激励措施主要用于重要部门，而总体措施多为财政激励。在甄选的有利于 50 个国家制造业部门的 80 个计划中，财政激励占所有激励措施的半数以上，仅企业所得税减免就占 26%。关税减免也很重要，占总数的 20%（见图 4.10）。

尽管激励机制在提高效率方面取得了一定进展，但仍存在重大问题，其中包括行政和治理措施缺乏透明度、程序烦琐和成本高昂等。根据事先确定的、透明的标准和独立管理激励机制的重要程度，贸发会议 IPFSD 对其有详细记录和阐述。

激励机制的有效性还取决于一个国家的总体投资环境。财政激励措施无法弥补一般投资环境中的基础设施不足或主要缺陷。只有在作为解决投资环境限制的更广泛方法的一部分时，激励机制才真正有效。效率至上的外国直接投资对投资环境质量，尤其是运输成本特别敏感，并且很容易聚集在最具竞争力的地区。

除了定位外，激励计划的设计对于产业政策至关重要。迄今为止，免税期和优惠税率——即基于利润的激励措施——仍是发展中国家使用最广泛的工具。超过一半的发展中国家至少在一个行业提供免税期（世界银行，2017）。免税期限平均为 10 年，但经常会延长，甚至自动或不经过严格审查地延长。特定部门或特定投资者优惠利率也很普遍，其中 40%的国家提供给至少一个部门（世界银行，2017）。尽管给予投资人税收津贴或抵免更加有效，但鲜有国家采取此种激励，用以抵扣投资费用的税收，因为“兑现”奖励取决于进行具体的投资，如研发、购买和安装新机器或新技术。

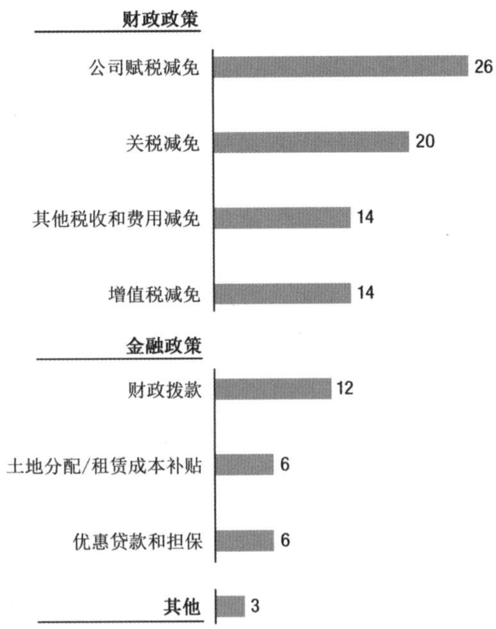

图 4.10 投资激励，按种类分（百分比）

资料来源: UNCTAD，基于 WTO 贸易政策审查。

基于利润的激励措施让东道国在企业获得高利润时损失大量收入。基于利润的激励措施的避税风险也较高，因为企业可以人为地将公司内的利润分配给享受税收优惠待遇的附属机构（WIR15）。这些激励手段在发展中国家的广泛使用是税收激励设计中的一个重大缺陷。基于成本的工具对于产业政策更为有效，因其降低了特定生产要素的成本，且与投资规模成正比。

激励措施和绩效要求密切相关。很多时候绩效要求是满足投资激励的条件。不受激励措施约束的绩效要求（所谓的强制性绩效要求）仅占最近通过的特定行业投资政策措施的约 4%，目标多为保护当地生产者。随着国内产业能力的提高，各国倾向于放宽强制性绩效要求（参见专栏 4.3）。

专栏 4.3 政策案例：强制和自愿绩效要求

强制

2017 年，印度尼西亚将本国市场销售的国产 4G 智能手机的最低本地含量要求从 20%提高到 30%。

自愿

2015 年，安哥拉通过了第 14/15 号法律，引入绩效要求，如创造就业机会、当地合伙关系以及某些税收优惠政策的出口活动。

2016 年，纳米比亚通过了新投资法。其中引入了业绩协议的概念，在适当的情况下部长可以与投资者签署协议。

2017 年，埃及通过了投资法，其中的业绩要求包括要求对劳动密集型项目和特定地理区位开发的项目提供某些投资激励措施。

资料来源：UNCTAD, Investment Policy Monitor database, 可访问 http://investmentpolicyhub.unctad.org。

与激励相关的绩效要求几乎与激励本身一样普遍。完全免税期的条件基本都是要满足区位要求；大约80%的发展中国家都将这种激励措施与在经济特区或指定地区设厂联系起来(世界银行，2017)。许多发展中国家都还有其他种种要求。绩效要求的共同目标包括加强产业基础、提高国内附加值、创造就业机会、促进联动（linkage promotion）、出口创造表现、贸易平衡、促进区域发展以及技术转让。

贸发会议对最近贸易政策审查的调研证实，大约 80%的激励机制采用绩效要求。在制造业中，最常见的与激励措施相关的要求是最低投资资本（占案例的 23%），其次是对研发和技术创新（18%）以及创造当地就业（17%）的贡献（见图 4.11）。

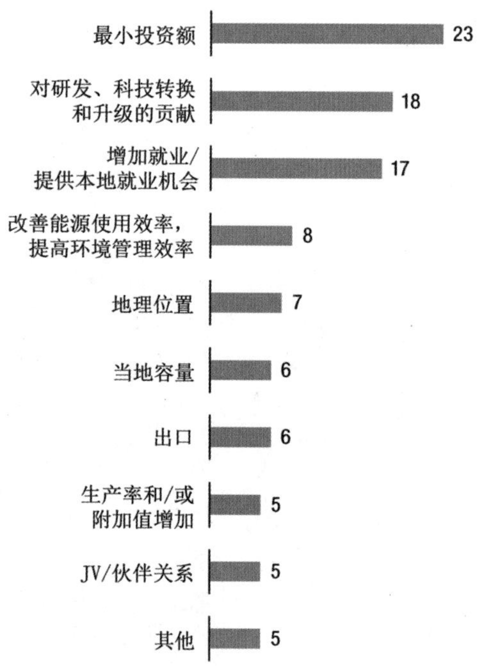

图 4.11　与制造业投资激励相关的绩效要求（%）

资料来源：UNCTAD，基于 WTO 贸易政策审查。

如果激励机制中最常见的绩效要求（尤其是最低投资要求，以及可看作企业开支（如研发或培训）的其他类要求），如果相关的激励机制设计可以更加偏向基于成本而非基于利润，那么这些绩效要求将会在很大程度上变得冗余。

研发要求仍被广泛采用（回应贸发会议年度调查的 59%的投资促进机构表示，使用与激励相关的研发绩效要求)，但它们在发展中国家越来越不常见（Moran，2015）。这是因为各国愈发认识到，在当地缺乏吸收、调整和发展技术、技能相应能力的情况下，企业不可能做到开展研发。与足够熟练劳动力的可用性和质量相比，提供财政或财务激励对研发投资的作用有限。

同样，技术转让要求也越来越不常见，主要由于执行和监督这些要求非常困难。我们很难客观地衡量技术转让的程度，以及在特定时间点特定经济体中确定最适合的技术类型。此外，与在东道国开展研发一样，技术转让的成功取决于当地的吸收能力。

创造就业机会的要求很常见，特别是针对特定投资项目专门设计的激励机制。此外，激励措施可能伴随着培训要求，以促使公司更积极地参与人力资源开发，或鼓励提高技能密集型职能。不过，这种要求的有效程度取决于其为投资者创造的价值。需要提高自身员工队伍（或供应商和分销商）技能的公司越多，这些要求被接受的程度就越高。

当地成分要求和出口要求较少见，主要是因为这种要求在大多数国家有与 WTO 规则（特别是 TRIMs 协议）相冲突的风险。不过，世界银行的研究指出，有 30%的国家已经实施了这些措施，WTO 也发现这种措施的应用有所上升。一些情况是由于产业发展战略的需要。例如，加纳的产业政策指出，将制定本地化成分措施来支持中小企业的发展。肯尼亚的产业政策也宣布了本地化成分要求，其中包括钢铁行业。

合资要求（即外资所有权上限）在许多国家很常见，但在制造业和与制造业相关的服务业中却很少见，在（发达国家和发展中国家的）战略资源部门和承担公共服务的部门仍有很多。过去，合资要求在制造业中的主要作用是加速技术和技能的转移。但是，在许多国家的例子都说明在FDI项目中实施有效的国内股权要求有难度，特别是东道国政府处于谈判地位相对较弱情况下——常见情形是寻求有效率的制造业项目进行地点选择。拥有小型国内市场的国家或属于共同市场（有替代国家和无关税机会）的国家，对有效实施国内股权要求处于弱势地位，而且在很多情况下这些要求被发现会对技术转让的质量产生不利影响（会导致使用旧技术）（Moran，2015）。

现有绩效要求的范围表明它们在产业政策中仍有一席之地，尤其是当它们被作为激励条件时。但是，国际承诺（特别是IIA）可以限制各种类型的绩效要求（参见专栏4.4）。

专栏4.4　可能受IIA影响的绩效要求

- 本地化成分要求
- 贸易平衡要求
- 与国内参与者建设合资企业的要求
- 最低国内参股占比的要求
- 指定总部地点要求
- 就业要求
- 出口要求
- 限制在其生产或提供的地区进行货物或服务销售
- 指定向特定地区提供货物和服务的要求
- 要求作为产品或服务的唯一供应商
- 要求转让技术、生产流程或其他专有知识
- 研发要求

资料来源：摘自UNCTAD（2003）。

（二）经济特区

经济特区的类型持续多元化。多数国家从纯出口加工区向增值区的过渡已经完成或者进展顺利，新型特区持续涌现。在一些采用“建设”和“赶超”产业政策的国家，吸引特定产业以及聚合多个区域的针对性政策对产业发展以及全球价值链融合起到支撑作用，但仍存在飞地风险。高新区和工业园区也正成为“新工业革命”驱动的产业政策的重要工具。

经济特区是许多国家工业发展的重要工具。许多政府设立特区来吸引外国投资，将当地企业融入全球价值链，促进以出口为导向的增长并创造就业机会。经济特区被广泛用于产业启动和促进技术转移。

经济特区是商业规则不同的地理区域。总的来说，和一国其他地区相比，经济特区的商业环境在政策上更宽松，行政上更有效。特区通常提供财政激励、基础设施和服务、简化商业登记和海关手续、简化劳务和移民许可等投资便利化服务。

自20世纪70年代以来，多数特区都在发展

中国家建立。1986 年，国际劳工组织的经济特区数据库包括 47 个国家的 176 个特区；在 1995 年估计有 500 个；到 2006 年，这个数字已经达到 130 个国家的 3 500 个特区。目前全球估计有超过 4 500 个经济特区，且一直是投资政策制定者的首要考虑对象。近期许多投资政策都与经济特区有关，包括建立新特区和修改与现有特区相关的激励措施（参见专栏 4.5）。

专栏 4.5　政策案例：经济特区

2012 年，亚美尼亚批准为电子、工程、生物技术和信息技术等高科技产业建立第一个自由经济区（FEZ）。自由经济区企业可在企业利润税、增值税、房产税和关税方面享受优惠待遇。

2012 年，乌兹别克斯坦颁布法令，设立名为“安格伦”的特殊工业区，吸引国内外投资者参与现代高科技企业，生产具有高附加值、具有国际竞争力的商品。

2013 年，埃塞俄比亚实施“博乐莱米工业区”指令，旨在帮助农产品加工商、制药商和纺织品制造商等公司生产和销售增值产品，并增加出口收入。

2014 年，莫桑比克批准位于卢热拉（Lugela）区的莫库巴（Mocuba）经济特区，该区专注于建立农产品加工业。

资料来源：UNCTAD, Investment Policy Monitor database, 可访问 http://investmentpolicyhub.unctad.org。

如今，特区出口水平最高的经济体往往是发展中国家，包括中国、埃及、印度尼西亚和菲律宾。尽管发达国家（如爱尔兰、新西兰和美国）的出口区域在出口数量方面是最大的，但平均而言，发展中经济体对出口区域的依赖性要高很多。

经济特区在发展中国家常起到支撑结构转型的催化剂作用。在东亚地区，中国以经济特区为平台支持出口导向的制造业发展。在拉丁美洲和加勒比地区，多米尼加共和国、萨尔瓦多和洪都拉斯利用出口加工区优先进入美国市场。在这些之前依赖农产品的经济体中，这些特区形成大规模制造业部门。在西亚和北非，经济特区在促进埃及、摩洛哥和阿联酋的多样化发展等方面发挥了重要作用。虽然撒哈拉以南的非洲大多数国家直到 20 世纪 90 年代或 21 世纪初期才开始实施经济特区计划，但如今多数国家都有活跃的经济特区，其中大部分是传统出口加工区和工业园区（世界银行，2017）。

经济特区有多种类型，且在持续演变发展。经济特区的形式取决于一国的产业结构和体制环境，以及该国的广义政策目标（Farole 和 Akinci，2011）。例如，经济特区可以缓解高失业率。突尼斯和多米尼加共和国设立经济特区的首要目标便是创造就业。经济特区可以作为广义经济改革战略的一部分，特别是在保证地理边界的同时发展和深化出口，如中国、韩国和毛里求斯的经济特区。经济特区也可以作为新政策和新措施的试验田，如 FDI、法律、土地和劳工政策都在中国最大的经济特区进行试验，然后再推广到全国。

经济特区通常是一般功能区，用以吸引多种制造业和服务业的投资者。一些国家开发了反映经济实力的特定产业和活动的经济特区（如菲律宾 IT 行业和商业流程外包特区）。许多国家都发展了高科技、航空航天和生物技术园区，以及数字孵化区，用以创造新兴产业比较优势。高科技园区（如位于印度班加罗尔的电子城或马斯达尔城可再生能源区）可用来追求具体创新目标。制造出口不再是众多经济特区的唯一特征，全球已发展出具有多种具体功能的经济特区（见表 4.6）。

表 4.6　经济特区种类

经济特区	描述
产业园区	园区通过提供低成本土地、基础设施和现场服务，促进工业活动集群的形成。通常涵盖工业和服务部门，针对国内外投资者提供一系列激励措施和设施。
出口加工区（EPZ）	位于关税区之外的专业工业区，主要面向出口生产。区内企业进口资本设备和原材料可以免除关税、税收和其他进口限制。
自由区，即自由产业区（FIZ），自由贸易区	开展商业和工业活动的指定安全地区。投资项目往往享有激励措施，通常用于出口目的。海关在货物进出口处设立检查站进行控制。区域还可以涵盖商业、贸易和转口贸易活动。多位于港口附近。
科技园区	区域支持促进技术发展，方法包括研发和吸引技术型公司。目的是促进创新和知识经济的发展。园区为创新、知识性工作、研发活动提供了有利的环境和生态系统（如靠近研究机构、大学）。
特别试验区	旨在试验经济改革举措，提供示范效应。
边境经济特区	经济特区位于与邻国接壤的地区，以促进投资、贸易、服务和生产联系。
区域经济走廊	涉及多个毗邻国家或省份的大型经济区。特区发展依靠各组成部门和地域优势来支持经济集群，并从规模经济中受益。

资料来源：摘自东盟秘书处和 UNCTAD，2017。

经济特区通常为在区内经营的公司提供一套基础设施和服务，包括便于以较低的成本快速转移货物，提供航运港口、道路或直连机场。关键基础设施包括稳定的电力和供水，而这对许多发展中国家而言可能是一项挑战。特区还经常提供电话、光纤或互联网连接。除了这些基础设施优势之外，许多特区还协助区内公司进行业务管理，如商业许可申请或税务申报（见图 4.12）。有些特区还协助解决劳务相关的问题（如通过设立现场劳动服务站和人力资源局来帮助解决劳务纠纷）或解决（环保）是否符合规定的问题。

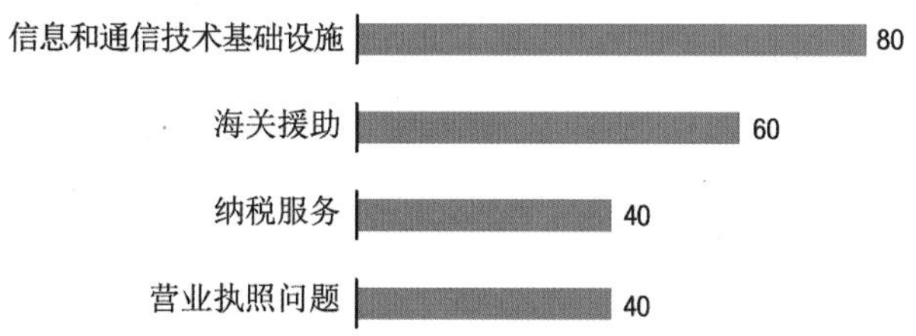

图 4.12　经济特区提供的传统商业功能（特区数目）

资料来源：UNCTAD 对 100 个经济特区公开信息的回顾。

注：本图仅列出商业服务，不包括其他经济特区益处，如激励措施。

尽管经济特区提供一系列服务，但至今鲜有特区具体助力投资者实现可持续发展目标。针对可持续发展的服务包括为公司提供政策、基础设施和行政支持，用以协助和促进社会和环保责任实践，如负责任的劳工实践、环保标准、工人健康和安全、良好行政管理。2015 年贸发会议对特区的调查发现此类服务未被广泛提供或推广，不过调查发现了少量在多领域可持续发展方面提供服务的领先特区案例（UNCTAD, 2015a）。

经济特区对工业发展可以有很大的贡献，特别是在促进产业集群方面。产业集群是一组相互关联、地理位置通常相互临近的公司和机构的集聚，通常包含教育和研究机构、金融供应商和政府机构等。发达国家和发展中国家都采用集群来促进工业发展，该机制可促使企业共同努力、集中资源，与政府合作提高国际竞争力。

通常认为，产业集群由于可以促进创新，在“新工业革命”驱动的工业发展战略中尤为重要。集群为企业提供机会，充分利用经济体知识部门和商业部门的联系，激发学习和创新的潜力。创新集群可以在任何产业运作，而不仅局限于高科技行业。

促进产业集群产生、发展或形成规模的过程是复杂的。许多努力都以失败告终，尤其是在执行能力较低的国家。发展中国家的集群起初几乎是偶然或通过市场力量而形成。由于政府对经济特区的建立和管理有更多控制权，特区可以成为主动影响集群建设的关键工具。东南亚汽车和电子产业专区就是成功利用特区开发产业集群的范例，专区内企业为同区或临区主要锚固公司（Kanchor Companies）从事生产活动（特区之间的供应链也很普遍）（东盟秘书处和贸发会议，2017）。

经济特区并非都获得了成功，仍面临不少挑战。尽管经济特区具有优势并有明显的成功案例（如中国的经济特区），但其总体成果不尽相同。投资特区基础设施往往导致维护成本高于其所带来的经济效益。投资者可能利用经济特区的税收优惠，而不显著创造就业或出口收入。许多特区都未能将其益处推广至区外，或对升级国内技能和创造就业做出贡献。许多传统出口加工区都成功在短期内吸引投资和创造就业，但在工资开始上涨或贸易优惠消失时就变得缺乏竞争力。一般而言，由于经济特区是针对特定企业或产业部门实施优惠待遇，与促进更广泛经济竞争力的政策相比，特区可以被看作是市场扭曲和次优的方案。

阻碍特区成功的常见因素有：选址不佳导致大量的资本支出、反竞争政策（如过度依赖免税期、绩效要求过于严格）、劳工政策和操作存在问题、特区开发操作存在问题（如设施设计不当、维护不足）、行政管理存在问题（如行政结构不合理、特区管理机构过多）。

世界各地的很多特区都未能吸引到足够的投资。在非洲，除毛里求斯特区和肯尼亚、马达加斯加和莱索托的一些特区取得成功之外，大多数特区吸引投资有限，未能显著改善出口和就业（世界银行，2017）。至今，只有毛里求斯成功利用经济特区支持结构转型进程。即使在经济特区取得初步成功的地方，投资和就业质量往往很差，削弱了特区发展的可持续性。部分原因在于多数非洲国家启动特区相对较晚，因此面临着全球已经存在的全球竞争。不过，规划、实施和治理能力薄弱以及缺乏体制协调也是难以取得成功的关键因素。

经济特区和区域经济合作举措可以产生相互协同效应。将经济特区作为区域经济合作倡议或区域贸易协定（RTAs）的一部分，明显自相矛盾。因此区域贸易协定在将经济特区纳入其监管框架时常常面临挑战。这是因为经济特区是促进单个国家投资和出口的工具，可能会与 RTA 合作伙伴存在竞争。特别是当经济特区计划为企业提供财政或关税激励时，可能会与区域贸易协定中的条款相冲突。

不过，经济特区和区域贸易协定也可以产生显著的协同效应。具体而言，区域贸易协定通过降低区域贸易壁垒和促进区域规模经济生产，刺激了国内和国外企业的投资。经济特区则通过提供服务性土地、基础设施和良好的监管环境，降低了公司承担此类投资的成本和风险。此外，区域内贸易的增长为创造专业性区域带来了可能，如侧重物流或跨境贸易的专区。定位为区域生产网络进行生产的边境经济特区日益普遍，尤其是在亚洲。这表明在正确的合作框架下，其协同增效可能超过合作区内竞争的弊端。

（三）投资便利化和投资促进机构

投资便利化一直在投资政策框架中扮演次要角色，直至现代产业政策促进了便利化。特别是许多发展中国家已经将投资便利化作为工业发展战略的重要统筹性措施之一。有针对性的（激励机制和经济特区之外的）投资促进也很重要：三分之二的投资促进机构以确定优先投资促进部门的产业政策为指导，四分之三有具体计划来促进产业技术升级。

投资便利化是一系列政策和举措，旨在使投资者更容易落实和扩大投资，以及更有效地在东道国开展日常商业活动。投资便利化着重于缓解投资基础障碍，如提高投资者获得信息的透明度、行政程序效率或政策环境的可持续性和可预测性。投资便利化与投资促进不同，后者专注于推动某地成为投资目的地（如通过广告和激励），因此通常针对具体国家，且本质具有竞争性。

投资便利化是统筹性政策工具，适用于所有部门和行业。投资便利化可吸引有助于提高生产能力、技能发展和改善科技基础设施（均为新工业发展战略的重要目标）的投资，从而间接助力产业政策。投资便利化也可间接推动其他产业政策目标，如加速融入全球价值链。在某些情况下，各国定位于着重推动特定行业的便利化（见专栏4.6中孟加拉国案例）。

专栏 4.6 政策案例：投资便利化

2014 年，哈萨克斯坦成立了投资监察专员办公室。

安哥拉 2015 年颁布新法，以减少投资建立程序中遭遇的官僚主义。新条例的设立加快了各部门程序和技术支持的“快车道”。

2015 年，印度尼西亚为某些计划开业的投资者引入了快速许可程序。

2016 年，孟加拉国成立投资发展局。该局作为平台，服务外国投资者，确定投资最重点行业、重点行业和潜在行业，并提供关于可用投资领域和激励措施的明确信息。此外，它还提供所有外国投资相关法律法规的相关信息。

2016 年，柬埔寨推出在线单一窗口或商业注册门户，可让现有和新进企业进行公司注册。

2016 年，哈萨克斯坦推出了一站式平台，可让投资者无须访问多个部委或政府机构，便可申请 360 多种类型的许可证和执照。

2016 年，菲律宾启动了“废除菲律宾繁文缛节挑战项目”，撤销不再需要或可能对经济不利的规定，从而清理各项法规。

2016 年，沙特阿拉伯通过减少新许可证所需文件的数量，简化了外国投资者的许可程序。

2016 年，突尼斯推出了一项新的“投资法”，该法除其他改革外，还设立了一个高级投资管理局作为协调外国投资者的中心，推动行政程序便利化，减少官僚主义。

2018 年 2 月，坦桑尼亚联合共和国成立在线注册系统，简化了投资注册流程，大大缩短了时间和成本。

资料来源：UNCTAD, Investment Policy Monitor database，可访问 http://investmentpolicyhub.unctad.org。

投资便利化在发展中国家存在一个问题。投资者经常将行政障碍列为在发展中国家经商的重要妨碍。贸发会议关于国家投资政策的数据库表明，在 2010 年至 2017 年之间，全世界至少推出了 261 项新的投资促进和便利化政策，其中约 30% 专门为投资者提供便利，如设立投资者一站式或在线注册系统。

投资便利化一直是投资政策中的次要问题。贸发会议对来自 111 个发达国家、发展中国家和转型经济体的 115 个投资法律的分析表明，投资便利化方面（如法律条例的透明度或更有效的行政程序）存在很大缺失（见图 4.13）。

图 4.13 包含或提及关键投资便利化概念（百分比，分析 115 项国家投资法所得）

资料来源: UNCTAD。

近年来，对投资便利化的关注大幅增加。贸发会议 2016 年《全球投资促进行动清单》对许多国家制定并更新投资便利化政策提供了支持，使该政策更加有利于产业发展。

许多国家成立了投资促进机构，通过提供便利、后续服务和政策倡议来吸引外国投资、瞄准特定投资者和给予投资者支持（参见专栏 4.7）。这项工作使得投资促进机构助力实现各种（经济方面为主）目标，比较重要的有创造就业机会、促进出口、技术扩散、与当地产业和国内附加值的联系，以及技能发展。

专栏 4.7 政策案例：投资促进机构

2010 年，冈比亚通过了“投资和出口促进机构法”，成立了投资促进机构。

2012 年，阿曼颁布了一项皇家法令，重组投资促进和出口发展公共管理局，隶属外交部管辖。该法令同时授权主席制定总体战略，以促进符合国家总体政策的投资框架，并在投资促进领域制定必要的计划以及开展研究。

2015 年，智利颁布了新的“外商投资框架法”。其中规定成立外国投资促进局，任务是执行国家政策，吸引各类外资和投资。该局是唯一得到授权承担这项任务的机构，与该国的地方政府协调进行工作。

2017 年，贝宁投资与出口促进局正式启动了一个智能平台（iGuide）以促进投资。平台是一个在线工具，用于指导和告知国内外投资者成立和发展业务计划需知的运营成本、薪金、税收和法律。

资料来源：UNCTAD, Investment Policy Monitor database, 可访问 http://investmentpolicyhub.unctad.org。

投资促进机构主要根据规模或潜在影响（如创造就业数目）优先推动投资项目。虽然这些标准依然重要，但新工业革命需要投资促进机构将其他因素也纳入考量，如投资对技术升级、技能开发和创新的贡献。贸发会议最近对投资促进机构的调查也表明，投资便利化越来越多地用于吸引先进技术，超过 80%的被调查国家（总共 80 个答复中）采用便利化促进技术升级。

（四）准入规则和审查程序

制造业很少受到外国所有权限制的影响。不过一些与工业发展相关的基础设施行业仍然受到普遍限制。过去十年的大多数措施已经取消或放宽了外国所有权限制，但新的审查程序或条件在某些情况下仍然要求准入规则（或称之为过程）进行收紧，这包括发达国家遵循新工业革命驱动的产业政策模式。

多数国家保持对特定行业的外国投资限制。这些限制因产业和国家而异。不过如今各国出于产业政策目的，倾向于减少正式投资限制——与早期产业政策模式形成鲜明对比。根据世界银行的数据，由于政治敏感，限制主要局限在交通运输、媒体和公用事业部门。制造业是准入限制最少的行业之一，超过 95% 的经济体允许制造业设施的全部外资所有权。[5]

大多数国家对工业部门的外资的广泛开放，是当下放松对 FDI 正式限制趋势的结果。自 2010 年以来，有关外国直接投资所有权的政策措施中，约 80% 缓解或取消了外国所有权限制（参见专栏 4.8）。

专栏 4.8　政策案例：自由化

2015 年，印度实施全面的 FDI 自由化战略，并在包括制造业在内的 15 个主要行业放宽 FDI 限制。

2016 年，巴林修订了“商业公司法”，允许技术活动和制造业的 100% 外资所有权。

在 2016 年新的“投资负面清单”中，印度尼西亚提高了一些行业外国投资的最高限额。

2017 年，越南修改了“投资法”中的“商业限制线”清单。它从清单中删除了 24 条商业线（如普通基础设施的管理和运营服务），并增加了 16 条新商业线（如制造、组装和进口汽车）。

资料来源：UNCTAD, Investment Policy Monitor database, 可访问 http://investmentpolicyhub.unctad.org。

虽然正式所有权限制的数目有所减少，但是许多国家都采用外国投资审查机制，最终可能导致投资受阻。虽然这一手段的出现主要出于国家安全考虑，但它愈发囊括广泛的国家利益，包括保护战略产业、关键基础设施和关键技术（另见 WIR16）。

多数情况下，审查程序会影响战略和国防相关行业、能源部门和其他具有重要公共服务要素的第三产业，包括运输、电信和公用事业（关键基础设施）。制造业、高科技和其他受产业政策重点关注的行业通常不会被审查立法或在行政程序中被单独列出。通过审视 17 个具有正式审查规则国家的审查程序[6]，有 5 个明确对某些制造部门进行审核，两个单独拎出“关键技术”投资。不过大多数国家已经创造了足够的政策灵活性，方便基于国家安全目的进行全面审查。

外国国有企业在战略行业的投资尤其敏感。例如，美国的《外国投资和国家安全法》要求对外国政府控制的投资进行强制性调查。在俄罗斯联邦，外国国有企业被禁止获得国防和国家安全战略重要业务实体的多数股权，且少数股权需经过政府强制批准。根据 1975 年的《外国并购法》，澳大利亚的外国政府投资者必须遵守额外的通知要求，且通常需要事先获得政府的批准。

根据审查过程的范围和深度，投资审查机制可以大致分为三类。第一，一些国家采用跨部门审查程序，审查标准宽泛、灵活，如从国家安全（美国）、公共利益（英国）或社会根本利益（芬兰）为标准（见表 4.7）。

表 4.7 国家跨部门一般审查程序的案例

国家	审查准则	法案
澳大利亚	国家利益	1975 年外国并购法
加拿大	净收益	加拿大投资法
中国	国家经济安全	国家安全法 关于外国投资者并购境内企业的规定
芬兰	社会基本利益	关于监管外国公司在芬兰收购的法案
英国	公共利益	2002 年企业法
美国	国家安全	外国投资和国家安全法

资料来源: UNCTAD。

第二，外国投资审查可以针对国家立法明确指出的具体敏感部门（见表 4.8）。这种方法为外国投资者提供了更多的可预测性，因为未列入法规部门的业务将不会受到审查。属于这些审查程序的最常见部门有公用事业、电信、交通和媒体。制造业很少包括在内。

表 4.8 针对制造业具体部门投资审查机制的案例

国家	涵盖部门（非详尽）	审查准则	法案
印度	布朗菲尔德制药项目	—	2017 年外汇管理条例
日本	航空航天工业 核工业 制药 皮草皮革业	对经济平稳管理产生重大不利影响	外汇和对外贸易法
立陶宛	高科技活动	国家安全利益	对国家安全有重要战略意义的企业和设施以及其他重要企业确保国家安全法案
俄罗斯联邦	航空航天业 核相关部门	—	联邦法 N57-FZ,“俄罗斯国防和国家安全战略重要性商业实体的外国投资程序”
英国	对国家利益特别重要的制造业	—	1975 年工业法案

资料来源: UNCTAD。

第三，侧重于对具有高经济价值的关键技术的投资，而不依赖于投资部门（见表 4.9）。这类审查可在跨部门或具体部门审查的同时被采用。

表 4.9 国家跨部门、针对科技投资的审查机制案例

国家	范围	审查（非详尽）	法案
中国	关键科技	对国家经济稳定增长和基本社会生活秩序产生影响	国务院办公厅关于建立外国投资者并购境内企业安全审查制度的通知
韩国	国家核心技术（在韩国和海外市场具有较高的技术和经济价值，或为相关行业带来高增长潜力，或对国家安全具有战略重要性）	对国家安全有严重影响	防止泄露和保护工业技术法

资料来源：UNCTAD。

专栏 4.9 政策案例：投资审查

2012 年，意大利成立新的机制，用于政府审查在战略性行业经营的公司的资产交易。2017 年，该机制还扩大了政府的权力，可以阻止可能对基本国家利益构成威胁或对国家安全构成风险的非欧盟公司在高科技领域的收购。

2015 年，中国通过《国家安全法》，允许国家建立外国投资国家安全审查和监督机制。

2015 年，波兰通过法律，要求投资者购买战略性行业 20%或更高的股份时，需获得政府的批准。

2016 年，基于对美国外国投资委员会（CFIUS）调查的总统令阻止了中国公司福建芯片投资基金收购德国爱思强公司（Aixtron, Inc.），后者是德国半导体生产商的美国子公司。

2017 年，德国扩大国家安全审查范围，包括关键行业。

2017 年，俄罗斯联邦要求对涉及国防和国家安全具有战略重要性的资产的外国投资交易需经过政府事先批准。

在美国，CFIUS 对新加坡博通公司（Broadcom Corporation）对高通公司的收购进行审查，高通公司是领军 5G 技术开发的美国 ICT 公司。随后（2018 年 3 月）该竞标被总统决定所否决。

资料来源：UNCTAD, Investment Policy Monitor database，可访问 http://investmentpolicyhub.unctad.org。

近年来，各国（尤其是发达国家）加强了投资审查机制。这一事态发展背后的主要原因，是希望加强对外国投资者针对战略公司、关键基础设施和关键技术计划收购的控制，尤其是一些被认为对国内经济的长期竞争力至关重要的技术（参见专栏 4.9）。

随着一些国家对进一步收紧监管框架进行持续讨论，这种趋势可能会继续下去。如随着外国国有企业越来越多地介入欧盟及其尖端技术——以及作为对这些外国市场本身 FDI 壁垒的回应，欧盟委员会提出了欧盟范围的 FDI 监管框架[7]。法国政府也准备加强对战略部门外国收购的审查机制，将其扩展到信息和通信技术（ICT）、人工智能、纳米技术、机器人、航空、数据存储和金融基础设施方面。

审视受调研国家 FDI 审查机制的使用情况，

表明它们对预期交易产生了降温效应；正式阻止投资的情况相对较少（见表 4.10）。例如，在美国 2014 年至 2016 年期间，只有 0.65%的投资审查案件对投资者做出了否决，而在 11%的案例中，投资者撤回了申请并停止了投资流程。据指出，这种“预防”效应的原因之一可能是该进程为投资者与国家当局之间的对话提供了平台，使投资者能够根据东道国的工业和投资政策目标对项目进行调整。然而，应该指出的是，有关外国投资审查程序结果的数据大多不予公开。

表 4.10 一些国家 FDI 审查案例（案例数目）

	上个报告周期数据[a]				之前报告周期数据			
国家	递交	通过	驳回	撤销	递交	通过	驳回	撤销
澳大利亚	—	662	0	—	—	592	0	—
加拿大	737	—	3	—	641	—	1	—
新西兰	—	11	0	—	—	11	0	—
美国	172	—	1	27	143	—	1	13

资料来源: UNCTAD。

注:不包括房地产交易。

a：澳大利亚：2015—2016 年；加拿大：2016—2017 年；新西兰：2016 年（2017 年数据无法比较）；美国：2016 年。

三、国际投资协定的角色

国际投资协定（IIA）既能支持也能制约产业政策。协定可以通过保护投资和放宽规则来促进投资，也可以限制政策空间——例如排除某些限制或绩效要求的应用，或规范补贴的应用。一些灵活机制用来缓解 IIA 的约束效应。

国际投资协定（IIA）之间相互作用的特点就是 IIA 的二元性，即可能同时支持又限制了产业政策。支持产业政策的可能性有：IIA 应当通过以下方式鼓励外国投资：(1)保护并放宽投资(例如通过放宽准入或提供国民待遇)；(2)改善总体投资政策框架；(3)扩大市场。此外，一些现代 IIA 包括具体的促进或便利化导向规定。由于大多数 IIA 适用于各个部门，可能统筹性使得所有行业都扩大外国投资。

IIAs 也有可能限制与投资相关的产业政策。在这方面值得关注的 IIA 规定包括：(1) 外国投资者准入(例如可能阻止各国限制外资准入)；(2) 绩效要求（例如可能限制旨在形成特定本地联系或确保外国投资的正面溢出效应政策的制定）；(3) 国民待遇（例如可能阻止各国仅向国内企业提供补贴）；(4) 公平公正待遇（FET）(例如可能限制某些政策变化，如影响投资者合理期望的政策)。

产业政策措施一直是投资者—国家争端解决（ISDS）案件的对象；例如，反对在研发活动中投入一定的最低金额要求，反对某种生产投入特定的税收优惠条件，以及反对在可再生能源计划下对激励措施的改变。

为避免产生不适当的政策限制，一些 IIA 制定了若干灵活机制，采取例外和/或排除条约，或国家特定保留清单的形式。其中与产业政策特别相关的包括：

• 排除某些行业（现有条约中的保留行业大多涉及服务业）；

• 排除某些政策，如税收、补贴或政府采购；

• 限定关键保护标准，并包括一般或国家安全例外。后者已与产业政策高度相关。

处理国际投资政策与产业政策之间的相互作用意味着保持 FDI 自由化和保护 FDI 之间的平衡，同时为产业政策动态保留空间。这一挑战延伸到确定最需要灵活度的行业，和现在以及未来最需要灵活度的国内政策；确定特别可能影响产业政策的 IIA 条款；并认识到产业政策可能会随着时间的推移而发生变化。后者的重要性在于所谓的“锁定”效应，即意味着某个行业一旦承诺向外国投资开放，只要国际投资协定仍然有效，东道国就须受其约束。如果设立前条约包含有关残留 FDI 限制的重置承诺，或所谓的“棘轮条款”（即进一步自由化的管理变化将自动反映在国家在 IIA 下的承诺），这个问题则会进一步恶化。作为回应，一些选定的 IIA 在议程中为签署国制定了修改或撤销承诺的程序。

第四节　投资与新产业政策：未来方向

一、现代产业—投资政策的制定准则

现代产业政策，无论是建设、赶超还是“新工业革命”驱动，都倾向于遵循一系列原则或制定标准。选择产业投资政策应遵循这些标准。

第一，相对开放。今天的产业政策更多地面向国际竞争，旨在最大限度地利用外部诀窍（know-how）和科技来提高国内生产能力，并重点推动一些部门的发展，其能够使整个经济在全球价值链中居于更重要的地位。

第二，可持续。可持续发展现在是所有产业政策一揽子计划不可或缺的一部分。越来越多的总体产业政策强调环境影响和社会包容，激励可再生能源的使用或促进响应全球气候变化挑战的特定行业。许多国家为此制定了专门的国家战略。

第三，“新工业革命”准备情况。由于其数量和特征，本章将“新工业革命”驱动的产业政策单独划分为一个类别。但这也表明，建设和赶超产业政策不能再忽视“新工业革命”的影响。这在投资政策领域尤为重要，因为先进制造技术对全球供应链和区位决策已经影响了国际生产和跨境投资模式。

第四，包容性。产业政策的核心目标之一通常是创造就业。追求制造业进行结构转型的原因就在于它可以创造大量就业机会。现代工业政策在提高生产率和创造就业两个目标之间有更微妙的平衡。“新工业革命”尤其可以导致工作被技术所取代，也有加剧国际贸易和投资对劳动力转移影响的风险。现代产业政策包含针对弱势地区或人口的缓解措施，并通常含有具体政策。此外，

有些政策也包括鼓励性别平衡的条款。

第五，一致性。从本质上讲，从基础设施和金融到技能和技术，产业政策涵盖了各种生产要素的干预措施，影响到公司、部门和产业系统各个层级，包括国内国际贸易和投资问题。各领域措施相互依存。越来越多的国家发现，通常由较低级别的政府、机构和行业协会自下而上管理的，以措施和倡议驱动的方法，会导致种种协调问题。这些国家越来越多地采用国家总体产业政策来提高政策执行的协调性和一致性。

第六，灵活性。许多国家——包括那些最近可能规避产业政策的国家——现在正在采用国家工业发展计划来改善协调。多数情况下，这些国家没有采用严格的、基于计划的系统取代自下而上的政策实施能力。许多新产业政策确立了广泛的战略方向，在多个层面留出了主动性。产业一揽子政策可以包括数十个较窄范围的，重点关注特定部门、生产要素或工业系统层级的一揽子计划。鉴于技术变革高速且不确定，这种自下而上治理可提供的灵活性在 NIR 中更为重要。

第七，有效性。产业政策与投资政策之间的有效互动意味着：为特定的产业政策目的选择“正确的”投资政策工具，并使二者产生协同效应。它还意味着检查投资政策在促成产业政策方面是否成功，以及是否准备纠正无效的政策互动。

这些产业政策的制定标准不仅应当反映在所有核心投资政策上，也应当反映在与产业政策和投资政策相关的其他领域——通常被投资决策者和 UNCTAD 可持续发展投资政策框架称为与投资有关的政策领域。图 4.14 在概念上说明标准制定如何适用于投资政策的关键要素。

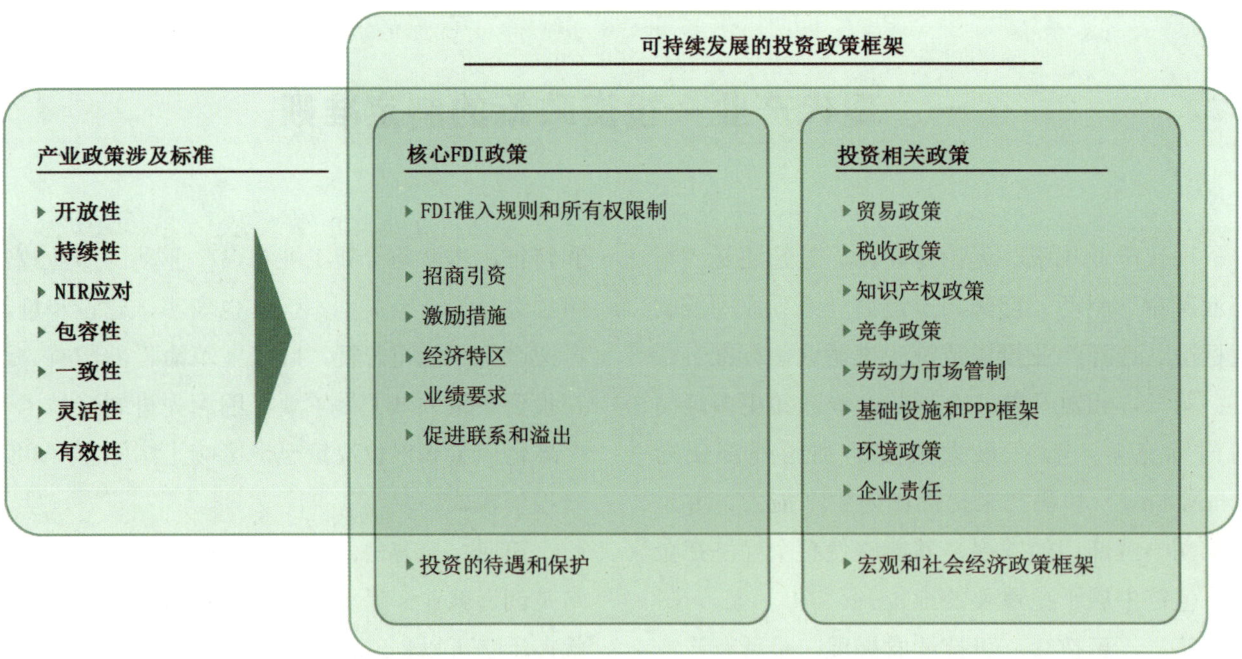

图 4.14 贸发会议的 IPFSD 以及产业和投资政策之间的互动

资料来源：UNCTAD。

IPFSD 指南可以帮助政策制定者检验相关的投资政策。专栏 4.10 提供了一套战略投资政策重点，这套重点也容易成为有效工业政策制度的组成部分。

专栏 4.10　IPFSD 政策指南与产业政策	
1.1 战略投资政策重点	1.1.1 投资政策应着眼于实现国家可持续发展目标（可能与全球定义的可持续发展目标（SDGs）相关），并以一个国家的总体发展战略为基础。政策应该设定战略重点，包括： •投资特定经济活动，例如：作为产业发展战略的组成部分，或可持续发展的特定优先部门（“可持续发展部门”）。 •相互加强公共和私人投资的领域（包括公私伙伴关系框架）。 •实现重大发展贡献的投资，如通过创造体面的工作机会、提高可持续性，和/或通过扩大和优化生产能力（见本专栏 1.2）和国际竞争力。 投资政策的重点应当基于对国家竞争优势和发展挑战与机遇的全面分析，以及解决吸引 FDI 的主要瓶颈。
1.2 建设生产能力的投资政策一致性	1.2.2 传播合适技术和方法的潜力应成为确定投资重点的标准之一。如果投资重点是由增加全球价值链（GVCs）的参与和收益的目标驱动的，那么沿 GVC 发展路径的技术、技能需求以及升级机会，都应该为政策制定提供信息。 1.2.5 FDI 促成商业连接和刺激当地企业发展的潜力应成为确定吸引 FDI 的投资政策和重点的关键标准。
2.1 外国投资者准入与建设	2.1.2 对外国投资的所有权限制应完全按照各国的监管权力，由国家合法政策目标来确立，而不应受特殊利益的影响。最好仅限于一些明确规定的目标，包括： •保护国家利益、国家安全、控制自然资源、关键基础设施、公共卫生和环境； •根据已发布的发展战略或投资战略促进国家发展目标。 2.1.3 对特定行业或经济活动中的外国所有权的限制应给予明确规定。
2.4 投资促进与便利化	2.4.8 国家和地方投资促进机构以及促进对经济特区投资的当局的工作应紧密协调，以确保最大效率和效力。 2.4.24 各国政府应具体考虑采取以改善中小企业和有潜力供应外国投资者的企业家的融资渠道的举措，例如：通过担保计划；鼓励供应商融资计划；银行业发展计划；以及建立企业家和中小企业融资技能的计划（见 UNCTAD 发布的《企业家政策框架（EPF）》）。
资料来源：UNCTAD。	

产业一揽子政策中的众多政策领域包括投资、贸易、税收、知识产权、竞争、劳动力市场和环境政策，以及整体宏观经济和社会政策框架。众多重叠亟须政府内部，以及政策制定者和私营部门之间加强政策协调。政策制定者需要与各相关政府部门、公共机构以及私营部门协调和讨论细节，以应对各种情况下的政策问题，采取系统化举措（见第三章）。

关于新工业革命，一方面是知识产权（IP）制度，另一方面是产业政策、投资政策，二者间关系很重要。所有 191 个 WIPO 成员和 164 个 WTO 成员都拥有知识产权制度。发展中国家的绝大多数知识产权都授予外国人。这些权利可以是外国投资者和当地公司之间通过自愿协议进行技术转让的重要来源。

二、为产业政策更新投资政策工具

核心产业政策相关领域（激励、经济特区、投资便利化和有针对性投资促进以及 FDI 准入规则和审查程序）的投资政策实践无一不需要根据现代产业政策发展和新工业革命（NIR）而演化。

（一）调整投资激励机制方向

在产业政策新时代，投资激励措施仍是一项重要的政策工具。根据前几节对投资激励的主要挑战和现代工业投资政策的设计标准所进行的讨论，有几种调整激励措施的方法。

统筹性但有针对性的激励。在改善投资激励措施使其针对产业发展，以及减少无差别激励措施方面，都取得了重大进展。针对特定行业的激励措施可以在产业政策中发挥关键作用。不过，统筹性激励方案也完全符合现代产业政策，后者强调了在技术开发、创新以及在制造业供应链中采用新技术的能力建设的重要性。适用于各行业的激励措施包括研发、人员培训或技术基础设施开发。

通过巧妙激励机制，制定更好的"轻推"政策。虽然绩效要求仍然被广泛应用，且旨在最大限度地提高投资者对产业发展的贡献的"轻推"政策是产业政策的重要组成部分，但许多国家都证明其没有效果，或难以实施和监督。基于成本的税收激励措施，本质上只有在获得所需的投资支出时才能获得，因此可有效实现绩效要求的许多目标。与基于利润的税收激励相比，它们的成本更低且更不易被滥用。

监督投资激励的有效性。考虑到新产业政策的制定标准，激励措施的关键是认识到产业政策可以采取试错法，故而需要灵活实施，也是一种昂贵的投资政策工具。对于产业政策，一种确保灵活性的常用方法是在制定实施措施时采用限时方式和淘汰机制。对于激励计划，为了取得成功可以转化为自动"日落"条款、内部审查、持续监管和基准明确（另见贸发会议的 IPFSD）。

将可持续发展目标（SDG）纳入投资激励计划的考量。正如本章的研究结果表明，现代产业政策往往直接促进 SDG 相关产业（如清洁能源、电动汽车、生态旅游、医疗保健）。投资关键的 SDG 部门（例如基础设施或教育系统）也有助于改善一个国家的总体投资环境。战略投资基金和公私伙伴关系可以成为促进与 SDG 有关的投资的有效政策工具（Zhan 和 Karl，2016；另见 UNCTAD 在 WIR14 中的行动方案）。

避免"向下竞争"。新工业革命正在增加各国之间对高附加值和高科技投资的竞争。为减少各国之间有害税收竞争的风险，应尽量避免增加税收激励措施（关于使用激励措施的进一步细节，见 UNCTAD 的 IPFSD 和专栏 4.11）。各国还需要避免违反《WTO 与贸易有关的投资措施协定》和《补贴与反补贴措施协定》中与有关投资的规定的风险。

专栏 4.11　IPFSD 激励政策	
投资激励和保障	2.4.12 任何形式的投资激励措施（财政、金融或其他）在实施前，应在长期成本和效益方面进行仔细评估，同时适当考虑潜在的扭曲效应。应定期审查激励措施的成本和收益，并充分评估其实现预期目标的有效性。 2.4.13 采用投资激励措施支持新兴产业时，其最终目标应该是自给自足的可行性（即无须激励措施），以避免以牺牲整个经济为代价来补贴不可行的产业。一种好的做法是在激励机制中建立淘汰期，且不排除永久性税收措施以解决正面或负面外部性。 2.4.14 投资激励的基础和合理性应直接、明确地源自国家发展战略。在采用之前应对既定目标的有效性和适用性进行充分评估，包括与国际进行比较。 2.4.15 理想情况下，投资激励措施应以可持续发展部门的投资为目标，并以社会和环境绩效为条件。 2.4.16 激励措施的管理应由独立实体或部门负责，该实体或部门不应当有相互冲突的目标或吸引投资的业绩目标。与激励措施相关的财务支出最终应由财政部负责，并纳入正常预算过程。 2.4.17 不应以降低环境、劳工和其他监管标准来吸引投资，或在“监管向下竞争”中争夺投资。 2.4.18 投资激励政策应根据一套预先确定、客观、明确和透明的标准确定。应在非歧视的基础上向符合标准的项目予以提供。应定期对标准（绩效要求）的遵守情况予以监测，作为享有激励措施的条件。 2.4.19 超出原定激励的激励措施必须能证明为发展目标做出特殊贡献，并应附加额外要求，包括避免“激励向上竞争”。 2.4.20 若地方实体有权酌情提供超出预定限额的投资激励措施，则应由中央投资机构协调避免投资者“货比三家”。
财政激励	3.2.8 如果政府选择为投资者提供财政激励，则应以非自由裁量的方式提供，且本质上不应用于补偿不具吸引力或不适当的一般税收制度。财政激励措施应尽可能具有日落条款，之后投资者应遵循一般财政规则。 3.2.9 一般企业所得税制度应该是常态而非例外的，且税收激励不应扩散，因其会快速导致扭曲（包括国家间有害的税收竞争和“向下竞争”）、产生计划外避税机会、变得难以监控、产生行政成本，并可能最终导致牺牲公众利益来保护特殊利益。 3.2.10 外国直接投资激励计划的制定和结构应做到不提供额外的避税途径。激励不应在跨国公司结构中创造额外的低税收地点。政府应该考虑通过设计和管理财政激励方案以消除转移利润和侵蚀税基的动机，例如，为再投资于生产性资产的收益提供税收减免，或将税收优惠重点放在资本货物上（如营业资产重置）。激励措施也可以事先商定的税收行为和披露标准为条件。
资料来源：UNCTAD。	

（二）推动经济特区现代化

经济特区如今处于充满挑战的环境中。由于区域之间的竞争激烈（竞争可能由于新工业革命而愈加激化），许多区域未能吸引大量投资。新工业革命也在削弱与经济特区相关的传统区位优势的重要性（例如廉价劳动力、丰富的土地）。此外，经济特区有必要以对社会和环境负责的方式开展商业活动，以推进可持续发展目标的实现。

SEZs：可持续经济区（sustainable economic zones）。可持续经济区为投资者提供一系列现场服务，但仅限于与可持续发展相关的服务。国际贸易规则的变化和国际商务对企业社会责任日益增长的兴趣意味着经济特区管理机构和投资促进机构有机会探索与社会、环境和治理绩效相关的投资促进战略，而不是廉价劳动力、法规豁免或广泛应用税收减免。贸发会议的《可持续经济区框架》可对此提供指导（UNCTAD，2015a）。

寻求合作方式。在战略性 FDI 来源国家建立投资促进机构和外向投资促进机构（包括开发银行）之间的战略联盟，可以使经济特区受益，特别是如果这些联盟的组织围绕着促进和便利化可持续发展部门的私人投资（WIR14）。这种伙伴关系的潜在目标和益处可包括：信息共享、技术合作和 SDG 投资机会的营销等。包容的多方平台可为促进这种伙伴关系提供机会，如贸发会议的世界投资论坛及其技术援助方案。

促进数字化。数字技术在大多数行业的全球供应链中的应用对国际生产产生了深远的影响，也是经济特区生存的关键。经济特区为其中的公司提供价值链联动机会。经济特区可以引入基础设施以及有针对性的投资便利化工具和激励措施，以促进数字化普及度和连通性，这有助于它们在新工业革命的国际生产网络中保持相关竞争力。

加强国内和区域联系。经济特区有必要加强国内公司之间的联系。特区要实现此目标可以通过吸引领先企业，以及实行促进供应商与其他生产商联系的发展计划和活动。牵头公司可为其他公司提供技术支持、培训、融资和投入，并帮助供应公司议价、达到复杂的私营标准。这些活动能成为产业政策背景下集群发展计划的成功基础。区域之间的价值链接——无论是在同一经济体内、还是跨越边境区域或区域走廊——都可以促进经济特区对产业发展的贡献，东盟的例子就是证明。

为创新驱动区域开创新的融资来源。作为新工业革命驱动的产业政策的一部分，全球涌现着各种形式的新技术导向区。这种经济特区可通过与新形式的私人融资形成伙伴关系而获益，包括风险投资基金、金融科技、影响力投资基金和众筹。尽管这些投资者在许多发展中国家仍然处于起步阶段，但其仍然为经常在经济特区设立门店的小公司提供可行资金流。例如在印度，风险资本在高增长潜力的行业推动了初创企业，且国际国内运营商提供资金促进 ICT 和生物技术等行业的增长。

（三）重构投资促进和便利化

产业政策的发展也应反映在促进投资的方法中，包括投资促进机构（IPA）的工作。

根据不断变化的经济环境进行投资促进调整。技术发展的动态以及由此导致的区域和全球价值链中劳动分工的重构意味着投资促进机构不能再依赖传统的区位优势，如低成本劳动力。IPA 需要促进在产业发展中的其他重要因素，例如现代基础设施、宽带连接或训练有素的国内劳动力的易获得性。

保持本土化营销与工业发展战略一致。对国家产业发展战略中的重点行业和活动，IPA 需采取连贯一致的针对措施。如果重点集中在全球价值链内的技术升级，投资促进机构应当促进东道国的国内专业知识和当地大学的发展，以及与技术相关的经济特区措施。

与非传统部门发展伙伴关系。IPA 应确定恰当的合作伙伴，建立适当的联系渠道并定期交流信息，以便从国际生产的细分市场中获得新的增长机会。可能的国际伙伴有对外投资促进机构 OIAs——能够在投资者母国支持 IPA 的外向投资机构（贸发会议，2017b）。

促进国内企业与国际市场领导者之间的“配对”。IPA 在确定和针对优先行业的国际领军企业方面有着关键作用。IPA 可以在与外国公司签订合作合同或参与组建研发联合体方面提供帮助。

加强投资便利化。在获得所需许可和批准、获得土地或办公场所、引进有资质人员过程中面临的官僚主义障碍可能会使项目脱轨或延期，阻碍其他投资者的利益，并损害 IPA 和国家的营商环境声誉。UNCTAD 的《投资便利化全球行动清单》包括各机构可采取的措施以及对国家和国际投资政策的建议。

将促进 SDG 部门的投资纳入主流，并扩大建设 SDG 相关项目的开发和销售渠道。UNCTAD 提出了将 SDG 纳入投资促进战略和制度主流的“行动方案”（WIR14）。与 SDG 相关的项目应成为 IPA 和商业发展组织工作的要务。推动和促进可持续发展的投资，包括政治最高层优先考虑和赞助对已整合的和结构化的项目进行准备和营销。这需要专业知识和专职单位（例如政府赞助的可持续发展投资项目“经纪人”，以及国际组织和多边开发银行）的技术援助（WIR14）。

（四）巧妙制定外国投资审查和监督机制

鉴于 FDI 审查机制越来越多地被用作产业政策工具，在东道国监测 FDI 的进入的合法权益和给予投资者足够可预测性和透明度之间需要找到政策平衡。

将国家安全审查与其他 FDI 审查目的进行区分。现有的 FDI 审查机制并非总是区分与国家安全有关的审查和与更广泛的产业政策目的有关的审查。由于对“国家安全”的定义不明确，东道国当局有充分的自由裁量权来决定特定的外国投资是否构成国家安全风险。为了提高 FDI 审查结果的可预测性，可取做法是明确将国家安全审查限制在国防、安全和军民两用部门，而将所有其他部门的投资留在与产业相关的独立审查程序中。

制定清晰透明的审查标准。FDI 所使用的审查标准应予以公开。东道国当局应希望公布审查机制适用的部门和行业清单（例如战略产业、关键基础设施、获取核心技术）。鉴于各个行业对经济发展的重要性不断改变，该清单应该是可以修改的。执行指南可以提供进一步的细节，并协助申请投资者准备审查程序。

提供投资者—东道国对话渠道。投资审查机制应规定东道国当局与外国公司之间就计划投资进行充分对话，从而允许投资者根据东道国的意愿修改拟议的交易，避免投资被否决。

建立程序保障。东道国当局需有足够的时间来全面考虑每项投资。设定适当的时间框架也符合投资者的利益，投资者可以明确了解决定将于何时做出。程序应是非歧视性的，并确定保护商业机密。事后投资审查应限于明确界定的特殊情况。

允许 FDI 预先审查。东道国可考虑一种可能机制，即潜在投资者可以事先申请，获悉预期交易是否在投资审查范围之内。对于处理不会造成任何政治或法律问题的简单案件而言，这种方法处于政府来说是一种有用且有效的工具。

三、产业政策模型的投资政策工具包

政策实践表明，建设、赶超和基于新工业革命的产业政策强调不同的投资政策工具，并侧重于不同部门、经济活动和机制，以最大限度地提高投资对产业能力发展的贡献。投资政策工具包随着产业政策模式和发展阶段的不同而演变。

如前文所述，工业发展战略的三个基本模式——建设、赶超和基于新工业革命的战略——使用的投资政策工具均有不同的侧重点。建设战略的重点是吸引基本的基础设施行业的投资（或弥补基本的基础设施缺陷）。例如，卢旺达向投资者提供能源生产、输送和分配的优惠税率——一种建设战略的常见激励。它们还注重各种轻工业部门的投资，这往往是迈向工业发展的第一步。建设战略通常适用于发展水平较低的国家，其往往是财政激励，无需预先支付财务费用。为了创建成功的经济特区，建设战略可以集中吸引主要跨国公司，以帮助吸引供应商投资者并启动出口导向型制造业。这是东盟地区的一种常见做法。例如，越南给工业园区和其他类型经济区的开发商和主要投资者提供特殊优惠。通过与跨国公司合作，通过供应商发展计划和供应商融资来发展国内企业，也属于建设战略的举措。

赶超战略旨在通过激励支持技术升级的部门和活动，在全球价值链中吸引附加值更高的活动。赶超战略包括针对集群建设和区域经济特区生产网络的投资促进。例如，阿根廷在 2017 年对汽车行业采取了优惠税收制度，以促进南方共同市场（MERCOSUR）国家的区域汽车生产链。赶超战略侧重于针对更高技能发展的商业联系和供应商发展计划。例如，摩洛哥在 2015 年设立工业发展基金，支持希望进行扩张的公司所承担的项目。这些公司对供应商的经济结构产生重大的结构性影响，并涉及培训或技术转让。同样，南非在 2010 年采取免税激励措施，以支持制造业中影响产业升级、商业联系和中小企业供应机会以及技能发展的工业项目。赶超战略经常也为投资便利化提供有力的统筹性计划，并支持广泛采用 ICT 和技术。

基于新工业革命的战略较少关注基础设施发展，而是更多关注技术开发，包括各种形式的公私合作。例如，美国国家制造业创新网络是一个 PPP 项目，汇集了私营企业、领先的大学和联邦机构，共同投资于新兴技术，如增材制造（additive manufacturing）和下一代电力电子。与研究和教育机构的伙伴关系可以从技术发展延伸到以提高国内公司的能力和国际竞争力的知识发展倡议（Fletcher 等，2018）。基于新工业革命的战略可以支持中小企业广泛采用数字和先进制造技术。例如，德国的中小企业数字化（Mittelstand）计划支持中小企业数字化，并在手工业与区域性 Mittelstand 4.0 竞争中建立联系。战略可能采用建立型政策来支持新的产业，但也可采用其他方法，如创新融资机制。战略将针对高新技术和先进制造业发展的经济特区和集群活动。例如，韩国成立于 2011 年的板桥科技谷（Pan-Gyo）专注于信息技术、生物技术和聚变技术，并提供商业支持设施，包括全球研发中心和产学研发中心。基于新工业革命的政策也可以引入对工业发展至关重要技术的审查机制。

因此，各种模式的投资政策工具虽然相似，

但聚焦和侧重点却截然不同。对于产业发展的外国投资政策的修订而言，了解跨国公司内部国际化进程的复杂性至关重要。发达国家和发展中国家在产业政策背景下成功吸引和升级FDI的经验证据表明，决策者和内向投资机构必须充分了解跨国公司子公司升级涉及的复杂互动、跨国公司内部国际化进程以及跨国公司的新兴需求，以便为投资者和东道国创造双赢局面（WIR13，WIR15，Buzdugan和Tüselmann，2018；Gilmore等，2018）。

如本章所示，现代一揽子产业政策措施可以根据其所针对的投入要素来区分，即知识（特别是制造业研发）、劳动力（包括技能和教育）、产能（如使用和组织制造机械、工厂设备的能力的可获得性和体量）、资源和基础设施（特别是对能源和资源效率的支持）和融资（主要是信贷和金融资本）。制造业系统的运作关键取决于这些投入要素的可获得性、生产率和整合程度。

用作产业政策工具的投资政策措施独立于政策模式或一揽子计划，可以围绕这些生产要素（政策目标）和它们运作的水平（企业或个别部门、制造业整体部门或包括支持服务的更广泛的工业体系）集中设立。表4.11至4.13中的矩阵显示了投资一揽子政策在三种基本产业政策模式中的变化趋势，阐明了每种模式应用的不同侧重点和工具类型。

表 4.11　产业一揽子政策矩阵中的投资政策：建设

	政策目标（生产要素）				
政策层级	**基本基础设施**	**金融资本**	**产能**	**技能/劳动力生产率**	**技术基础设施**
制造业企业/各个部门	•弥补基础设施缺陷的激励措施 •基于成本的激励措施，用于私营部门基础设施建设 •投资者获得土地政策	•促进跨国公司供应商信贷/担保计划	•在优先部门进行有针对性的投资促进，包括出口导向型投资 •激励相关的绩效要求：例如本地化成分要求	•配对和商业联系计划 •供应商开发/培训计划	•基于成本的，促进采用ICT的激励计划
制造业系统/跨部门	•促进优先制造业或跨部门能力的经济特区 •聚焦吸引经济特区重点企业和开发商的投资促进政策	•促进制造业外国企业对生产性资产的收益再投资	•针对制造业设施进行有针对性的投资促进，重点关注价值链任务 •供应商发展计划	•激励相关的绩效要求：如技能培训	
产业系统（包括支持/基础设施服务）	•基本基础设施部门（交通基础设施、能源、电信等）的投资促进 •PPP监管框架	•促进金融部门FDI/加强金融部门治理，以改善中小企业供应商的资金获取			

资料来源：UNCTAD。

表 4.12　产业一揽子政策矩阵中的投资政策：赶超

	政策目标（生产要素）				
政策层级	基本基础设施	金融资本	产能	技能/劳动力生产率	技术基础设施
制造业企业/各个部门	•激励措施一揽子政策，包括基础设施供应	•促进跨国公司供应商信贷/担保计划	•有针对性地促进对全球价值链活动、区域走廊和经济特区的投资	•配对和商业联系计划 •供应商开发/培训计划	•与专业投资者合作开发 PPP /联合研发计划
制造业系统/跨部门	•利用经济特区促进出口导向型制造业和跨部门能力 •投资促进侧重于建立集群和区域经济特区生产网络	•促进制造业外国分支机构对生产性资产的收益再投资	•针对制造业设施进行有针对性的投资促进，重点关注价值链任务 •供应商发展计划，包括对国际标准的计划	•激励相关的绩效要求：如技能培训、职业卓越中心的建立	•基于成本的，促进采用 ICT 和制造业技术升级的激励计划
产业系统（包括支持/基础设施服务）	•促进基础设施部门的投资，以降低贸易成本（例如国际运输基础设施）	•促进金融部门 FDI/加强金融部门治理，以改善中小企业供应商的资金获取	•广泛的投资便利化（投资者行政程序、行政治理）	•促进投资者与教育机构之间的联系	

表 4.13　产业一揽子政策矩阵中的投资政策：新工业革命驱动

	政策目标（生产要素）				
政策层级	基本基础设施	金融资本	产能	技能/劳动力生产率	技术基础设施
制造业企业/各个部门			•有针对性地促进新兴产业的投资	•配对和商业联系计划 •供应商开发/培训计划	•促进研发的激励 •基于成本的，促进采用 ICT 和制造业技术升级的激励计划
制造业系统/跨部门	•促进高科技或研发型经济特区设施	•促进风险投资，为中小型高科技企业提供信贷	•重点关注先进的制造业价值链，有针对性的投资促进 •供应商发展计划	•激励相关的绩效要求：如特殊人才技能培训	•重点关注技术集群主力公司，进行有针对性的投资促进 •促进联动和集群项目设施
产业系统（包括支持/基础设施服务）	•促进高级数字基础设施的投资	•为数字发展（基础设施、数字产业、数字采用）推动创新融资工具	•区域/跨境高科技园区或走廊	•促进投资者与教育机构之间的联系	•联系技术机构和投资者/创新中心的 PPP •投资审查，以评估对关键技术/先进制造业发展的影响

第五节 结语

本章展示了各个发展水平国家持续进行中的产业政策工作。产业一揽子政策随着国家的发展水平、生产能力以及产业价值链中对新技术的采用而发展。包括投资政策工具在内的关键政策工具的内容和重点因国家而异，并根据发展路径和目标而演化。来自 100 多个国家的产业政策的调查也证明，产业政策愈发多元化和复杂化，涉及众多新的目标，如参与全球价值链、新工业革命的战略定位和支持实现 SDG。

促进协作和可持续发展战略的现代工业政策需要成为综合框架的一部分。总体发展战略、产业政策、宏观经济政策、贸易和投资政策以及社会和环境政策之间是相互依存、互相联动的。这就需要采取全盘的和“整体政府”的方法，以相互强化并创造政策集之间的协同作用，并避免政策间的不一致和相互抵消。

产业政策成功的一个关键条件是与投资政策的有效互动，目的是创造协同效应。各国需要确保其投资政策工具是最新的，包括调整投资激励机制方向、推动经济特区现代化、重构投资促进和便利化以及巧妙制定外国投资审查机制。新工业革命尤其需要对工业发展的投资政策进行战略审查。

现代工业政策需要保持平衡。在自由放任和重新监管之间需要找到足够的均衡，明确界定市场和国家的角色。市场在资源配置中起着关键作用，而政府的作用是授权，是成为催化剂，是应对市场失灵和系统失灵。政策制定者需要平衡统筹性和专属性措施、直接和间接干预，其关键是巧妙监管和有效治理。

现代产业政策需要双赢战略。工业政策和投资政策主要是在国内政策上下功夫，然而它们对国际规则和承诺也有着深远影响。国际合作不可或缺。全球化和工业化的新时代需要加强区域和多边合作，避免以邻为壑的政策。

最后，产业政策需要有效实施。高层战略若仍是纸上谈兵，则将无法实现可持续发展目标。有效实施需要有效率和有权力的机构、政策内置反馈和经验机制、灵活和自适应的政策监测以及纠错系统。机构能力建设对于有效制定和实施产业政策至关重要。

这些首要原则是现代产业政策的基础，也应成为发达国家和发展中国家的投资政策制定者的指南。

注 释

[1] 参见 Pelkmans（2006）；Change et al.（2013）；Salazaret al.（2014）；Stiglitz（2016）；Naudé（2010）；Rodrik（2004）。

[2] 阿尔及利亚、安哥拉、阿根廷、亚美尼亚、澳大利亚、奥地利、阿塞拜疆、伯利兹、不丹、玻利维亚、博茨瓦纳、巴西、布基纳法索、柬埔寨、喀麦隆、乍得、加拿大、智利、中国、哥伦比亚、刚果、克罗地亚、捷克共和国、丹麦、吉布提、厄瓜多尔、埃及、萨尔瓦多、埃塞俄比亚、欧盟、芬兰、法国、加蓬、冈比亚、德国、加纳、危地马拉、几内亚、匈牙利、印度、印度尼西亚、伊拉克、爱尔兰、意大利、日本、约旦、哈萨克斯坦、肯尼亚、韩国、拉脱维亚、黎巴嫩、利比里亚、立陶宛、卢森堡、马其顿、马达加斯

加、马拉维、毛里求斯、墨西哥、蒙古、黑山、摩洛哥、莫桑比克、缅甸、纳米比亚、尼泊尔、荷兰、新西兰、尼日尔、尼日利亚、挪威、阿曼、巴基斯坦、菲律宾、波兰、葡萄牙、卡塔尔、俄罗斯、卢旺达、沙特阿拉伯、塞拉利昂、新加坡、斯洛文尼亚、南非、西班牙、斯里兰卡、斯威士兰、瑞典、坦桑尼亚、泰国、东帝汶、突尼斯、土耳其、乌干达、阿拉伯联合酋长国、英国、美国、乌兹别克斯坦、越南、也门、津巴布韦。

[3] 这种战略可能具有不同的称谓，比如工业 4.0、智能制造、制造创新 3.0 等。它们通常侧重于通过在传统行业中采用数字化和其他先进技术来改变其工业生产活动。

[4] 一些工业政策如缅甸、卢旺达和坦桑尼亚所采取的政策提到了通过机构捐助或联合国资本发展基金来提供官方的发展援助。

[5] 基于世界银行（2010），使用 UNCTAD 投资政策措施数据库的数据更新至 2017 年。

[6] 根据 WIR16 国家安全审查专门章节中制定的方法，第三章。国家包括澳大利亚、奥地利、加拿大、中国、芬兰、法国、德国、印度、意大利、日本、韩国、立陶宛、墨西哥、新西兰、俄罗斯联邦、英国和美国。

[7] http://europa.eu/rapid/press-release_IP-17-3183_en.htm。

参考文献

[1] ADB (2017). Asian Development Outlook 2017: Transcending the Middle-Income Challenge. Manila: Asian Development Bank.

[2] AfDB, OECD and UNDP (African Development Bank, Organization for Economic Cooperation and Development, United Nations Development Programme) (2014). African Economic Outlook 2014: Global Value Chains and Africa's Industrialisation. Paris: OECD Publishing.

[3] Andreoni, A. (2016). "Varieties of industrial policy: models, packages and transformation cycles". In Noman, A., and J. Stiglitz (eds.), Efficiency, Finance and Varieties of Industrial Policy: Guiding Resources, Learning and Technology for Sustained Growth. New York: Columbia University Press: 245–304.

[4] ASEAN Secretariat and UNCTAD (2017). ASEAN Investment Report 2017: Foreign Direct Investment and Economic Zones in ASEAN. Jakarta: ASEAN Secretariat and Geneva: UNCTAD.

[5] BIS (Bank for International Settlements) (2017). 87th Annual Report. Basel: BIS.

[6] Bank of Jamaica (2017). Quarterly Monetary Policy Report: October to December 2017, Vol. 18, No. 3. www.boj.org.jm.

[7] Beugelsdijk, S., J. F. Hennart, A. Slangen and R. Smeets (2010). "Why and how FDI stocks are a biased measure of MNE affiliate activity". Journal of International Business Studies, 41(9): 1444–1459.

[8] Blanchard, O., and J. Acalin (2016). "What does measured FDI actually measure?" Policy Brief 16-17, Peterson Institute for International Economics, Washington, DC.

[9] Bonnitcha, J. (2017). Investment Laws of ASEAN Countries: A Comparative Review. Geneva: International Institute for Sustainable Development.

[10] Bonnitcha, J., L. N. Skovgaard Poulsen, and M. Waibel (2017). The Political Economy of the Investment Treaty Regime. New York: Oxford University Press .

[11] Buzdugan, S. R., and H. Tüselmann. (2018). "Making the most of FDI for development: 'new' industrial policy and FDI deepening for industrial upgrading". Transnational Corporations, 25(1): 1–22.

[12] Casella, B. (forthcoming). "FDI statistics and international production: towards (re) conciliation?" Transnational Corporations.

[13] Casella, B., and L. Formenti (2018). "FDI in the digital economy: a shift to asset-light international footprints", Transnational Corporations, 25(1).

[14] Catalyst Information Center (2013). Why

Diversity Matters. July 2013. http://www.catalyst.org/system/files/why_diversity_matters_catalyst_0.pdf.

[15] Central Bank of Seychelles (2017). Annual Report 2017. Victoria: CBS.

[16] Central Bank of Trinidad and Tobago (2018). Economic Bulletin, 20 (1, March). Port of Spain: CBTT.

[17] Chang, H.-J., A. Andreoni and M. L. Kuan (2013). "International industrial policy experiences and the lessons for the UK". Working Paper No. 450, Centre for Business Research, University of Cambridge.

[18] Charlotin, D. (2017). "The place of investment awards and WTO decisions in international law: a citation analysis". Journal of International Economic Law, 20(2, 1 June): 279–299.

[19] Credit Suisse (2016). The CS Gender 3000: The Reward for Change. Zurich: Switzerland.

[20] Deloitte (2017). Women in the Boardroom: A Global Perspective. Fifth ed. https://www2.deloitte.com/ch/en/pages/risk/articles/women-in-the-boardroom 5th-edition.html.

[21] European Commission (2010). "An Integrated Industrial Policy for the Globalisation Era: Putting Competitiveness and Sustainability at Centre Stage". Brussels. https://www.kowi.de/Portaldata/2/Resources/fp7/2010-com-industrial-policy.pdf.

[22] Farole, T., and G. Akinci (2011). Special Economic Zones: Progress, Emerging Challenges and Future Directions. Directions in Development. Washington, DC: World Bank.

[23] Financial Stability Board (2017). "Ten years on – taking stock of post-crisis resolution reforms". Sixth Report on the Implementation of Resolution Reforms. www.fsb.org/wp-content/uploads/P060717-3.pdf.

[24] Fletcher, M., P. Dimitratos, and S. Young. (2018). "How can academic-policy collaboration be more effective? A stewardship approach to engaged scholarship in the case of SME internationalization". Transnational Corporations, 25(1): 23–42.

[25] Fukui, T., and C. Lakatos (2012). "A global database of foreign affiliate sales". GTAP Research Memoranda 4009, Center for Global Trade Analysis, Department of Agricultural Economics, Purdue University, Lafayette, IN, USA.

[26] Gereffi, G. (2014). "Global value chains in a post-Washington Consensus world". Review of International Political Economy, 21(1): 9–37.

[27] Gilmore, E., U. Andersson and N. Memar (2018). "How subsidiaries influence innovation in the MNE value chain". Transnational Corporations, 25(1): 73–100.

[28] Harrison, A., and A. Rodríguez-Clare (2009). "Trade, foreign investment, and industrial policy for developing countries". Working Paper w15261, National Bureau of Economic Research, Cambridge, MA, USA.

[29] Harrison, A., and A. Rodriguez-Clare (2010). "From hard to soft industrial policies in developing countries". Vox CEPR Portal. https://voxeu.org/article/hard-soft-industrial-policies-developing-countries.

[30] ILC (United Nations International Law Commission Study Group) (2006). Report on the Fragmentation of International Law: Difficulties

Arising from the Diversification and Expansion of International Law. UN Doc. A/ CN.4/L.682 (13 April).

[31] International Monetary Fund (2018). World Economic Outlook. IMF, Washington, DC.

[32] International Renewable Energy Agency (2016). "Renewable energy market analysis: Latin America". IRENA, Abu Dhabi.

[33] Koopman, R., Z. Wang and S.-J. Wei (2014). "Tracing value-added and double counting in gross exports". American Economic Review, 104 (2): 459–494.

[34] Lane, P., and G. Milesi-Ferretti (2017). "International financial integration in the aftermath of the global financial crisis". IMF Working Papers, International Monetary Fund, Washington, DC.

[35] Leino, T., and J. Ali-Yrkko (2014). "How well does foreign direct investment measure real investment by foreign-owned companies?: Firm-level analysis". Research Discussion Paper No. 12/2014, Bank of Finland, Helsinki.

[36] Lin, J. Y., and H.-J. Chang (2009). "Should industrial policy in developing countries conform to comparative advantage or defy it? A debate Between Justin Lin and HaJoon Chang". Development Policy Review, 27(5): 483–502.

[37] Lin, J.Y. (2012). "From flying geese to leading dragons: New opportunities and strategies for structural transformation in developing countries". Global Policy, 3(4): 397–409.

[38] Lipsey, R. E. (2007). "Defining and measuring the location of FDI output". NBER Working Paper No. 12996, National Bureau of Economic Research, Cambridge, MA, USA.

[39] McKinsey (2018). "Delivering through diversity". https://www.mckinsey.com/~/media/McKinsey/Business%20Functions/Organization/Our%20Insights/Delivering%20through%20diversity/Delivering- through-diversity_full-report.ashx.

[40] Moran, D., K. Kanemoto, B. Casella and R. Bolwijn (2018). "UNCTAD-EORA Global Value Chain Database: methodology and further researchagenda-2018 version". Working Paper. http://worldmrio.com.

[41] Moran, T. H. (2015). "The role of industrial policy as a development tool: new evidence from the globalization of trade and investment." CGD Policy Paper 071, Center for Global Development, Washington, DC.

[42] MSCI (2016). "The tipping point: women on boards and financial performance". https://www.msci.com/documents/10199/fd1f8228-cc07-4789-acee-3f9ed97ee8bb.

[43] MSCI (2017). "Women on boards – progress report 2017". https://www.msci.com/documents/10199/239004/MSCI_Women+on+Boards+Progress+Report+2017.pdf/b7786a08-c818-4054- bf3f-ef15fc89537a.

[44] Naudé, W. (2010). "Industrial policy: Old and new issues". WIDER Working Paper 2010/106, World Institute for Development Economic Research, United Nations University, Helsinki.

[45] Pelkmans, J. (2006). "European Industrial Policy". Bruges European Economic Policy (BEEP) briefing no. 15, College of Europe, Belgium.

[46] Ramondo, N., and A. Rodríguez-Clare (2013). "Trade, multinational production, and the gains from openness". Journal of Political Economy, 121(2): 273–322.

[47] Rodrik, D. (2004). "Industrial policy for

the twenty-first century". KSG Working Paper No. RWP04-047, Harvard University, Cambridge, MA.

[48] Rodrik, D. (2011). "The manufacturing imperative". Project Syndicate, August 10.

[49] Rodrik, D. (2013). "The past, present, and future of economic growth". Working Paper 1, Global Citizen Foundation, New York.

[50] Rodrik, D. (2014). "Green industrial policy". Oxford Review of Economic Policy, 30(3): 469–491.

[51] Salazar-Xirinachs, J. M, I. Nübler and R. Kozul-Wright (2014). Transforming Economies: Making industrial Policy Work for Growth, Jobs and Development. Geneva: ILO.

[52] Sauvant, K. (2017). "Beware of FDI statistics!" Columbia FDI Perspectives No. 215, Columbia Center on Sustainable Investment, Columbia University, New York.

[53] Singh, H. V. (2016). "Industrial policy and manufacturing: options for international trade policy". Policy Options Paper, E15 Expert Group on Reinvigorating Manufacturing: New Industrial Policy and the Trade System, E15 Initiative, ICTSD and WEF, Geneva.

[54] Stiglitz, J. E. (2016). "Industrial policy, learning, and development". WIDER Working Paper 2016, World Institute for Development Economic Research, United Nations University, Helsinki.

[55] Stiglitz, J. E., J. Y. Lin and C. Monga (2013). "The rejuvenation of industrial policy". Policy Research Working Paper 6628, World Bank, Washington, DC.

[56] Tarr, D. G. (2005). "Government (industrial) policies for competitiveness in a global economy". Policy Research Working Paper 4598, World Bank, Washington, DC.

[57] UNCTAD (2003). Foreign Direct Investment and Performance Requirements: New Evidence from Selected Countries. New York and Geneva: United Nations.

[58] UNCTAD (2015a). Enhancing the Contribution of Export Processing Zones to the Sustainable Development Goals: An Analysis of 100 EPZs and a Framework for Sustainable Economic Zones. New York and Geneva: United Nations.

[59] UNCTAD (2015b). Investment Policy Framework for Sustainable Development. New York and Geneva: United Nations.

[60] UNCTAD (2016a). Global Action Menu for Investment Facilitation. New York and Geneva: United Nations.

[61] UNCTAD (2016b). "Investment Laws: A widespread tool for the promotion and regulation of foreign investment". Investment Policy Monitor, United Nations, New York and Geneva.

[62] UNCTAD (2016c). Trade and Development Report: Structural Transformation for Inclusive and Sustained Growth. New York and Geneva: United Nations.

[63] UNCTAD (2017a). Investment Facilitation: A Review of Policy Practices. UNCTAD. Available at http:// investmentpolicyhub.unctad.org/Publications/Details/1184.

[64] UNCTAD (2017b). "Promoting foreign investment in the Sustainable Development Goals". Note by the UNCTAD Secretariat. Investment, Enterprise and Development Commission, UNCTAD, United Nations, Geneva.

[65] UNCTAD (2017c). Reform Package for the International Investment Regime. New York and Geneva: United Nations.

[66] UNCTAD (2017d). The Information Economy Report 2017: Digitalization, Trade and Development. New York and Geneva: United Nations.

[67] UNCTAD (2017e). "The 'new' digital economy and development". UNCTAD Technical Notes on ICT for Development No. 8, United Nations, New York and Geneva.

[68] UNCTAD (2017f). Trade and Development Report: Beyond Austerity: Towards a Global New Deal. New York and Geneva: United Nations.

[69] UNECA (2015). Economic Report on Africa 2015: Industrializing Through Trade. Addis Ababa: United Nations Economic Commission for Africa.

[70] UNIDO (2016). Industrialization in Africa and Least Developed Countries: Boosting Growth, Creating Jobs, Promoting Inclusiveness and Sustainability. Vienna: United Nations Industrial Development Organization.

[71] Van Harten, G., and D. N. Scott (2016). "Investment treaties and the internal vetting of regulatory proposals: A case study from Canada". Journal of International Dispute Settlement, 7(1): 92–116.

[72] WIR04. World Investment Report 2004: The Shift Towards Services. New York and Geneva: United Nations.

[73] WIR11. World Investment Report 2011: Non-Equity Modes of International Production and Development. New York and Geneva: United Nations.

[74] WIR13. World Investment Report 2013: Global Value Chains: Investment and Trade for Development. New York and Geneva: United Nations.

[75] WIR14. World Investment Report 2014: Investing in the SDGs: An Action Plan. New York and Geneva: United Nations.

[76] WIR15. World Investment Report 2015: Reforming International Investment Governance. New York and Geneva: United Nations.

[77] WIR16. World Investment Report 2016. Investor Nationality: Policy Challenges. New York and Geneva: United Nations.

[78] WIR17. World Investment Report 2017. Investment and Digital Economy. New York and Geneva: United Nations. World Bank (2017). Global Investment Competitiveness Report 2017/2018. Washington, DC: World Bank.

[79] Zhan, J. X. (2011). "Making industrial policy work". Project Syndicate, March 11.

[80] Zhan, J. X. and J. Karl (2016). "Investment Incentives for Sustainable Development". In Tavares-Lehmann, A. T.,P. Toledano, L. Johnson and L. Sachs (eds.), Rethinking Investment Incentives. New York: Columbia University Press.

附　　录

附件清单来源于联合国贸易和发展会议（www.unctad.org/wir）

附 录

附表 1. 2012—2017 年按区域和经济体列出的 FDI 流量(单位：百万美元)

区域/经济体	FDI流入量						FDI流出量					
	2012 年	2013 年	2014年	2015 年	2016 年	2017 年	2012 年	2013 年	2014年	2015 年	2016 年	2017 年
世界 [a]	1 574 712	1 425 377	1 338 532	1 921 306	1 867 533	1 429 807	1 369 508	1 380 875	1 262 007	1 621 890	1 473 283	1 429 972
发达经济体	858 263	693 154	596 699	1 141 251	1 133 245	712 383	973 654	890 112	731 670	1 183 568	1 041 458	1 009 208
欧洲	542 242	349 502	274 550	595 163	564 937	333 722	467 070	387 670	240 296	728 175	526 427	417 806
欧盟	492 007	344 675	259 933	515 866	524 010	303 580	406 638	340 879	222 244	606 648	452 870	435 736
奥地利	3 989	5 720	4 577	1 270	−9 001	9 630	13 109	15 568	−726	6 980	−3 520	10 892
比利时	6 516	25 125	−12 390	23 872	30 307	740	33 821	29 484	−3 680	39 837	22 300	20 926
保加利亚	1 697	1 837	1 540	2 746	1 194	1 071	325	187	370	163	413	296
克罗地亚	1 510	958	2 877	267	1 756	2 104	−86	−168	1 962	8	−337	644
塞浦路斯	47 199	−6 495	736	7 466	2 118	6 343	49 761	−6 898	−1 117	16 799	555	1 332
捷克共和国	7 984	3 639	5 492	465	9 815	7 412	1 790	4 019	1 620	2 487	2 182	1 623
丹麦	776	908	4 682	3 616	−159	−3 115	7 421	7 039	8 257	9 420	9 419	10 031
爱沙尼亚	1 565	769	655	13	915	784	1 054	513	43	156	352	19
芬兰	4 154	−169	18 304	1 484	11 644	1 328[b]	7 543	−2 402	1 182	−16 584	25 622	1 727[b]
法国	16 062	34 270	2 669	45 347	35 165	49 795	35 438	20 369	49 783	53 197	63 232	58 116
德国	28 181[c]	15 573[c]	4 863[c]	33 276[c]	16 982[c]	34 726[c]	62 164[c]	42 271[c]	99 584[c]	108 177[c]	51 460[c]	82 336[c]
希腊	1 740	2 817	2 688	1 272	3 069	4 046	677	−785	3 020	1 582	−1 529	672
匈牙利	14 409	3 402	7 807	−14 751	−5 855	2 492	11 703	1 886	3 868	−16 192	−8 552	322

续表

区域/经济体	FDI流入量						FDI流出量					
	2012 年	2013 年	2014年	2015 年	2016 年	2017 年	2012 年	2013 年	2014年	2015 年	2016 年	2017 年
爱尔兰	46 923	46 625	37 414	215 791	14 523	28 975	22 565	29 366	41 438	168 330	29 383	18 614
意大利	93	24 273	23 223	19 628	22 243	17 077	8 007	25 134	26 316	22 310	17 752	4 417
拉脱维亚	1 109	903	780	710	148	721	192	411	387	17	144	92
立陶宛	700	469	−23	870	264	595	392	192	−36	85	108	−31
卢森堡	143 003	19 616	22 747	11 320	45 123	6 623	89 806	22 090	34 206	28 221	44 353	41 155
马耳他	14 184	12 004	11 343	4 645	3 813	3 185	2 601	2 661	2 341	−5 236	−5 368	−7 115
荷兰	25 013	51 105	44 974	69 565	85 778	57 957	17 935	69 704	59 357	194 056	172 061	23 318[b]
波兰	12 424	2 734	14 269	15 271	13 928	6 434	2 901	−1 346	2 898	4 996	8 074	3 591
葡萄牙	8 858	2 702	2 999	6 926	6 310	6 946	−8 206	−1 205	−519	5 573	2 716	−2 409
罗马尼亚	3 199	3 601	3 211	3 839	4 997	5 160	−114	−281	−373	562	5	10
斯洛伐克	2 982	−604	−512	106	−295	2 277	8	−313	43	6	248	350
斯洛文尼亚	339	−151	1 050	1 674	1 260	702	−259	−214	275	267	287	107
西班牙	25 696	37 436	25 238	19 560	19 660	19 086	−3 982	12 823	33 837	50 531	38 101	40 786
瑞典	16 257	3 930	4 030	6 897	12 177	15 396	29 371	30 289	9 194	14 392	5 925	24 303
英国	55 446	51 676	24 690	32 720	196 130	15 090	20 700	40 486	−151 286	−83 492	−22 516	99 614
其他发达欧洲经济体	50 235	4 828	14 618	79 297	40 926	30 143	60 432	46 791	18 052	121 527	73 557	−17 931
直布罗陀	952[b]	−1 335[b]	−3 156[b]	−2 175[b]	−2 293[b]	−2 541[b]	—	—	—	—	—	—
冰岛	1 025	397	447	709	−427	−5	−3 206	460	−257	−31	−1 147	−85
挪威	18 774	4 611	7 987	−1 121	−4 668	−8 297	19 561	7 792	18 254	27 668	2 221	−2 930
瑞士	29 483	1 155	9 340	81 884	48 314	40 986	44 077	38 539	55	93 890	72 484	−14 915
北美洲	242 145	270 784	260 667	511 367	494 423	299 625	374 060	360 813	354 951	330 389	354 239	419 257
加拿大	43 111	69 391	58 933	45 602	37 297	24 244	55 864	57 381	60 197	67 820	73 557	76 988
美国	199 034	201 393	201 734	465 765	457 126	275 381	318 196	303 432	294 754	262 569	280 682	342 269
其他发达经济体	73 876	72 867	61 482	34 721	73 885	79 036	132 523	141 629	136 423	125 004	160 793	172 146
澳大利亚	59 574	56 766	40 970	20 463	47 756	46 368	7 892	1 441	463	−20 056	2 321	4 881

续表

区域/经济体	FDI流入量						FDI流出量					
	2012 年	2013 年	2014年	2015 年	2016 年	2017 年	2012 年	2013 年	2014年	2015 年	2016 年	2017 年
百慕大	48	93	−3	−143	−73[d]	−288[d]	240	51	120	−84	95[d]	−42[d]
以色列	9 018	11 842	6 049	11 337	11 903	18 954	2 276	3 858	4 526	10 969	13 072	6 275
日本	1 732	2 304	12 030	3 309	11 388	10 430	122 549	135 749	130 843	134 233	145 243	160 449
新西兰	3 504	1 862	2 437	−245	2 911	3 572	−433	530	471	−58	62	582
发展中经济体 [a]	651 500	648 539	685 292	744 032	670 158	670 658	362 661	414 976	457 994	406 237	406 668	380 775
非洲	51 985	50 790	52 440	56 633	53 190	41 772	12 393	16 072	13 598	10 844	11 234	12 078
北非	15 759	11 952	12 039	12 256	13 831	13 271	3 098	392	770	1 364	1 514	1 323
阿尔及利亚	1 499	1 684	1 507	−584	1 635	1 203	−41	−268	−18	103	46	−4
埃及	6 031	4 256	4 612	6 925	8 107	7 392	211	301	253	182	207	199
利比亚	1 425	702	—	—	—	—	2 509	6	77	395	440	110
摩洛哥	2 728	3 298	3 561	3 255	2 157	2 651	406	332	436	653	580	960
南苏丹	161[b]	−793[b]	44[b]	−71[b]	−17[b]	80[b]	—	—	—	—	—	—
苏丹	2 311	1 688	1 251	1 728	1 064	1 065	—	—	—	—	—	—
突尼斯	1 603	1 117	1 064	1 003	885	880	13	22	22	31	242	57
其他非洲经济体	36 226	38 838	40 401	44 377	39 359	28 501	9 295	15 680	12 829	9 480	9 720	10 756
西非	16 874	14 480	12 148	10 179	12 694	11 307	3 537	1 757	2 193	2 224	2 188	1 888
贝宁	282	360	405	150	132	184	40	59	17	33	17	23
布基纳法索	329	490	356	232	390	486	73	58	69	14	50	34
佛得角	126	70	180	116	122	109	−8	−14	−8	−4	−9	−14
科特迪瓦	330	407	439	494	577	675	14	−6	16	14	29	27
冈比亚	41	26	36	13	−28	87[b]	−10	−49	—	−23	−1	7[b]
加纳	3 293	3 226	3 357	3 192	3 485	3 255	1	9	12	221	15	16
几内亚	606	134	77	48	1 597	577	3[c]	1[c]	2[c]	4[c]	−4[c]	1[b]
几内亚比绍	7	20	29	19	24	17	−0.1	—	3	2	0.5	1
利比里亚	985	1 061	277	627	453	248	1 388[b]	327[b]	−36[b]	30[b]	168[b]	54[b]

续表

区域/经济体	FDI流入量						FDI流出量					
	2012 年	2013 年	2014年	2015 年	2016 年	2017 年	2012 年	2013 年	2014年	2015 年	2016 年	2017 年
马里	398	308	144	275	356	266	16	3	1	82	97	54
毛里塔尼亚	1 389[b]	1 126[b]	501[b]	502[b]	271[b]	330[b]	-3[b]	19[b]	28[b]	0.2[b]	1[b]	10[b]
尼日尔	841	719	822	529	301	334	2	101	89	34	40	33
尼日利亚	7 127	5 608	4 694	3 064	4 449	3 503	1 543	1 238	1 614	1 435	1 305	1 286
塞内加尔	276	311	403	409	472	532	56	33	27	31	224	40
塞拉利昂	722[b]	430[b]	375[b]	252[b]	138[b]	560[b]	—	—	—	—	—	—
多哥	122	184	54	258	-46	146	420	-21	358	348	257	316
中非	5 461	5 428	5 306	8 305	7 345	5 733	337	58	185	345	305	193
布隆迪	1	7	47	7	0.1	0.3	—	0.2	—	0.2	—	—
喀麦隆	739[b]	567[b]	727[b]	627[b]	664[b]	672[b]	-71[b]	-138[b]	-10[b]	-11[b]	-39[b]	-20[b]
中非共和国	70	2	3	3	7[b]	17[b]	—	—	—	—	—	—
乍得	580[b]	520[b]	-676[b]	559[b]	244[b]	335[b]	—	—	—	—	—	—
刚果	-283	609	1 659	3 802	3 565	1 159[b]	-26[b]	5[b]	-8[b]	-4[b]	25[b]	4[b]
刚果民主共和国	3 312	2 098	1 843	1 674	1 205	1 340	421	401	344	508	272	292
赤道几内亚	985[b]	583[b]	168[b]	233[b]	54[b]	304[b]	—	—	—	—	—	—
加蓬	-221[b]	771[b]	1 048[b]	990[b]	1 241[b]	1 498[b]	13[b]	-225[b]	-146[b]	-150[b]	45[b]	-84[b]
卢旺达	255	258	459	380	342	366	—	14	2	—	—	—
圣多美和普林西比	23	12	27	29	22	41	0.4	1	4	3	1	0.3
东非	6 561	7 253	6 578	6 865	7 883	7 625	398	280	157	110	82	174
科摩罗	10	4	5	5	8[b]	9[b]	—	—	—	—	—	—
吉布提	110	286	153	124	160	165	—	—	—	—	—	—
厄立特里亚	41[b]	44[b]	47[b]	49[b]	52[b]	55[b]	—	—	—	—	—	—
埃塞俄比亚	279[b]	1 344[b]	1 855[b]	2 627[b]	3 989[b]	3 586[b]	—	—	—	—	—	—
肯尼亚	1 380	1 119	821	620	393	672	154	138	28	45	66	107

续表

区域/经济体	FDI流入量						FDI流出量					
	2012 年	2013 年	2014年	2015 年	2016 年	2017 年	2012 年	2013 年	2014年	2015 年	2016 年	2017 年
马达加斯加	778	551	314	436	451	389	1[b]	6[b]	−4[b]	1[b]	0.1[b]	−1[b]
毛里求斯	589	293	418	208	349	293	180	168	91	54	5	61
塞舌尔	261	170	230	195	155	192	16	16	16	10	10	6
索马里	107[b]	258[b]	261[b]	303[b]	334[b]	384[b]	—	—	—	—	—	—
乌干达	1 205	1 096	1 059	738	626	700	46	−47	27	0.3	0.2	0.3
坦桑尼亚联合共和国	1 800	2 087	1 416	1 561	1 365	1 180[b]	—	—	—	—	—	—
南非	7 330	11 677	16 370	19 028	11 437	3 836	5 024	13 585	10 294	6 801	7 146	8 500
安哥拉	−6 898	−7 120	1 922	9 282	4 104	−2 255	2 741	6 044	4 253	1 047	2 748	1 642
博茨瓦纳	487	398	515	679	129	401	−8	−85	−111	−185	−312	−333
莱索托	139	123	162	169	132	135	—	—	—	—	—	—
马拉维	129	446	599	288	326	277	−50	4	5	5	4	5[b]
莫桑比克	5 629	6 175	4 902	3 867	3 093	2 293	9	522	97	2	35	26
纳米比亚	1 122	770	441	1 247	361	416	5	18	14	41	−3	−96
南非	4 559[d]	8 300[d]	5 771[d]	1 729[d]	2 235[d]	1 325[d]	2 988[d]	6 649[d]	7 669[d]	5 744[d]	4 474[d]	7 360[d]
斯威士兰	32	85	26	41	21	−137[b]	−8	−4	1	−1	−5	3[b]
赞比亚	1 732	2 100	1 489[d]	1 305[d]	663[d]	1 091[d]	−702	409	−1 706[d]	127[d]	177[d]	−149[d]
津巴布韦	400	400	545	421	372	289	49	27	72	22	29	42
亚洲	405 845	415 394	459 971	516 407	475 347	475 839	306 751	362 126	411 963	358 731	384 656	350 147
东亚和东南亚	324 219	340 239	387 074	435 077	390 392	398 286	274 146	314 324	377 118	310 217	341 693	305 253
东亚	212 357	221 275	257 480	317 755	269 778	264 515	215 517	232 976	288 750	255 285	302 724	250 226
中国	121 080	123 911	128 500	135 610	133 710	136 320	87 804	107 844	123 120	145 667	196 149	124 630
中国香港	70 180[c]	74 294[c]	113 038[c]	174 353[c]	117 387[c]	104 333[c]	83 411[c]	80 773[c]	124 092[c]	71 821[c]	59 703[c]	82 843[c]
朝鲜	228[b]	119[b]	83[b]	82[b]	26[b]	63[b]	—	—	—	—	—	—
韩国	9 496[d]	12 767[d]	9 274[d]	4 104[d]	12 104[d]	17 053[d]	30 632[d]	28 360[d]	28 039[d]	23 760[d]	29 961[d]	31 676[d]

续表

区域/经济体	FDI流入量						FDI流出量					
	2012 年	2013 年	2014年	2015 年	2016 年	2017 年	2012 年	2013 年	2014年	2015 年	2016 年	2017 年
中国澳门	3 894	4 527	3 421	1 121	1 477	1 997[b]	469	1 673	681	−684	−987	−329[b]
蒙古国	4 272	2 060	337	94	−4 156	1 494	65	41	106	11	14	49
中国台湾	3 207[d]	3 598[d]	2 828[d]	2 391[d]	9 231[d]	3 255[d]	13 137[d]	14 285[d]	12 711[d]	14 709[d]	17 884[d]	11 357[d]
东南亚	111 862	118 963	129 594	117 322	120 613	133 771	58 629	81 348	88 368	54 931	38 969	55 026
文莱达鲁萨兰国	865	776	568	173	−150	−46[b]	853	271	−590	78	258	−85[b]
柬埔寨	2 001	2 068	1 853	1 823	2 476	2 784	36	46	43	47	121	259
印度尼西亚	19 138	18 817	21 811	16 641	3 921	23 063	5 422	6 647	7 077	5 937	−12 215	2 912
老挝	294	427	721	1 119	997	813[b]	0.1[b]	−0.3[b]	12[b]	53[b]	24[b]	30[b]
马来西亚	9 239	12 115	10 877	10 082	11 336	9 543	17 143	14 107	16 369	10 546	8 011	5 792
缅甸	497	584	946	2 824	2 989	4 341	—	—	—	—	—	—
菲律宾	2 449	2 280	5 285	4 447	6 915	9 524	3 407	2 189	6 299	4 347	1 032	1 614
新加坡	59 837	57 453	73 475	62 746	77 454	62 006	20 058[d]	44 441[d]	52 418[d]	31 123[d]	27 922[d]	24 682[d]
泰国	9 135	15 493	4 809	5 624	2 068	7 635	10 497	11 679	5 575	1 687	12 414	19 283
东帝汶	39	50	49	43	5	7	13	13	13	13	13	—
越南	8 368	8 900	9 200	11 800	12 600	14 100	1 200	1 956	1 150	1 100	1 388	540
南亚	32 366	35 598	41 439	51 180	54 197	52 047	10 022	2 179	12 020	7 816	5 505	11 613
阿富汗	47	38	44	163	86[b]	54[b]	−9	1	—	1	−1	—
孟加拉国	1 293	1 599	1 551	2 235	2 333	2 152	43	34	44	46	41	170
不丹	49	14	32	17	−13	10[b]	—	—	—	—	—	—
印度	24 196[d]	28 199[d]	34 582[d]	44 064[d]	44 481[d]	39 916[d]	8 486[d]	1 679[d]	11 783[d]	7 572[d]	5 072[d]	11 304[d]
伊朗伊斯兰共和国	4 662	3 050	2 105	2 050	3 372	5 019[b]	1 356[b]	189[b]	3	120	104	—
马尔代夫	228[d]	361[d]	333[d]	298[d]	457[d]	517[d]	—	—	—	—	—	—
尼泊尔	92	71	30	52	106	198	—	—	—	—	—	—
巴基斯坦	859	1 333	1 868	1 621	2 479	2 806	82	212	122	25	52	67

续表

区域/经济体	FDI流入量						FDI流出量					
	2012 年	2013 年	2014年	2015 年	2016 年	2017 年	2012 年	2013 年	2014年	2015 年	2016 年	2017 年
斯里兰卡	941	933	894	680	897	1 375	64	65	67	53	237	72
西亚	49 260	39 558	31 458	30 150	30 759	25 506	22 584	45 623	22 825	40 698	37 458	33 281
巴林	1 545	3 729	1 519	65	243	519	516	532	-394	3 191	-880	229
伊拉克	3 400	-3 120	-10 176	-7 574	-6 256	-5 032	490	227	242	148	304	78
约旦	1 548	1 947	2 178	1 600	1 553	1 665	5	16	83	1	3	7
科威特	2 873	1 434	953	311	419	301	6 741	16 648	-10 468	5 367	4 528	8 112
黎巴嫩	3 111	2 661	2 907	2 353	2 610	2 628[b]	1 026	1 981	1 255	662	642	567[b]
阿曼	1 365[d]	1 612[d]	1 287[d]	-2 172[d]	1 680[d]	1 867[b]	884[d]	934[d]	1 358[d]	336[d]	356[d]	396[b]
卡塔尔	396	-840	1 040	1 071	774	986	1 840	8 021	6 748	4 023	7 902	1 695
沙特阿拉伯	12 182	8 865	8 012	8 141	7 453	1 421	4 402	4 943	5 396	5 390	8 936	5 625
巴勒斯坦国	58	176	160	103	297	203	29	-48	187	73	-45	-19
土耳其	13 745	13 463	12 739	17 717	12 942	10 864	4 106	3 536	6 670	4 811	2 746	2 630
阿拉伯联合酋长国	9 567	9 765	11 072	8 551	9 605	10 354	2 536	8 828	11 736	16 692	12 964	13 956
也门	-531	-134	-233	-15	-561[b]	-270[b]	9[b]	5[b]	12[b]	4[b]	1[b]	6[b]
拉丁美洲和加勒比[a]	190 090	179 645	170 603	169 233	139 698	151 337	41 941	34 599	31 038	35 627	9 337	17 328
南美洲	157 356	119 834	126 866	119 870	95 151	104 206	18 086	19 359	24 734	23 652	6 919	11 611
阿根廷	15 324	9 822	5 065	11 759	3 260	11 857	1 055	890	1 921	875	1 787	1 168
玻利维亚	1 060	1 750	657	555	335	725	—	—	-33	-2	89	80
巴西	76 098	53 564	73 370	64 291	57 999	62 713	-5 301	-1 180	2 230	3 092	-7 433	-1 351
智利	28 100	21 168	24 262	19 541	11 163	6 730	18 364	10 232	13 326	14 515	6 254	5 135
哥伦比亚	15 039	16 209	16 167	11 736	13 849	14 518	-606	7 652	3 899	4 218	4 517	3 690
厄瓜多尔	567	727	772	1 322	755	606	81[b]	71[b]	301[b]	309[b]	249[b]	287[b]
圭亚那	294	214	255	122	58	212	—	—	—	—	26	—
巴拉圭	697	252	412	306	320	356	56d	134d	101d	29d	—	—

续表

区域/经济体	FDI流入量						FDI流出量					
	2012 年	2013 年	2014年	2015 年	2016 年	2017 年	2012 年	2013 年	2014年	2015 年	2016 年	2017 年
秘鲁	11 788	9 800	4 441	8 272	6 863	6 769	78	137	801	127	303	262
苏里南	174	188	164	278	222	-87[b]	-1	—	—	—	—	—
乌拉圭	2 242	3 460	2 328	920	-743	-125	67	671	-184	89	85	107
委内瑞拉玻利瓦尔共和国	5 973	2 680	-1 028	769	1 068	-68	4 294	752	2 373	399	1 041	2 234
中美洲	30 926	58 245	40 187	45 934	41 125	42 119	23 390	15 654	6 147	11 820	2 288	5 563
伯利兹	189[d]	95[d]	133[d]	59[d]	33[d]	77[b]	1[d]	1[d]	3[d]	0.5[d]	2[d]	0.3[b]
哥斯达黎加	2 258	2 741	2 927	2 752	2 541	3 007	455	340	109	211	79	159
萨尔瓦多	467	179	306	397	347	792	1	0.1	0.1	-0.1	-0.4	0.2
危地马拉	1 245	1 296	1 389	1 221	1 185	1 147	39	34	106	117	117	180
洪都拉斯	1 059	1 060	1 417	1 204	1 139	1 186	208	68	103	252	239	173
墨西哥	21 730	48 492	28 672	34 858	29 755	29 695	22 897	14 730	5 403	10 668	1 604	5 083
尼加拉瓜	768	816	884	950	899	897	63	150	94	45	64	80
巴拿马	3 211	3 567	4 459	4 494	5 226	5 319	-274	331	329	528	185	-114
加勒比[a]	1 807	1 566	3 551	3 429	3 423	5 012	466	-414	157	155	130	154
安圭拉	44	42	73[c]	66[c]	48[c]	62[b]	—	—	-15[c]	12[c]	1[c]	-1[b]
安提瓜和巴布达	133	95	42[c]	93[c]	49[c]	61[b]	—	—	2[c]	-3[c]	6[c]	2[b]
阿鲁巴	-316	227	252	-24	28	88	3	4	9	10	0.5	9
巴哈马	1 034	1 133	3 244	408	943	928	158	277	2 679	170	359	132
巴巴多斯	548	56	559	69	230	286	41	39	-213	141	-10	-28
英属维尔京群岛	75 493[b]	109 577[b]	45 896[b]	25 680[b]	43 498[b]	38 358[b]	53 955[b]	110 356[b]	92 446[b]	83 159[b]	36 733[b]	70 780[b]
开曼群岛	8 299[b]	51 048[b]	20 004[b]	52 431[b]	39 865[b]	37 433[b]	3 323[b]	11 869[b]	13 702[b]	61 993[b]	15 418[b]	30 371[b]
库拉索	70	-2	69[c]	146[c]	133[c]	163[b]	12	-16	44[c]	19[c]	38[c]	139[b]
多米尼加	59	23	12[c]	13[c]	32[c]	19[b]	—	—	-2[c]	-10[c]	—	-4[b]
多米尼加共和国	3 142	1 991	2 209	2 205	2 407	3 570	274[d]	-391[d]	177[d]	22[d]	109[d]	27[d]

续表

区域/经济体	FDI流入量						FDI流出量					
	2012 年	2013 年	2014年	2015 年	2016 年	2017 年	2012 年	2013 年	2014年	2015 年	2016 年	2017 年
格林纳达	31	113	60[c]	86[c]	91[c]	79[b]	—	—	2[c]	−2[c]	1[c]	0.1[b]
海地	156	161	99	106	105	375	—	—	—	—	—	—
牙买加	413[d]	545[d]	582[d]	925[d]	928[d]	888[d]	3[d]	−86[d]	−2[d]	4[d]	214[d]	43[d]
蒙特塞拉特	3	4	5[c]	5[c]	8[c]	6[b]	—	—	—	—	—	—
圣基茨和尼维斯	108	136	164[c]	132[c]	84[c]	127[b]	—	—	5[c]	−0.1[c]	−4[c]	0.4[b]
圣卢西亚	74	92	87[c]	95[c]	96[c]	92[b]	—	—	67[c]	19[c]	−20[c]	22[b]
圣文森特和格林纳丁斯	115	160	119[c]	51[c]	91[c]	87[b]	—	—	11[c]	3[c]	1[c]	5[b]
圣马丁岛	14	47	47	28	41	40[b]	−3	3	1	0.1	2	1[b]
特立尼达和多巴哥	−1 904	−1 130	661	194	−17	179[b]	189	63	−18	128	−193	84[b]
大洋洲	3 580	2 710	2 277	1 759	1 923	1 710	1 575	2 179	1 395	1 034	1 441	1 222
库克群岛	−9[b]	9[b]	−2[b]	45[b]	18[b]	20[b]	1 310[b]	2 037[b]	1 248[b]	793[b]	1 359[b]	1 133[b]
斐济	376	264	350	307	280	299	2	4	38	−33	−16	−2
法属波利尼西亚	155	99	61	26	62	47[b]	43	65	30	23	24	25[b]
基里巴斯	−2[b]	−0.1[b]	1[b]	1[b]	2[b]	1[b]	0.1[b]	0.1[b]	0.1[b]	—	—	—
马绍尔群岛	21[b]	33[b]	9[b]	−5[b]	−3[b]	0[b]	—	—	—	—	—	—
密克罗尼西亚联邦	—	—	20[b]	—	—	—	—	—	−1[b]	—	—	—
新喀里多尼亚	2 831	2 169	1 745	1 226	1 498[b]	1 422[b]	109	61	61	62	55[b]	57[b]
帕劳	22	18	40	31	35	35[b]	—	—	—	—	—	—
巴布亚新几内亚	25	18	−30	28	−40	−200	89	—	—	174	—	—
萨摩亚	26	14	23	27	3	9	11	0.1	4	4	15	0.1

续表

区域/经济体	FDI流入量						FDI流出量					
	2012 年	2013 年	2014年	2015 年	2016 年	2017 年	2012 年	2013 年	2014年	2015 年	2016 年	2017 年
所罗门群岛	24	53	22	32	37	37	3	3	1	5	1	6
汤加	31	51	56	12	9	14	7	7	11	5	1	1
图瓦卢	1[b]	0.3[b]	0.3[b]	0.3[b]	0.3[b]	0.3[b]	—	—	—	—	—	—
瓦努阿图	78	−19	−18	29	22	25	1	0.5	1	2	1	1
转型经济体	64 948	83 684	56 541	36 022	64 129	46 767	33 193	75 787	72 343	32 085	25 157	39 989
东南欧	3 606	4 749	4 626	4 923	4 598	5 538	438	501	482	525	237	267
阿尔巴尼亚	855	1 266	1 110	945	1 100	1 119	23	40	33	38	64	26
波斯尼亚和黑塞哥维那	395	276	550	349	303	425	62	44	18	73	37	42
塞尔维亚	1 299	2 053	1 996	2 347	2 350	2 867	331	329	356	346	250	146
黑山	620	447	497	699	226	546[d]	27	17	27	12	−185	11[d]
前南斯拉夫马其顿共和国	143	335	272	240	374	256	−26	30	10	15	24	−2
独立国家联合体	60 319	77 915	50 097	29 447	57 929	39 367	32 458	75 167	71 455	31 251	24 513	39 454
亚美尼亚	497	346	404	178	338	246	16	27	16	17	66	22
阿塞拜疆	2 005	2 632	4 430	4 048	4 500	2 867	1 192	1 490	3 230	3 260	2 574	2 564
白俄罗斯	1 429	2 230	1 828	1 668	1 238	1 276	121	246	39	122	114	34
哈萨克斯坦	13 337	10 321	8 406	3 860	8 097	4 634	1 481	2 287	3 815	797	−5 218	787
吉尔吉斯斯坦	293	626	248	1 142	616	94	−1	—	—	−1	—	−1
摩尔多瓦共和国	244	224	343	227	84	214	20	13	42	17	9	8
俄罗斯联邦	30 188	53 397	29 152	11 858	37 176	25 284	28 423	70 685	64 203	27 090	26 951	36 032
塔吉克斯坦	234	144	289	397	219	141	—	—	—	—	—	—
土库曼斯坦	3 130[b]	2 861[b]	3 830[b]	3 043[b]	2 243[b]	2 314[b]	—	—	—	—	—	—
乌克兰	8 401	4 499	410	2 961	3 284	2 202	1 206	420	111	−51	16	8
乌兹别克斯坦	563[b]	635[b]	757[b]	66[b]	133[b]	96[b]	—	—	—	—	—	—

续表

区域/经济体	FDI流入量						FDI流出量					
	2012 年	2013 年	2014年	2015 年	2016 年	2017 年	2012 年	2013 年	2014年	2015 年	2016 年	2017 年
格鲁吉亚	1 023	1 021	1 818	1 653	1 603	1 862	297	120	407	309	407	268
备注												
最不发达国（LSCs）[e]	21 808	21 267	25 756	36 802	30 817	25 549	4 548	7 986	3 706	2 420	4 286	2 860
内陆发展中国家（LLDCs）[f]	33 993	30 238	28 659	23 688	22 164	22 738	2 213	4 502	5 746	4 297	−2 338	3 227
小岛屿发展中国家（SIDS）[g]	2 489	2 614	7 246	3 422	3 991	4 133	705	492	2 701	683	375	318

资料来源：©UNCTAD，FDI / MNE 数据库(www.unctad.org/fdistatistics)。

a：不包括加勒比金融中心（安圭拉、安提瓜和巴布达、阿鲁巴、巴哈马、巴巴多斯、英属维尔京群岛、开曼群岛、库拉索岛、多米尼加、格林纳达、蒙特塞拉特、圣基茨和尼维斯、圣卢西亚、圣文森特和格林尼丁、圣马丁和特克斯和凯科斯群岛）。

b：估计值。

c：以资产/负债定向基准计算。

d：资产/负债基准。

e：最不发达国家包括阿富汗、安哥拉、孟加拉国、贝宁、不丹、布基纳法索、布隆迪、柬埔寨、中非共和国、乍得、科摩罗、刚果民主共和国、吉布提、赤道几内亚、厄立特里亚、埃塞俄比亚、冈比亚、几内亚、几内亚比绍、海地、基里巴斯、老挝人民民主共和国、莱索托、利比里亚、马达加斯加、马拉维、马里、毛里塔尼亚、莫桑比克、缅甸、尼泊尔、尼日尔、卢旺达、圣多美和普林西比、塞内加尔、塞拉利昂、所罗门群岛、索马里、南苏丹、苏丹、东帝汶、多哥、图瓦卢、乌干达、坦桑尼亚联合共和国、瓦努阿图、也门和赞比亚。

f：内陆发展中国家包括阿富汗、亚美尼亚、阿塞拜疆、不丹、玻利维亚、博茨瓦纳、布基纳法索、布隆迪、中非共和国、乍得、埃塞俄比亚、哈萨克斯坦、吉尔吉斯斯坦、老挝人民民主共和国、莱索托、前南斯拉夫马其顿共和国、马拉维、马里、摩尔多瓦共和国、蒙古国、尼泊尔、尼日尔、巴拉圭、卢旺达、南苏丹、斯威士兰、塔吉克斯坦、土库曼斯坦、乌干达、乌兹别克斯坦、赞比亚和津巴布韦。

g：小岛屿发展中国家包括安提瓜和巴布达、巴哈马、巴巴多斯、佛得角、科摩罗、多米尼克、斐济、格林纳达、牙买加、基里巴斯、马尔代夫、马绍尔群岛、毛里求斯、密克罗尼西亚联邦、瑙鲁、帕劳、巴布亚新几内亚、圣基茨和尼维斯、圣卢西亚、圣文森特和格林纳丁斯、萨摩亚、圣多美和普林西比、塞舌尔、所罗门群岛、东帝汶、汤加、特立尼达和多巴哥、图瓦卢和瓦努阿图。

附表 2. 2000 年、2010 年及 2017 年按区域与经济体列出的 FDI 存量(单位：百万美元)

区域/经济体	FDI 流入存量			FDI 流出存量		
	2000 年	2010 年	2017 年	2000 年	2010 年	2017 年
世界[a]	7 380 453	20 279 391	31 524 356	7 409 630	20 981 762	30 837 927
发达经济体	5 782 408	13 480 300	20 331 171	6 699 287	17 554 729	23 498 002
欧洲	2 457 352	8 208 848	10 362 403	3 174 007	10 380 324	12 108 503
欧洲联盟	2 322 122	7 357 407	9 123 982	2 907 116	9 136 663	10 631 707
奥地利	31 165	160 615	185 938	24 821	181 638	241 158
比利时	—	873 315	566 913	—	950 885	690 820
比利时和卢森堡	195 219	—	—	179 773	—	—
保加利亚	2 704	44 970	47 838	67	2 583	2 817
克罗地亚	2 664	31 517	33 436	760	4 443	6 053
塞浦路斯	2 846	198 097	225 779	557	197 454	216 219
捷克共和国	21 644	128 504	153 468	738	14 923	23 655
丹麦	73 574	96 136	107 836[b]	73 100	163 133	205 650[b]
爱沙尼亚	2 645	15 551	23 148	259	5 545	7 700
芬兰	24 273	86 698	85 980[b]	52 109	137 663	136 392[b]
法国	184 215	630 710	874 521	365 871	1 172 994	1 451 663
德国	470 938	955 881	931 285[b]	483 946	1 364 565	1 607 380[b]
希腊	14 113	35 026	32 371	6 094	42 623	22 563
匈牙利	22 870	90 845	93 332	1 280	22 314	28 611
爱尔兰	127 089	285 575	880 157	27 925	340 114	899 479
意大利	122 533	328 058	413 246	169 957	491 208	532 910
拉脱维亚	1 691	10 935	17 234	19	895	1 792
立陶宛	2 334	13 403	17 576	29	2 107	3 413
卢森堡	—	172 257	178 048	—	187 027	241 421
马耳他	2 263	129 770	203 571	193	60 596	74 024

续表

区域/经济体	FDI 流入存量			FDI 流出存量		
	2000 年	2010 年	2017 年	2000 年	2010 年	2017 年
荷兰	243 733	588 077	974 706	305 461	968 105	1 604 884
波兰	33 477	187 602	234 441	268	16 407	30 982
葡萄牙	34 224	114 994	143 637	19 417	62 286	60 976
罗马尼亚	6 953	68 699	88 199	136	1 511	883
斯洛伐克	6 970	50 328	52 032	555	3 457	3 406
斯洛文尼亚	2 389	10 667	16 033	772	8 147	6 913
西班牙	156 348	628 341	644 415	129 194	653 236	597 250
瑞典	93 791	352 646	334 974	123 618	394 547	401 013
英国	439 458	1 068 187	1 563 867	940 197	1 686 260	1 531 683
其他发达的欧洲国家	135 231	851 440	1 238 421	266 891	1 243 661	1 476 796
直布罗陀	2 834[b]	14 247[b]	19 222[b]	—	—	—
冰岛	497	11 784	10 092	663	11 466	5 519
挪威	30 265	177 318	149 330[b]	34 026	188 996	199 515[b]
瑞士	101 635	648 092	1 059 777	232 202	1 043 199	1 271 762
北美洲	3 108 255	4 406 182	8 891 441	3 136 637	5 808 053	9 286 175
加拿大	325 020	983 889	1 084 409	442 623	998 466	1 487 130
美国	2 783 235	3 422 293	7 807 032	2 694 014	4 809 587	7 799 045
其他发达经济体	216 801	865 270	1 077 327	388 643	1 366 352	2 103 323
澳大利亚	121 686	527 728	662 296	92 508	449 740	460 641
百慕大	265[b]	2 837	2 316[d]	108[b]	925	886[d]
以色列	20 426	60 086	128 818	9 091	67 893	103 769
日本	50 323	214 880	207 488[b]	278 445	831 076	1 519 983[b]
新西兰	24 101	59 738	76 408	8 491	16 717	18 043
发展中经济体[a]	1 546 082	6 123 095	10 353 481	690 731	3 059 932	6 898 384
非洲	152 801	598 291	866 817	39 884	134 348	365 619

续表

区域/经济体	FDI 流入存量			FDI 流出存量		
	2000 年	2010 年	2017 年	2000 年	2010 年	2017 年
北非	45 328	201 105	275 097	3 199	25 777	35 991
阿尔及利亚	3 379[b]	19 540[b]	29 053	205[b]	1 513[b]	1 893
埃及	19 955	73 095	109 660	655	5 448	7 426
利比亚	471[b]	16 334	18 462[b]	1 903[b]	16 615	20 283[b]
摩洛哥	8 842[b]	45 082	62 664	402[b]	1 914	5 892
苏丹	1 136[b]	15 690	26 533	—	—	—
突尼斯	11 545	31 364	28 725[b]	33	287	498[b]
其他非洲经济体	107 472	397 186	591 720	36 685	108 571	329 628
西非	33 010	100 005	186 276	6 381	10 553	24 190
贝宁	213	604	2 137	11	21	255
布基纳法索	28	354	2 863	0.4	8	388
佛得角	192[b]	1 252	1 946	—	1	-56
科特迪瓦	2 483	6 978	9 475	9	94	194
冈比亚	216	323	412[b]	—	—	—
加纳	1 554[b]	10 080	33 137	—	83	382
几内亚	263[b]	486[b]	4 314[b]	12[b]	144[b]	71[b]
几内亚比绍	38	63	191	—	5	12
利比里亚	3 247[b]	10 206	8 581[b]	2 188	4 714	4 562[b]
马里	132	1 964	3 989	1	18	290
毛里塔尼亚	146[b]	2 372[b]	7 079[b]	4[b]	28[b]	84[b]
尼日尔	45	2 251	6 372	1	9	305
尼日利亚	23 786	60 327	97 687	4 144	5 041	14 285
塞内加尔	295	1 699	4 858	22	263	703
塞拉利昂	284[b]	482[b]	1 403[b]	—	—	—
多哥	87	565	1 832	-[e]	126	2 716

续表

区域/经济体	FDI 流入存量			FDI 流出存量		
	2000 年	2010 年	2017 年	2000 年	2010 年	2017 年
中非	5 053	39 228	87 819	1 720	2 363	3 674
布隆迪	47b	13b	242b	2b	2b	3b
喀麦隆	917b	3 099b	6 474b	1 252b	971b	687b
中非共和国	104	511	651b	43	43	43b
乍得	576b	3 594b	5 439b	70b	70b	70b
刚果	1 893b	9 262b	27 040b	40b	64b	115b
刚果民主共和国	617	9 368	22 527	34	229	2 557
赤道几内亚	1 060b	9 413b	13 715b	-b,e	3b	3b
加蓬	-b,e	3 287b	9 489b	280b	946b	175b
卢旺达	55	422	1 798	—	13	18
圣多美和普林西比	11b	260b	444b	—	21b	4b
东非	7 202	37 855	82 598	387	1 457	2 052
科摩罗	21b	60b	124b	—	—	—
吉布提	40	878	1 954	—	—	—
厄立特里亚	337b	666b	994b	—	—	—
埃塞俄比亚	941b	4 206b	18 512b	—	—	—
肯尼亚	932b	5 449b	11 904b	115b	267b	826b
马达加斯加	141	4 383	6 528b	9b	14b	16b
毛里求斯	683	4 658	5 122b	132	864	842b
塞舌尔	515	1 701	2 900	130	247	288
索马里	4b	566b	2 316b	—	—	—
乌干达	807	5 575	11 893	—	66	81
坦桑尼亚联合共和国	2 781	9 712	20 351b	—	—	—
南非	62 208	220 098	235 027	28 198	94 198	299 711
安哥拉	7 977	16 063	12 075	-e	6 209	26 776

续表

区域/经济体	FDI 流入存量			FDI 流出存量		
	2000 年	2010 年	2017 年	2000 年	2010 年	2017 年
博茨瓦纳	1 827	3 351	5 577	517	1 007	1 019
莱索托	330	929	535	—	—	—
马拉维	358	2 091	1 368	−e	90	18
莫桑比克	1 249	4 331	38 019	1	3	135b
纳米比亚	1 276	3 595	5 122	45	722	479
南非	43 451d	179 565d	149 962d	27 328d	83 249d	270 287d
斯威士兰	536	927	769b	87	91	154b
赞比亚	3 966b	7 433	16 973d	—	2 531	262d
津巴布韦	1 238	1 814	4 628	234	297	580
亚洲	1 052 674	3 881 159	7 262 946	597 069	2 465 542	5 707 211
东亚和东南亚	952 646	3 020 276	5 990 482	579 755	2 200 338	5 169 968
东亚	695 043	1 875 957	3 828 193	495 206	1 599 149	3 965 777
中国	193 348	587 817b	1 490 933b	27 768	317 211b	1 482 020b
中国香港	435 417c	1 067 520c	1 968 645c	379 285c	943 938c	1 804 249c
朝鲜	55b	96b	815b	—	—	—
韩国	43 738d	135 500d	230 597d	21 497d	144 032d	355 758d
中国澳门	2 801b	13 603	32 365b	—	550	1 802b
蒙古国	182	8 445	18 019	—	2 616	494
中国台湾	19 502d	62 977d	86 820b	66 655d	190 803d	321 453b
东南亚	257 603	1 144 320	2 162 289	84 549	601 189	1 204 190
文莱达鲁萨兰国	3 868b	4 140	6 162b	493b	609b	1 550b
柬埔寨	1 580	6 329	20 794	193	340	911
印度尼西亚	25 060	160 735	248 510	6 940	6 672	65 871
老挝	588b	1 888b	6 560b	26b	68b	188b
马来西亚	52 747	101 620	139 540	15 878	96 964	128 517

续表

区域/经济体	FDI 流入存量			FDI 流出存量		
	2000 年	2010 年	2017 年	2000 年	2010 年	2017 年
缅甸	3 752[b]	14 507[b]	27 806[b]	—	—	—
菲律宾	13 762[b]	25 896	78 788[d]	1 032[b]	6 710	47 824[d]
新加坡	110 570[d]	632 760[d]	1 284 929[d]	56 755[d]	466 129[d]	841 402[d]
泰国	30 944	139 286	219 368	3 232	21 369	107 298
东帝汶	—	155	339	—	94	112
越南	14 730[b]	57 004[b]	129 491[b]	—	2 234[b]	10 518[b]
南亚	30 743	268 959	506 932	2 761	100 441	162 674
阿富汗	17[b]	930[b]	1 430[b]	—	16[b]	6[b]
孟加拉国	2 162	6 072	14 557	68	98	362
不丹	4[b]	52	190[b]	—	—	—
印度	16 339	205 580[d]	377 683[d]	1 733	96 901[d]	155 341[d]
伊朗伊斯兰共和国	2 597[b]	28 953	53 488[b]	411[b]	1 713[b]	3 744[b]
马尔代夫	128[b]	1 114[b]	3 732[b]	—	—	—
尼泊尔	72[b]	239[b]	1 608[b]	—	—	—
巴基斯坦	6 919	19 828	43 173	489	1 362	1 944
斯里兰卡	2 505	6 190	11 070	60	351	1 278
西亚	69 286	591 923	765 532	14 553	164 763	374 570
巴林	5 906	15 154	26 574	1 752	7 883	19 233
伊拉克	-48	7 965	10 128[b]	—	632	2 486
约旦	3 135	21 899	33 886	44	473	619
科威特	608	11 884	15 167	1 428	28 189	30 624
黎巴嫩	14 233	44 285	63 693[b]	352	6 831	13 900[b]
阿曼	2 577[b]	14 987[b]	22 256[b]	—	2 796[b]	8 281[b]
卡塔尔	1 912	30 564[b]	34 929[b]	74	12 545[b]	52 883[b]
沙特阿拉伯	17 577	176 378	232 228	5 285[b]	26 528	79 598

续表

区域/经济体	FDI 流入存量			FDI 流出存量		
	2000 年	2010 年	2017 年	2000 年	2010 年	2017 年
巴勒斯坦国	1 418[b]	2 175	2 703	—	241	422
阿拉伯叙利亚共和国	1 244	9 939[b]	10 743[b]	—	5[b]	5[b]
土耳其	18 812	187 968	180 697	3 668	22 509	41 403
阿拉伯联合酋长国	1 069[b]	63 869	129 934	1 938[b]	55 560	124 449[b]
也门	843	4 858	2 595[b]	13[b]	571[b]	665[b]
拉丁美洲和加勒比[a]	338 774	1 629 249	2 194 395	53 530	457 190	812 974
南美洲	186 641	1 128 409	1 501 268	43 924	331 291	619 148
阿根廷	67 601	85 591	76 576	21 141	30 328	40 942
玻利维亚	5 188	6 890	12 305	29	8	730
巴西	—	682 346	778 287	—	191 349	358 915
智利	45 753	162 149	275 291	11 154	62 371	124 281
哥伦比亚	11 157	82 977	180 235	2 989	23 717	55 507
厄瓜多尔	6 337	11 857	17 253[b]	252[b]	557[b]	1 919[b]
福克兰群岛（马尔维纳斯）	756	1 784	3 185	1	2	28
圭亚那	1 219	3 254	5 471	38[b]	124[b]	410[b]
巴拉圭	11 062	42 976	98 243	505	3 319	5 447
秘鲁	—	—	1 810[b]	—	—	—
苏里南	2 088	12 479	30 438	138	345	5 573
乌拉圭	35 480	36 107	22 175	7 676	19 171	25 396
委内瑞拉玻利瓦尔共和国	139 768	453 143	629 796	8 534	122 858	191 807
中美洲	294[d]	1 461[d]	2 165[b]	42[d]	49[d]	69[b]
伯利兹	2 809	15 936	37 345	22	1 135	3 024
哥斯达黎加	1 973	7 284	9 603	104	1	2
萨尔瓦多	3 420	6 518	15 520	93	382	992
危地马拉	1 392	6 951	15 029	—	831	2 166

续表

区域/经济体	FDI 流入存量			FDI 流出存量		
	2000 年	2010 年	2017 年	2000 年	2010 年	2017 年
洪都拉斯	121 691	389 571	489 130	8 273	116 906	180 058
墨西哥	1 414	4 681	10 830	—	181	641
尼加拉瓜	6 775	20 742	50 174	—	3 374	4 855
巴拿马	12 365	47 697	63 332	1 072	3 041	2 019
加勒比 [a]	—	—	590[b]	—	—	69[b]
安圭拉	—	—	723[b]	—	—	40[b]
安提瓜和巴布达	1 161	4 567	4 159[b]	675	682	655[b]
阿鲁巴	3 278[b]	13 438	20 634	452[b]	2 538	4 517
巴哈马	308	4 970	7 078	41	4 058	4 053
巴巴多斯	30 313[b]	265 172[b]	661 718[b]	69 758[b]	376 720[b]	879 716[b]
英属维尔京群岛	25 585[b]	149 077[b]	374 171[b]	21 280[b]	90 805[b]	235 155[b]
开曼群岛	—	527	1 219[b]	—	32	298[b]
库拉索	—	—	372[b]	—	—	-4[b]
多米尼加共和国	1 673	18 793	36 502	68[b]	743	894[b]
格林纳达	—	—	2 222[b]	—	—	32[b]
海地	95	625	1 745	2[b]	2[b]	2[b]
牙买加	3 317[d]	10 855[d]	15 987[d]	709[d]	176[d]	575[d]
蒙特塞拉特	—	—	37[b]	—	—	—
荷属安的列斯群岛	277	—	—	6	—	—
圣基茨和尼维斯	—	—	1 680[b]	—	—	24[b]
圣卢西亚	—	—	901[b]	—	—	254[b]
圣文森特和格林纳丁斯	—	—	1 189[b]	—	—	82[b]
圣马丁岛	—	256	431[b]	—	10	16[b]
特立尼达和多巴哥	7 280[b]	17 424[b]	9 099[b]	293[b]	2 119[b]	547[b]
大洋洲	1 833	14 396	29 322	248	2 853	12 580

续表

区域/经济体	FDI 流入存量			FDI 流出存量		
	2000 年	2010 年	2017 年	2000 年	2010 年	2017 年
库克群岛	7[b]	17[b]	103[b]	−[b,e]	2 026[b]	10 716[b]
斐济	356[b]	2 692[b]	4 478[b]	39[b]	47[b]	97[b]
法属波利尼西亚	139[b]	392[b]	973[b]	—	144[b]	382[b]
基里巴斯	—	5[d]	14[b]	—	2[d]	2[b]
马绍尔群岛	—	120[b]	17[b]	—	—	—
密克罗尼西亚联邦	—	7[b]	235[b]	—	—	5[b]
新喀里多尼亚	—[b,e]	5 726[b]	16 967[b]	2[b]	304[b]	695[b]
帕劳	173	238	428[b]	—	—	—
巴布亚新几内亚	935	3 748	4 422	194[b]	209[b]	473[b]
萨摩亚	77	220	75	—	13	18
所罗门群岛	106[b]	552	589	—	27	59
汤加	19[b]	220[b]	437[b]	14[b]	58[b]	108[b]
图瓦卢	—	5	8[b]	—	—	—
瓦努阿图	61[b]	454	575	—	23	26
转型经济体	51 964	675 996	839 704	19 611	367 101	441 541
东南欧	1 237	21 179	68 369	16	953	5 254
阿尔巴尼亚	247	3 255	6 817	—	154	471
波斯尼亚和黑塞哥维那	450	6 709	8 286[b]	—	195	497[b]
塞尔维亚	—	—	37 668	—	—	3 596
黑山	—	4 231	5 519[b]	—	375[b]	242[b]
前南斯拉夫马其顿共和国	540	4 351	5 857	16	100	89
独立国家联合体	49 965	646 340	753 946	19 477	365 300	433 891
亚美尼亚	513	4 405	4 747	—	122	590
阿塞拜疆	1 791	7 648	29 551	1	5 790	22 059
白俄罗斯	1 306	9 904	19 776	24	205	835

续表

区域/经济体	FDI 流入存量			FDI 流出存量		
	2000 年	2010 年	2017 年	2000 年	2010 年	2017 年
哈萨克斯坦	10 078	82 648	147 064	16	16 212	20 458
吉尔吉斯斯坦	432	1 698	5 536	33	2	0.3
摩尔多瓦共和国	449	2 964	3 647	23	68	198
俄罗斯联邦	29 738	464 228	446 595	19 211	336 355	382 278
塔吉克斯坦	136	1 165	2 554	—	—	—
土库曼斯坦	949[b]	13 442[b]	34 254[b]	—	—	—
乌克兰	3 875	52 872	50 970	170	6 548	7 473
乌兹别克斯坦	698[b]	5 366[b]	9 252[b]	—	—	—
格鲁吉亚	762	8 477	17 389	118	848	2 396
备注						
最不发达国（LSCs）[g]	35 773	144 791	312 115	2 676	15 866	41 700
内陆发展中国家（LLDCs）[h]	33 846	180 819	369 652	1 133	29 368	48 454
小岛屿发展中国家（SIDS）[i]	17 461	64 148	85 770	2 005	10 496	12 098

资料来源：©UNCTAD，FDI / MNE 数据库（www.unctad.org/fdistatistics）。

a：不包括加勒比金融中心（安圭拉、安提瓜和巴布达、阿鲁巴、巴哈马、巴巴多斯、英属维尔京群岛、开曼群岛、库拉索岛、多米尼加、格林纳达、蒙特塞拉特、圣基茨和尼维斯、圣卢西亚、圣文森特和格林纳丁斯、圣马丁和特克斯和凯科斯群岛）。

b：估计值。

c：资产/负债基准。

d：存量值为负。但这个价值被包括在区域和全球总量中。

e：以资产/负债定向基准计算。

f：该经济体于 2010 年 10 月 10 日解散。

g：最不发达国家包括阿富汗、安哥拉、孟加拉国、贝宁、不丹、布基纳法索、布隆迪、柬埔寨、中非共和国、乍得、科摩罗、刚果民主共和国、吉布提、赤道几内亚、厄立特里亚、埃塞俄比亚、冈比亚、几内亚、几内亚比绍、海地、基里巴斯、老挝人民民主共和国、莱索托、利比里亚、马达加斯加、马拉维、马里、毛里塔尼亚、莫桑比克、缅甸、尼泊尔、尼日尔、卢旺达、圣多美和普林西比、塞内加尔、塞拉利昂、索马里、南苏丹、苏丹、东帝汶、多哥、图瓦卢、乌干达、坦桑尼亚联合共和国、瓦努阿图、也门和赞比亚。

h：内陆发展中国家包括阿富汗、亚美尼亚、阿塞拜疆、不丹、玻利维亚、博茨瓦纳、布基纳法索、布隆迪、中非共和国、乍得、埃塞俄比亚、哈萨克斯坦、吉尔吉斯斯坦、老挝人民民主共和国、莱索托、前南斯拉夫马其顿共和国、马拉维、马里、摩尔多瓦共和国、蒙古国、尼泊尔、尼日尔、巴拉圭、卢旺达、南苏丹、斯威士兰、塔吉克斯坦、土库曼斯坦、乌干达、乌兹别克斯坦、赞比亚和津巴布韦。

i：小岛屿发展中国家包括安提瓜和巴布达、巴哈马、巴巴多斯、佛得角、科摩罗、多米尼克、斐济、格林纳达、牙买加、基里巴斯、马尔代夫、马绍尔群岛、毛里求斯、密克罗尼西亚联邦、瑙鲁、帕劳、巴布亚新几内亚、圣基茨和尼维斯、圣卢西亚、圣文森特和格林纳丁斯、萨摩亚、圣多美和普林西比、塞舌尔、所罗门群岛、东帝汶、汤加、特立尼达和多巴哥、图瓦卢和瓦努阿图。

注释说明

本报告中使用的“国家/经济体”是为了适当地说明领土和地区。使用的名称以及编排材料的介绍并不代表联合国秘书处对任何国家、领土、城市或地区或主管当局的法律地位或者对其边界划分有任何意见。此外，国别名称的使用完全是为了便于统计和分析，并非对某一国家或地区在发展进程中所处阶段的评判。本报告所采用的主要国别名称沿用联合国统计处的分类，即：

- 发达经济体：经济合作和发展组织成员国（除智利、墨西哥、韩国和土耳其共和国），非经济合作和发展组织成员国的欧盟新成员国（保加利亚、克罗地亚、塞浦路斯、立陶宛、马耳他和罗马尼亚），以及安道尔、百慕大、列支敦士登、摩纳哥和圣马力诺，还有法罗群岛、直布罗陀、格陵兰岛、根西岛和泽西岛的领土。
- 转型经济体：东南欧国家、独立国家联合体和格鲁吉亚。
- 发展中经济体：泛指上述未提到的所有经济体。出于统计的目的，中国的数据不包括中国香港特别行政区、中国澳门特别行政区和中国台湾的数据。

FDI 与跨国公司详细资料统计方法可参考本报告网站（unctad/diae/wir）。

联合国贸易和发展会议对报告中提及的公司及活动并不提供支持。

报告中显示的边界和名称以及地图中使用的称谓，并不代表联合国官方认可。

报告中表格所用符号含义如下：

- 两个圆点（. .）表示没有数据或无法得到单独的数据。在一些案例中，如果某行的任何一项均无数据，则予以删除。
- —表示该数据等于零或其值可忽略不计。
- 除非另有说明，表中空白表示该项不适用。
- 年份之间的斜线（/）代表年，例如：2010/11，表示一个财政年度。
- 代表年份的数字间适用连接符（—），例如：2010—2011，表示参与了一个完整的周期，包括起始和终止年份。
- 除非另有说明，否则提及“$”代表美元。

  除非另有说明，年增长率或变化率均指年复合增长率。

  表中数据和百分比由于四舍五入的原因，可能合计数与总计数不等。

世界投资报告历史期刊

2017 年世界投资报告：投资与数字经济
2016 年世界投资报告：投资者国籍及其政策挑战
2015 年世界投资报告：重构国际投资机制
2014 年世界投资报告：投资于可持续发展目标：行动计划
2013 年世界投资报告：全球价值链：投资和贸易促进发展
2012 年世界投资报告：建立新一代投资政策框架
2011 年世界投资报告：国际生产和发展的非股权模式
2010 年世界投资报告：低碳经济投资
2009 年世界投资报告：跨国公司、农业生产与发展
2008 年世界投资报告：跨国公司与基础设施的挑战
2007 年世界投资报告：跨国公司、采掘业与发展
2006 年世界投资报告：来自发展中和转型经济体的外国直接投资：对发展的影响
2005 年世界投资报告：跨国公司与研发活动的国际化
2004 年世界投资报告：转向服务业
2003 年世界投资报告：以发展为目标的 FDI 政策：国家与国际视角
2002 年世界投资报告：跨国公司和出口竞争力
2001 年世界投资报告：促进联结
2000 年世界投资报告：跨国并购与发展
1999 年世界投资报告：外国直接投资和发展的挑战
1998 年世界投资报告：趋势与决定因素
1997 年世界投资报告：跨国公司市场结构与竞争政策
1996 年世界投资报告：投资、贸易与国际政策安排
1995 年世界投资报告：跨国公司与竞争力
1994 年世界投资报告：跨国公司、就业与工作环境
1993 年世界投资报告：跨国公司与一体化国际生产
1992 年世界投资报告：跨国公司：经济增长的引擎
1991 年世界投资报告：国际直接投资的组合

部分 UNCTAD 的投资与企业项目

世界投资报告
worldinvestmentreport.org

世界投资论坛
unctad-worldinvestmentforum.org

UNCTAD 关于可持续发展的投资政策框架
investmentpolicyhub.unctad.org/ipfsd

UNCTAD 创业政策框架
unctad.org/en/PublicationsLibrary/diaeed2012d1_en.pdf

可持续证券交易所倡议
sseinitiative.org

商业促进计划
businessfacilitation.org

商学院影响倡议
business-schools-for-impact.org

投资政策中心
investmentpolicyhub.unctad.org

FDI 数据库
unctad.org/fdistatistics

投资趋势和政策监管
unctad.org/diae

国际投资协定
unctad.org/lia

投资政策评论
unctad.org/ipr

ISAR 企业透明度及会计问题
unctad.org/isar

《跨国公司》期刊
unctad.org/tnc

worldinvestmentreport.org

征文

跨国公司期刊：投资与发展

跨国公司期刊是一个长期以政策为导向的研究期刊，涉及与投资、跨国公司和发展相关的问题。它是由联合国贸易和发展会议（UNCTAD）管理的联合国官方期刊，在全球范围内具有强大的发展政策印记以及超出学术界的影响力。

目标和核心领域

该期刊旨在推动学术研究，为企业、民间社会和政策制定者之间的政策对话提供信息。其核心研究问题是——在次区域、国家和国际层面为政策制定提供支持——如何使国际投资和跨国公司为可持续发展做出贡献。在经济、法律、制度、社会、环境或文化等方面，它推动了前沿知识的引入和由跨国公司及其他国际投资者主导的活动的进一步深化。进一步从研究结果中得出明确的政策结论。

巨大的挑战和对多个方面的需求

国际社会面临的“巨大挑战”更加复杂和多样化，如气候变化、贫困、不平等、粮食安全、健康危机和移民——正如联合国可持续发展目标（SDGs）所体现的那样——挑战是巨大的。这些挑战包括颠覆性技术对商业的影响、国际生产和全球价值链的快速演变、新兴市场参与者以及新型投资者和投资方式的快速发展，使得决策者必须广泛利用研究成果。因此，该期刊欢迎各学科领域的投稿，包括国际商务、创新、发展研究、国际法、经济学、政治科学、国际金融、政治经济学和经济地理学。各学科领域投稿都可以，尤其欢迎跨学科投稿。该期刊包括定量和定性研究方法，以及多层次的分析。

包容性：多合作者、多类型、多视角

跨国公司期刊旨在为学术界与决策界之间搭建桥梁。该期刊学术严谨、研究扎实、基于实证研究的政策制定影响力较大，包括不同社会和经济体制下的经验研究，既有发达国家和发展中国家之间的研究，还有发展中国家内部的研究。欢迎学术界、决策者、研究机构、国际组织和其他方面的推动。欢迎提供有助于投资发展的调查信息、理论框架和研究方法。例如，推进 UNCTAD 的可持续发展投资政策框架，对促进和修订理论框架和方法做出了积极贡献。

该期刊发表原创研究论文、观点文章、最新评论文章、辩论类文章和研究笔记。所有论文都经过双盲审，符合期刊的目标和使命，每篇论文都由政策制定界的学术专家和专家团队进行评审，以确保学术严谨以及与政策相关的出版论文具有高质量和影响力。此外，该期刊还提供了联合国主要投资报告的概要，并定期更新政策界和研究界较为关注的投资相关问题。

作者的独特使命：对政策制定过程产生直接影响

该期刊通过利用 UNCTAD 更广泛的发展团体及全球投资利益相关方的关系网络，吸引了大批学者、商界领袖，尤其是政策制定者。UNCTAD 作为联合国投资问题协调体系的重要推动者，需要保证其内容受益显著，并有助于在全球会议和政府间会议上进行讨论（诸如，世界投资论坛、投资和企业委员会）。在跨国公司期刊发表的论文需要直接助力 160 多个国家和地区组织中有关 UNCTAD 投资发展的各种方案，包括旗舰产品、年度“世界投资报告”及其技术援助工作（投资政策审查、投资促进和便利化以及投资协定谈判）。该期刊为学者的学术研究提供了一个独特的视角，从而为国家和国际政策制定做出贡献并对其产生积极影响。

如有疑问，请联系编辑团队：tncj@unctad.org

投稿至：tncj@unctad.org

网站主页：http://unctad.org/tnc

译后语

《世界投资报告》是联合国贸易和发展组织（UNCTAD）关于全球外国直接投资流动趋势和政策的年度报告，也是 UNCTAD 最重要的出版物之一。

为便于我国相关政府部门和企业界研究和决策人士以及外国投资研究领域的专家学者更便捷地使用这份报告，南开大学跨国公司研究中心受 UNCTAD 的委托及联合国出版局的知识产权许可，组织翻译了《世界投资报告 2018：投资与新产业政策》中文版。

本报告的翻译分工如下：冼国明、葛顺奇总校译；田珍（郑州轻工业大学经济与管理学院）翻译序言、内容摘要、附录；万淑贞、许奥、陈江滢翻译第一章；郭宏、仝如琼、孙春艳、张嘉斐、王豪、王晨曦（河南财经政法大学）翻译第二章；王璐瑶（广东外语外贸大学广东国际战略研究院）翻译第三章；张宇、陈李明、杨旭晗翻译第四章；附录表格、图表制作及翻译由文晨润制作完成。

南开大学跨国公司研究中心主任冼国明教授、国务院发展研究中心副主任隆国强研究员，联合国贸易和发展组织投资和企业司司长兼报告总撰稿人詹晓宁博士、中国国际投资促进会马秀红会长、中国世界贸易组织研究会孙振宇会长对报告的翻译及出版工作进行了全面指导。商务部合作司刘明强副司长、陈明霞处长，发展改革委外资司袁锋处长，厦门市会展局王琼文局长、陈文水处长，国际经济合作杂志社齐国强社长，河南财经政法大学国贸学院张占东院长，为本报告的翻译工作提供了大力支持和帮助，使本报告得以顺利完成。文晨润为本报告的图表制作做出了突出贡献。南开大学出版社王乃合、周敏编辑认真负责，高质量地完成了编辑排版工作，在此一并致谢。

《世界投资报告 2018》英文版于 2018 年 6 月向全球发布。从英文版发布到翻译完成，仅一月有余，翻译和审校人员付出了巨大努力。因时间仓促，如有疏漏之处，敬请读者谅解。

南开大学跨国公司研究中心、南开大学教育基金会“智德基金”为本报告中文版的翻译和审校工作提供了资助。

2018 年 7 月 18 日